조문별·사례별로 살펴 본

중대재해처벌법

김종석 편저

중대재해처벌법에는 이런 내용이 있습니다!

법문북스

머 리 말

　최근 현대중공업 아르곤 가스질식 사망사고, 태안화력발전소 압사사고, 물류창고 건설현장 화재사고와 같은 대형 산업재해로 인한 사망사고와 함께 가습기, 살균제 사건 및 4·16 세월호 사건과 같은 시민재해로 인한 사망사고가 발생하는 등 이와 같은 사고가 사회적 문제로 지적되어 왔습니다.

　이에 정부에서는 사업주, 법인 또는 기관 등이 운영하는 사업장 등에서 발생한 중대산업재해와 공중이용시설 또는 공중교통수단을 운영하거나, 위험한 원료 및 제조물을 취급하면서 안전·보건 조치의무를 위반하여 인명사고가 발생한 중대시민재해의 경우, 사업주와 경영책임자 및 법인 등을 처벌함으로써 근로자를 포함한 종사자와 일반 시민의 안전권을 확보하고, 기업의 조직문화 또는 안전관리 시스템 미비로 인해 일어나는 중대재해사고를 사전에 방지하려는 목적으로 중대재해처벌법을 2021년 1월 26일 제정하여, 2022년 1월 27일부터 시행하게 되었습니다.

　이 법의 주요내용은 사업주 또는 경영책임자 등은 사업주나 법인 또는 기관이 실질적으로 지배·운영·관리하는 사업 또는 사업장에서 종사자의 안전·보건상 유해 또는 위험을 방지할 의무가 있고, 사업주나 법인 또는 기관이 제3자에게 도급, 용역, 위탁 등을 행한 경우 제3자의 종사자에 대한 안전 및 보건 확보의무를 부담하게 하였으며, 사업주 또는 경영책임자

등이 고의 또는 중대한 과실로 이 법에서 정한 의무를 위반하여 중대재해를 발생하게 한 경우, 해당 사업주, 법인 또는 기관은 중대재해로 손해를 입은 사람에 대하여 그 손해액의 5배를 넘지 않는 범위에서 배상책임을 지도록 하였습니다.

이 책에서는 중대재해처벌법을 조문별로 해설하고 관계 참고자료들을 종합적으로 정리하여 사업주, 경영책임자등과 안전·보건 업무를 담당하는 자가 중대재해처벌법의 중대산업재해와 중대시민재해에 관한 내용을 이해하고, 안전 및 보건 확보의무를 이행할 수 있도록 도움을 주고자 알기 쉽도록 편집하였습니다.

이와 같은 자료들은 고용노동부, 국토교통부, 환경부, 소방청의 해설서와 법제처의 국가법령정보센터의 법령정보를 활용하고 참고하였으며, 이를 종합적으로 정리, 분석하여 누구나 이해하기 쉽게 편집하였습니다.

이 책이 사업주, 경영책임자등과 안전·보건 업무를 담당하는 자 모든 분들에게 큰 도움이 되리라 믿으며, 열악한 출판시장임에도 불구하고 흔쾌히 출간에 응해 주신 법문북스 김현호 대표에게 감사를 드립니다.

2022. 6.

편저자

목 차

[중대재해처벌 등에 관한 법률] 시행에 따른 핵심요약 정리

§1. 중대재해처벌법이란(중대산업재해 부문)? ·················· 1

§2. 중대산업재해란? ··· 1

§3. 중대재해처벌법 적용범위는? ·· 1

§4. 중대재해처벌법 적용대상은? ·· 2

§5. 경영책임자의 안전 및 보건 확보의무 ······················ 3

　■ 안전보건관리체계 구축 및 이행방법 ······················ 3

§6. 도급, 용역, 위탁 등 관계에서의 안전 및 보건 확보의무 ··· 8

§7. 중대산업재해 발생 시 제재 ·· 8

　■ 처벌 ··· 8

　■ 손해배상 ··· 9

§8. 중대산업재해 발생 시 안전교육 ································ 8

§9. 중대재해처벌법 담당 지방관서 관할지역, 연락처　10

제 1장 중대산업재해

§Ⅰ. 법의 목적 ·· 13

1. 제정 이유 ·· 13

2. 법의 목적 ·· 14

3. 산업안전보건법 및 산업재해보상보험법과의 관계 ···· 14

　■ 산업안전보건법과의 관계 ···································· 15

　■ 산업재해보상보험법과의 관계 ······························ 16

1

§ Ⅱ. 정의 ··· 17

【1】 개념 ··· 19

1. 중대재해 ··· 19

■ 산업재해보상보험법과의 관계 ······················ 19

■ 산업재해 ··· 20

2. 사망자 1명 이상 발생한 경우 ························· 21

3. 동일한 사고로 6개월 이상 치료가 필요한 부상자 2명 이상 발생 ··· 21

■ 동일한 사고 ··· 21

■ 6개월 이상 치료가 필요한 부상 ····················· 22

4. 동일한 유해요인으로 직업성 질병자가 1년 이내에 3명 이상 발생 ··· 23

■ 동일한 유해요인 ··· 23

■ 직업성 질병 ··· 23

■ 1년 이내에 3명 이상 발생 ····························· 24

【2】 종사자 ··· 27

1. 개념 ··· 28

2. 근로기준법 상의 근로자 ································· 28

3. 대가를 목적으로 노무를 제공하는 자 ············· 29

4. 수급인 및 수급인과 근로관계 또는 노무를 제공하는 관계에 있는 자 · 30

【3】 사업주 ··· 27

1. 개념 ··· 31

2. 중대재해처벌법의 수범자로서 "개인사업주" ·············· 31

【4】 경영책임자등 ··· 32

1. 개념 ··· 32

2. 사업을 대표하고 사업을 총괄하는 권한과 책임이 있는 사람 ··· 32

3. 사업을 대표하고 사업을 총괄하는 권한과 책임이 있는 사
  람에 준하여 안전보건에 관한 업무를 담당하는 사람 ·· 33
4. 경영책임자등의 특정 ·· 34
5. 공공부문의 경영책임자 ·· 37
  ■ 정부부처 및 지방자치단체, 공공기관, 지방공기업 등 ······· 37
  ■ 학교의 경우 ··· 38

§ Ⅲ. 적용범위 및 적용시기 ··································· 17
【1】 적용범위 (법 제3조) ·· 41
1. 의의 ·· 41
2. 사업 또는 사업장의 개념 ·································· 41
  ■ 원칙 ·· 41
3. 상시 근로자 기준 ··· 42
  ■ 상시 근로자에 포함되는 근로자 범위 ··············· 42
  ■ 사무 근로자 ··· 44
  ■ 공무원 ··· 44
  ■ 외국인근로자 ··· 44
  ■ 상시 근로자 수 산정방법 ······························· 45

【2】 적용시기(법 부칙 제1조) ································ 46
1. 원칙 ·· 46
2. 예외 ·· 47
3. 구체적인 사례 판단 ··· 47

§ Ⅳ. 안전 및 보건 확보의무 ······························· 49
【1】 개인사업주와 경영책임자등의 안전 및 보건 확보의무 49
1. 의의 ·· 49

2. 보호 대상 ··· 50

3. 개인사업주나 법인 또는 기관이 실질적으로 지배·운영·관리
하는 사업 또는 사업장 ······························· 50

【2】 안전보건관리체계의 구축 및 그 이행에 관한 조치 51

1. 의의 ··· 51

■ "안전보건관리체계의 구축 및 이행" ··············· 51

■ 중대재해처벌법 시행령에서는 그 내용을 아래의 9가지
로 구성 ··· 52

■ 중대재해처벌법과 안전보건관리체계 구축 ··········· 53

2. 사업 또는 사업장의 안전 및 보건에 관한 목표와 경영방침
을 설정할 것 ··· 53

■ 의의 ··· 54

■ 안전·보건에 관한 목표와 경영방침 ················· 55

3. 안전·보건에 관한 업무를 총괄·관리하는 전담 조직을 둘 것 ········ 56

■ 의의 ··· 57

■ 안전·보건에 관한 업무를 총괄·관리하는 전담 조직 ········ 57

■ 안전·보건에 관한 업무를 총괄·관리하는 전담 조직을 두어야
하는 사업 또는 사업장의 범위 ····················· 59

4. 사업 또는 사업장의 유해·위험요인의 확인·개선에
대한 점검 ··· 62

■ 의의 ··· 62

■ 유해·위험요인을 확인·개선하는 업무절차의 마련 ············ 64

■ '유해·위험요인의 확인 및 개선이 이루어지는지'를 반기 1회 이상 점검 ··· 71

■ 유해·위험요인의 확인·개선에 대한 점검 후 필요한 조치 72

■ 산업안전보건법 제36조에 따른 위험성평가 ············ 72

5. 재해예방에 필요한 예산의 편성 및 용도에 맞게
집행하도록 할 것 ······································· 51

4

■ 의의 ··· 75

■ 예산의 편성 ····································· 75

■ 예산을 편성된 용도에 맞게 집행하도록 할 것 ··········· 78

6. 안전보건관리책임자등의 충실한 업무 수행을 위한 조치를 할 것 ·· 79

■ 의의 ··· 79

■ 안전보건관리책임자등이 해당 업무를 충실하게 수행하는지를
   평가하는 기준을 마련할 것 ······················· 83

■ 평가기준에 따라 반기 1회 이상 평가·관리할 것 ········· 84

7. 안전관리자, 보건관리자, 안전보건관리담당자 및
   산업보건의를 배치할 것 ································· 85

■ 의의 ··· 85

■ 안전관리자, 보건관리자, 안전보건관리담당자 및 산업보건의
   를 배치할 것 ······································· 86

■ 다른 법령에서 달리 정하고 있는 경우 해당 법령을 따를 것 · 88

■ 겸직이 가능한 경우 ······························· 88

8. 종사자의 의견 청취 절차 마련, 의견에 따른 개
   선방안 등 이행 여부 점검 ························· 93

■ 의의 ··· 93

■ 사업 또는 사업장의 안전·보건에 관한 사항에 대해 종사자의
   의견을 듣는 절차를 마련할 것 ··················· 93

■ 종사자의 의견이 재해 예방에 필요하다고 인정하는 경우에는
   그에 대한 개선방안을 마련하여 이행하는지를 반기 1회 이상
   점검할 것 ··· 94

■ 산업안전보건위원회 및 안전 및 보건에 관한 협의체에서 종
   사자 의견 청취 ··································· 95

■ 의의 ··· 98

■ 작업 중지, 근로자 대피, 위험요인 제거 등 대응조치 ····· 99

■ 중대산업재해를 입은 사람에 대한 구호조치 ··········· 100

■ 추가 피해방지를 위한 조치 ······················· 101

10. 도급, 용역, 위탁 등의 경우 종사자의 안전 및 보건 확보를
위한 조치 ·· 101
■ 의의 ··· 101
■ 도급·용역·위탁 등을 받는 자의 안전·보건 확보를 위한 기준
과 절차 마련 ··· 102
【3】 재해 발생 시 재발방지 대책의 수립 및 그 이행에 관한조치
··· 105
■ 의의 ··· 105
■ '재해'의 해석 : '재해' vs '중대재해' vs '중대산업재해' ··· 106
■ 재발방지 대책의 수립 및 그 이행에 관한 조치 ··········· 106
【4】 중앙행정기관 및 지방자치단체가 개선·시정을 명한 사항   107
■ 의의 ··· 107
■ 중앙행정기관 및 지방자치단체가 개선·시정을 명한 사항 · 107
【5】 안전·보건 관계 법령에 따른 의무이행에 필요한 관리상의 조치 · 109
1. 안전·보건 관계 법령에 따른 의무이행에 필요한 관리상의 조치
··· 109
■ 의의 ··· 109
■ 안전·보건 관계 법령 ································· 109
■ 의무이행에 필요한 관리상의 조치 ····················· 110
2. 안전·보건 관계 법령에 따른 의무 이행 여부에 대한 점검 및
필요한 조치 ··· 111
■ 의의 ··· 111
■ 안전·보건 관계 법령에 따른 의무 이행 여부에 대한 점검 ··· 112
■ 인력 배치 및 예산 추가 편성·집행 등 의무 이행에 필요한
조치를 할 것 ··· 114
3. 안전·보건 관계 법령에 따라 의무적으로 실시해야 하는 유해·
위험한 작업에 관한 안전·보건에 관한 교육 ·············· 116
■ 의의 ··· 116

■ 유해·위험 작업에 대한 안전·보건 교육의 실시 여부를 반기 1회 이상 점검 ································ 117

■ 미실시 교육에 대한 이행의 지시, 예산의 확보 등 교육 실시에 필요한 조치 ································ 117

§ Ⅴ. 도급인의 안전 및 보건 확보의무 ··················· 119

1. 의의 ································ 119

2. 제3자에게 도급·용역·위탁 등을 행한 경우에는 제4조의 조치의무 · 119

■ 개인사업주나 법인 또는 기관이 제3자에게 도급·용역·위탁한 경우 ································ 119

■ 시설·장비·장소 등에 대하여 실질적으로 지배·운영·관리하는 책임이 있는 경우 ································ 121

§ Ⅵ. 조치 등의 이행사항에 관한 서면의 보관 ······ 122

§ Ⅶ. 중대산업재해 사업주와 경영책임자등의 처벌 122

1. 의의 ································ 124

2. 법적 성격 ································ 125

3. 범죄의 구성요건 ································ 125

4. 가중처벌 ································ 126

§ Ⅷ. 중대산업재해의 양벌규정 ················· 127

§ Ⅸ. 안전보건교육의 수강 ················· 129

【1】 경영책임자등의 안전보건교육의 수강 ·············· 130

1. 의의 ································ 130

2. 안전보건교육 대상 ································ 131

3. 교육 시간 …………………………………………… 131

4. 교육 내용 …………………………………………… 132

5. 시기 및 방법 ………………………………………… 132

6. 비용의 부담 ………………………………………… 133

7. 그 밖에 사항 ………………………………………… 133

【2】 안전보건교육 미이수에 대한 과태료 부과 …………… 134

■ 법 제8조제1항을 위반하여 경영책임자등이 안전보건교육을 정당
한 사유 없이 이행하지 않은 경우 5천만원 이하의 과태료를 부
과함 ………………………………………………… 135

■ 과태료의 감경 ……………………………………… 136

§ X. 사업주와 경영책임자등의 안전 및 보건 확보의무 137

■ 원료·제조물 관련 안전보건관리체계의 구축 및 이행 조치 · 138

■ 원료·제조물 관련 안전·보건 관계 법령에 따른 의무이행에
필요한 관리상의 조치 ……………………………… 139

■ 공중이용시설·공중교통수단 관련 안전보건관리체계 구축 및
이행에 관한 조치 …………………………………… 140

■ 공중이용시설·공중교통수단 관련 안전·보건 관계 법령에 따
른 의무이행에 필요한 관리상의 조치 ……………… 143

§ XI. 중대시민재해 사업주와 경영책임자등의 처벌 145

§ XII. 중대시민재해의 양벌규정 …………………… 145

§ XIII. 중대시민재해의 양벌규정 ………………… 145

§ ⅩⅣ. 중대산업재해 발생사실 공표 ·················· 146
  1. 의의 ··· 147
  2. 공표 대상 ··· 147
  3. 공표 내용 ··· 148
  4. 공표 절차 ··· 148
  5. 공표 방법 ··· 148

§ ⅩⅣ. 심리절차에 관한 특례 ························· 150
  ■ 형사소송법 제294조의2 ························· 150

§ ⅩⅤ. 손해배상의 책임 ······························· 152

§ ⅩⅥ. 정부의 사업주 등에 대한 지원 및 보고 ···· 153
  1. 정부의 중대재해 예방을 위한 조치 ··············· 153
  2. 정부의 사업주 등에 대한 지원 ··················· 154
  3. 국회에 대한 보고 ·································· 155

제 2장 중대시민재해(다중이용시설)

§ Ⅰ. 목적 및 적용범위 ······························· 159
  【1】 법 제정 목적 ·· 159
  ■ 중대재해처벌법 제1조 ····························· 159

  【2】 법 적용범위 ·· 160
  ■ 중대재해처벌법 제3조 ····························· 160
  ■ 적용 사례 ··· 160

【3】법 적용대상 ……………………………………… 160
■ 중대재해처벌법 적용대상 …………………………… 161
■ 질의 응답 ……………………………………………… 167

【4】법 적용 시점 ………………………………………… 168
■ 중대재해처벌법 부칙 제1조 ………………………… 168
■ 질의 응답 ……………………………………………… 170

§ II. 용어의 정의 및 해석 ……………………………… 171
【1】중대시민재해 ………………………………………… 171
■ 중대재해처벌법 제2조 ……………………………… 171
■ 질의 응답 ……………………………………………… 172

【2】사업주 및 경영책임자등 …………………………… 173
■ 중대재해처벌법 제2조 ……………………………… 173

【3】실질적으로 지배·운영 관리 ………………………… 176

【4】사업주 또는 경영책임자등의 안전 및 보건 확보 의무 176
■ 중대재해처벌법 제9조제2항 ………………………… 176

【5】"안전·보건 관계법령"의 범위 ……………………… 178
■ 중대재해처벌법 시행령 제11조제1항 ……………… 178
■ 참고(안전·보건 관계법령의 기준) …………………… 179

【6】중대재해처벌법에 따른 처벌 ……………………… 179
■ 중대재해처벌법 제10조 ……………………………… 179
■ 처벌규정 적용(예시) ………………………………… 180

■ 법 처벌 사례(가상) ···································· 181

§ Ⅲ. 중대재해 예방을 위한 주요 의무사항 ··········· 183

【1】 필요한 안전인력 확보 ····························· 184
　　■ 중대재해처벌법 시행령 제10조 제1호 ·········· 184

【2】 필요한 안전예산 편성·집행 ····················· 185
　　■ 중대재해처벌법 시행령 제10조 제2호 ·········· 185

【3】 안전점검 계획 수립·시행 ························· 186
　　■ 중대재해처벌법 시행령 제10조 제3호 ·········· 186
　　■ 안전·보건 관계 법령에 따른 안전점검 예시 ······ 187

【4】 안전계획 수립·이행 ······························ 187
　　■ 중대재해처벌법 시행령 제10조제4호 ··········· 187
　　■ 질의 응답 ···································· 189

【5】 중대시민재해 예방 업무처리 절차 마련·이행 ·········· 190
　　■ 중대재해처벌법 시행령 제10조 제7호 ·········· 190

【6】 도급·용역·위탁 기준과 절차 마련·이행 ··········· 192
　　■ 중대재해처벌법 시행령 제10조제8호 ··········· 192

【7】 관계법령에 따른 의무 이행점검(위탁점검 포함) ········ 193
　　■ 중대재해처벌법 시행령 제11조제2항 ··········· 193

【8】 안전관리자/종사자 교육이수 ····················· 194
　　■ 중대재해처벌법 시행령 제11조제2항 ··········· 194

제 3장 중대시민재해(원료 · 제조물)

§1. 원료·제조물 관련 중대시민재해의 정의 ·········· 199

【1】 원료·제조물 관련 중대시민재해의 정의 ··············· 199

1. 중대시민재해의 정의 ································ 199

2. 중대시민재해의 범위 ································ 199

3. 중대시민재해 사례 예시 ······························ 200

■ 사건명(1) : 변압 변류기 폭발사건 ················ 200

■ 사건명(2) : 가습기 살균제 사건 ················· 201

■ 사건명(3) : 구미 불산가스 누출 사건 ············· 202

■ 사건명(4) : 거제 백병원 집단환자 발생사건 ········ 203

【2】 책임의 주체인 경영책임자등의 범위 ··············· 204

1. 책임의 주체 ······································ 204

2. 적용범위와 시행시기 ······························ 204

【3】 중대시민재해 발생 시 처벌 ······················ 205

【4】 중대재해처벌법의 구조 ························· 206

§2. 원료·제조물 정의 ···························· 207

【1】 원료·제조물의 의미 ························· 207

1. 모든 원료·제조물 ································ 207

2. 원료·제조물의 생산·제조·판매·유통 ················ 207

§3. 경영책임자등의 안전·보건 확보 의무 ·········· 209

1. 안전보건관리체계 구축 및 이행에 관한 조치 ············· 209

2. 안전·보건 관계 법령에 따른 의무이행에 필요한 조치 ·· 209

■ 안전·보건 관계 법령상 의무교육 예시 ················ 210

3. 재해발생시 재발방지 대책수립 및 이행에 관한 조치 ···· 211

■ 재발방지 대책의 수립 및 그 이행을 위한 계획서 구성 표준안 ··· 211

4. 중앙행정기관 등의 개선, 시정명령 사항의 이행에 관한 조치 ·· 211

■ 관계 행정기관의 명령사항 이행조치 계획 및 결과 보고서 구성 표준안 ·· 210

§4. 안전보건관리 체계 구축 ················ 213

【1】 안전보건관리체계의 구축방법 ················ 213

【2】 안전보건 인력배치 및 업무부여 ················ 213

1. 안전보건 인력배치 및 업무부여 ················ 213

2. 관계 법령에 따른 안전·보건 관리 업무 ················ 213

3. 유해·위험요인의 점검 및 징후발생 시 대응 업무 ········ 213

4. 환경부 장관이 고시하는 사항 ················ 215

5. 인력배치 및 업무부여 시 고려사항 ················ 215

【3】 안전보건 예산 편성 및 집행 ················ 216

1. 관계 법령에 따른 인력·시설 및 장비 등의 확보·유지를 위한

예산 ················ 216

■ 관계 법령에 따른 예산편성 ················ 216

■ 관계 법령에 내용이 없는 경우 ················ 217

■ 주요 안전·보건 관계 법령상 필요 예산 ················ 217

2. 유해·위험요인의 점검과 위험징후 발생 시 대응 예산 ··· 218

3. 환경부 장관이 고시하는 사항 ················ 219

【4】 업무처리절차 마련 및 조치 의무 ················ 219

■ 업무처리절차 마련 및 조치 의무 대상 ················ 220

■ 소상공인 제외 ················ 221

1. 유해·위험요인의 주기적 점검 ·················· 221
  ■ 유해·위험요인 점검 방법 ······················ 221
2. 유해·위험요인의 주기적 점검, 신고 및 조치 업무처리절차 · 222
  ■ 업무처리절차 표준(안) 예시 ···················· 223
  ■ 유해·위험요인의 발굴 ························· 224
  ■ 유해·위험요인의 신고 ························· 224
  ■ 유해·위험요인의 확인에 따른 조치 ················ 225

§5. 질의응답 사례 ····························· 228
  ◆ (대법원 1992. 11. 24. 선고 92다18139 판결) ········· 236
  ◆ (대법원 2014. 4. 10., 선고, 2011다22092, 판결) ·· 237
  ◆ (대법원 2013. 7. 12., 선고, 2006다17553, 판결) ·· 237

제 4장 중대시민재해(시설물 · 공중교통수단)

§1. 용어 정의 및 해석 ························· 251
1. 법 제정 목적 ····························· 251
2. 법 적용 시기 ····························· 252

§2. 용어의 정의 및 해석 ························ 254
【1】 중대시민재해(시설물·공중교통수단) ·············· 254
1. 공중이용시설 또는 공중교통수단의 중대시민재해 ········ 254
  ■ 재해 발생 요건 및 원인 ······················ 254
  ■ 재해 발생 대상(재해자)의 범위 ·················· 255
2. 중대시민재해 발생시 참고사항 ··················· 256
  ■ 사망자 1명 이상 발생 ······················· 256
  ■ 동일한 사고로 2개월 이상 치료가 필요한 부상자 10명 이상
  발생 ···································· 256

■ 동일한 원인으로 3개월 이상 치료가 필요한 질병자 10명 이
상 발생 ··· 257

【2】공중이용시설 ··· 257
1. 일반사항 ··· 258
■ 공중이용시설 개념 ··· 258
■ 공중이용시설 범위(포함 또는 제외 대상) ··············· 258
2. 국토교통분야 공중이용시설 ································· 259
■ 공중이용시설의 분류 ·· 259
3. 대상여부확인 ··· 260
■ 시설물안전법 상 제 1·2종 시설물 ······················ 260
■ 도로시설(준공 후 10년이 경과된 도로터널·도로교량 등) 260
■ 건축물 ··· 260

§3. 공중교통수단 ··· 261
1. 일반사항 ··· 261
■ 공중교통수단 개념 ··· 261
2. 국토교통분야 공중교통수단 ································· 262

§4. 사업주, 경영책임자등 ······································ 263
1. 사업주(개인사업주) ·· 263
■ 일반사항 ··· 263
2. 경영책임자등 ··· 263
■ 일반사항 ··· 263
■ 공공부문 적용 ··· 264

§5. 실질적으로 지배·운영·관리 ······························ 266

§6. 안전 및 보건 확보의무 ·· 267

　1. 개념 ·· 267

　　■ 중대재해처벌법 시행령 제3조 ······························· 268

　　■ [법 제2조제4호가목의 시설 중 공중이용시설(시행령 별표 2)]
　　·· 269

　　■ [법 제2조제4호나목의 시설물 중 공중이용시설(시행령 별표 3)]
　　·· 271

제 5장 직업성 질병의 주된 유해요인과 발생 사례

§1. 염화비닐·유기주석·메틸브로마이드(bromomethane)·
　　일산화 탄소에 노출되어 발생한 중추신경계장해 등의 급
　　성중독 ·· 277

　【1】 염화비닐 ·· 277

　　■ 발생원 및 노출가능상황 ··· 277

　　■ 증상 및 진단 ·· 277

　　■ 예방조치 ·· 278

　【2】 유기주석 ·· 278

　　■ 발생원 및 노출가능상황 ··· 278

　　■ 증상 및 진단 ·· 278

　　■ 예방조치 ·· 279

　【3】 메틸브로마이드(bromomethane) ····························· 280

　　■ 발생원 및 노출가능상황 ··· 280

　　■ 증상 및 진단 ·· 281

　　■ 예방조치 ·· 281

【4】일산화탄소 ·· 282
　■ 발생원 및 노출가능상황 ······································· 282
　■ 증상 및 진단 ··· 282
　■ 예방조치 ·· 282

§2. 납이나 그 화합물(유기납은 제외한다)에 노출되어
　　발생한 납 창백(蒼白), 복부 산통(産痛), 관절통 등
　　의 급성중독 ··· 285
　■ 발생원 및 노출가능상황 ······································· 285
　■ 증상 및 진단 ··· 285
　■ 예방조치 ·· 287

§3. 수은이나 그 화합물에 노출되어 발생한 급성중독　289
　■ 발생원 및 노출가능상황 ······································· 289
　■ 증상 및 진단 ··· 289
　■ 노출상황 ·· 290
　■ 예방조치 ·· 291

§4. 크롬이나 그 화합물에 노출되어 발생한 세뇨관 기
　　능 손상, 급성 세뇨관 괴사, 급성신부전 등의 급성중독
　　·· 293
　■ 발생원 및 노출가능상황 ······································· 293
　■ 증상 및 진단 ··· 293
　■ 예방조치 ·· 294

§5. 벤젠에 노출되어 발생한 경련, 급성 기질성 뇌증후
　　군, 혼수상태 등의 급성중독 ······························· 296

■ 발생원 및 노출가능상황 ···················· 296

■ 증상 및 진단 ···················· 296

■ 예방조치 ···················· 298

§6.톨루엔(toluene)·크실렌(xylene)·스티렌 (styrene)·시클로헥산(cyclohexane)·노말헥산 (n-hexane)·트리클로로에틸렌(trichloroethylene) 등 유기화합물에 노출되어 발생한 의식장해, 경련, 급성 기질성 뇌증후군, 부정맥 등의 급성중독 ···················· 300

【1】 톨루엔과 크실렌 ···················· 300

■ 발생원 및 노출가능상황 ···················· 300

■ 증상 및 진단 ···················· 301

【2】 톨루엔 ···················· 302

■ 예방조치 ···················· 302

【3】 스티렌 ···················· 303

■ 발생원 및 노출가능상황 ···················· 303

■ 증상 및 진단 ···················· 304

■ 예방조치 ···················· 304

【4】 시클로헥산 ···················· 305

■ 발생원 및 노출가능상황 ···················· 305

■ 증상 및 진단 ···················· 305

■ 예방조치 ···················· 305

【5】 노말헥산 ···················· 306

■ 발생원 및 노출가능상황 ···················· 306

■ 증상 및 진단 ································· 307

■ 예방조치 ································· 308

【6】 트리클로로에틸렌 ······················· 308

■ 발생원 및 노출가능상황 ··············· 308

■ 증상 및 진단 ··························· 308

■ 예방조치 ······························· 310

§7. 이산화질소에 노출되어 발생한 메트헤모글로빈혈증(meth

emoglobinemia), 청색증(靑色症) 등 의 급성중독 ·· 312

■ 발생원 및 노출가능상황 ··············· 312

■ 증상 및 진단 ··························· 312

■ 예방조치 ······························· 312

§8. 황화수소에 노출되어 발생한 의식 소실(消失), 무호흡, 폐

부종, 후각 신경마비 등의 급성중독 ····················· 314

■ 발생원 및 노출가능상황 ··············· 314

■ 증상 및 진단 ··························· 314

■ 예방조치 ······························· 315

§9. 시안화수소나 그 화합물에 노출되어 발생한 급성 중독 ·· 317

■ 발생원 및 노출가능상황 ··············· 317

■ 증상 및 진단 ··························· 317

■ 예방조치 ······························· 317

§10. 불화수소·불산에 노출되어 발생한 화학적 화상, 청색증, 폐

수종, 부정맥 등의 급성중독 ························· 319

■ 발생원 및 노출가능상황 ··············· 319

19

■ 증상 및 진단 ·· 319
■ 예방조치 ··· 319

§11. 인[백린(白燐), 황린(黃燐) 등 금지물질에 해당하는 동소체(同素體)
로 한정한다]이나 그 화합물에 노출되어 발생한 급성중독 ········ 322
■ 발생원 및 노출가능상황 ·· 322
■ 증상 및 진단 ·· 322
■ 예방조치 ··· 323

§12. 카드뮴이나 그 화합물에 노출되어 발생한 급성중독 ····· 324
■ 발생원 및 노출가능상황 ·· 324
■ 증상 및 진단 ·· 324
■ 예방조치 ··· 325

§13. 다음 각 목의 화학적 인자에 노출되어 발생한 급성중독 ·· 327
■ 발생원 및 노출가능상황 ·· 327
■ 증상 및 진단 ·· 328
■ 예방조치 ··· 328

§14. 디이소시아네이트(diisocyanate), 염소, 염화수소 또는 염산
에 노출되어 발생한 반응성 기도과민증후군 ······················· 331
【1】 반응성 기도과민증후군 ·· 331
■ 발생원 및 노출가능상황 ·· 331
■ 예방조치 ··· 331

【2】 톨루엔-2,4-디이소시아네이트 ······································· 332
■ 발생원 및 노출가능상황 ·· 332
■ 증상 및 진단 ·· 332

■ 예방조치 ·· 333

【3】 염산, 염화수소 ····························· 333
　■ 발생원 및 노출가능상황 ················· 334
　■ 증상 및 진단 ····························· 334
　■ 예방조치 ·································· 335

§15. 트리클로로에틸렌에 노출(해당 물질에 노출되는업무에 종사하지
　　 않게 된 후 3개월이 지난 경우는 제외한다)되어 발생한 스티븐스존
　　 슨 증후군(stevens-johnson syndrome). 다만, 약물, 감염, 후
　　 천성면 역결핍증, 악성 종양 등 다른 원인으로 발생한 스티븐스존슨
　　 증후군은 제외한다. ··························· 336
　■ 발생원 및 노출가능상황 ················· 336
　■ 증상 및 진단 ····························· 336
　■ 예방조치 ·································· 339

§16. 트리클로로에틸렌 또는 디메틸포름아미드에 노출(해당 물질에 노
　　 출되는 업무에 종사하지 않게 된 후 3개월이 지난 경우는 제외한다)
　　 되어 발생한 독성간염. 다만, 약물, 알코올, 과체중, 당뇨병 등 다른
　　 원인으로 발생하거나 다른 질병이 원인이 되어 발생 한 간염은 제외
　　 한다. ·· 341
　【1】 트리클로로에틸렌 ······················· 341
　■ 발생원 및 노출가능상황 ················· 341
　■ 증상 및 진단 ····························· 341
　■ 예방조치 ·································· 342

　【2】 디메틸포름아미드(dimethylformamide) ··········· 343

21

■ 발생원 및 노출가능상황 ···································· 343

■ 증상 및 진단 ··· 343

■ 예방조치 ··· 346

§17. 보건의료 종사자에게 발생한 B형 간염, C형 간염, 매독 또는 후

천 성면역결핍증의 혈액전파성 질병 ···················· 347

【1】 B형, C형 간염 발생원 및 노출가능상황 ················· 347

■ 증상 및 진단 ··· 348

■ 예방조치 ··· 348

【2】 매독 ··· 348

■ 예방조치 ··· 349

【3】 인간면역결핍바이러스(Human Immunodeficiency

Virus, HIV) ··· 349

■ 발생원 및 노출가능상황 ···································· 349

■ 증상 및 진단 ··· 350

■ 예방조치 ··· 350

§18. 근로자에게 건강장해를 일으킬 수 있는 습한 상태에서 하는 작업

으로 발생한 렙토스피라증(leptospirosis) ··············· 351

■ 감염원 및 노출가능상황 ···································· 351

■ 증상 및 진단 ··· 351

■ 예방조치 ··· 352

§19. 동물이나 그 사체, 짐승의 털·가죽, 그 밖의 동물성 물체를 취급하여

발생한 탄저, 단독(erysipelas) 또는 브루셀라증(brucellosis) ···· 363

22

【1】 탄저 ··· 353
　■ 감염원 및 노출가능상황 ································· 353
　■ 예방조치 ··· 354

【2】 단독(Erysipelas) ··································· 354
　■ 감염원 및 노출가능상황 ································· 354
　■ 예방조치 ··· 354

【3】 브루셀라증 ··· 355
　■ 감염원 및 노출가능상황 ································· 355
　■ 증상 및 진단 ··· 356
　■ 예방조치 ··· 356

§20. 오염된 냉각수로 발생한 레지오넬라증(legionellosis) ·· 357
　■ 감염원 및 노출가능상황 ································· 357
　■ 증상 및 진단 ··· 357
　■ 예방조치 ··· 358

§21. 고기압 또는 저기압에 노출되거나 중추신경계 산소 독성으로 발생
한 건강장해, 감압병(잠수병) 또는 공기색전증(기포가 동맥이나 정맥
을 따라 순환하다가 혈관을 막는 것) ··························· 359
　■ 발생원 및 노출가능상황 ································· 359
　■ 증상 및 진단 ··· 359
　■ 예방조치 ··· 362

§22. 공기 중 산소농도가 부족한 장소에서 발생한 산소결핍증 ···· 363
　■ 발생원 및 노출가능상황 ································· 363
　■ 증상 및 진단 ··· 363

■ 예방조치 ·· 364

§23. 전리방사선(물질을 통과할 때 이온화를 일으키는 방사선)에 노출
되어 발생한 급성 방사선증 또는 무형성 빈혈 ················· 365
■ 발생원 및 노출가능상황 ······························· 365
■ 증상 및 진단 ··· 366
■ 예방조치 ·· 368

§24. 고열작업 또는 폭염에 노출되는 장소에서 하는 작업으로 발생한
심부체온상승을 동반하는 열사병 ································· 369
■ 증상 및 진단 ··· 369
■ 예방조치 ·· 369

부록 : 관련법령

- 중대재해 처벌 등에 관한 법률 ························· 373
  - 제1장 총칙 ·· 373
  - 제2장 중대산업재해 ······································· 375
  - 제3장 중대시민재해 ······································· 377
  - 제4장 보칙 ·· 378
  - 부칙 ·· 380
- 중대재해 처벌 등에 관한 법률 시행령 ············· 381
  - 제1장 총칙 ·· 381
  - 제2장 중대산업재해 ······································· 382
  - 제3장 중대시민재해 ······································· 386
  - 제4장 보칙 ·· 392
  - 부칙 ·· 393

  ◉ [별표1] 직업성 질병(제2조 관련) ··············· 394

24

◉ [별표2] 법 제2조제4호가목의 시설 중 공중이용시설(제3조제
1호 관련) ··· 396

◉ [별표3] 법 제2조제4호나목의 시설물 중 공중이용시설(제3조
제2호 관련) ·· 398

◉ [별표4] 과태료의 부과기준(제7조 관련) ······················ 403

◉ [별표5] 제8조제3호에 따른 조치 대상 원료 또는 제조물(제8
조제3호 관련) ··· 405

§1. 중대재해처벌법이란(중대산업재해 부문)?

① 사업 또는 사업장에서 일하는 모든 사람의 안전 및 보건을
확보하도록 경영책임자에게 의무를 부과한 법률입니다.

② 경영책임자가 안전 및 보건 확보의무를 다하지 않아 중대
산업재해가 발생하면 처벌받을 수 있습니다.

§2. 중대산업재해란?

산업재해 중 심각한 재해로 다음의 재해를 말합니다. 산업재
해가 아니라면? 중대산업재해도 될 수 없습니다.

1. 사망자가 1명 이상 발생

2. 동일한 사고로 6개월 이상 치료가 필요한 부상자가 2명 이
상 발생

3. 동일한 유해요인의 직업성 질병(급성중독, 독성간염, 혈액
전파성질병, 산소결핍증, 열사병 등 24개 질병)자가 1년 이
내 3명 이상 발생

§3. 중대재해처벌법 적용범위는?

① 상시근로자가 5명 이상인 사업 또는 사업장

② '사업 또는 사업장'은 산업안전보건법상 사업장과 달리 경
영상 일체를 이루는 조직 단위로서 법인, 기관, 기업 그
자체를 말합니다.

③ 다만, 개인사업자나 상시근로자 50명 미만인 사업 또는 사

업장(건설업은 공사금액 50억원 미만의 공사)은 2024년 1월 27일부터 적용합니다.

§4. 중대재해처벌법 적용대상은?

1. 책임주체

① 법인 또는 기관의 경영책임자

- 대표이사 등 사업을 대표하고 총괄하는 권한과 책임이 있는 사람
- 대표이사 등에 준하는 책임자로서 사업 또는 사업장 전반의 안전·보건 관련 조직, 인력, 예산을 결정하고 총괄 관리하는 사람으로 안전·보건에 관한 최종결정권을 가진 정도의 책임 이 있는 사람이어야 합니다.
- 중앙행정기관·지방자치단체·지방공기업·공공기관의 장

② 개인사업주

자신의 사업을 영위하는 자, 타인의 노무를 제공받아 사업을 하는 자

2. 보호대상(종사자)

- 근로자
- 도급, 용역, 위탁 등 계약의 형식에 관계없이 그 사업의 수행을 위해 대가를 목적으로 노무를 제공하는 자
- 사업을 여러 차례 도급한 경우 각 단계의 수급인과 수급인의 근로자·노무 제공자

§5. 경영책임자의 안전 및 보건 확보의무

중대산업재해가 발생한 경우 다음의 의무를 준수하지 않았다면 경영책임자는 처벌받을 수 있습니다.

1. 재해예방에 필요한 안전보건관리체계의 구축 및 이행

① 안전보건관리체계의 구축 및 이행이란?

기업 스스로 유해·위험요인을 파악하여 제거·대체 및 통제방안을 마련·이행하며, 이를 지속적으로 개선하는 일련의 활동을 의미합니다.

② 핵심 point

1. 중대산업재해가 발생하는 '유해·위험요인'을 찾아냅니다. 기업의 재해이력, 현장종사자의 의견 청취, 동종업계의 사고사례 및 전문가 진단 등을 기초로 유해·위험요인을 확인합니다.

2. 발굴된 유해·위험요인은 안전·보건조치를 확실히 이행할 수 있도록 조직·인력·예산을 투입하고 모니터링 체계를 갖춰야 합니다.

3. 기업·기관의 규모, 유해·위험요인, 인력이나 재정 등을 고려하여 업무특성과 기술, 재정 여건에 맞게 이행합니다.

■ 안전보건관리체계 구축 및 이행방법

① **안전·보건에 관한 목표와 경영방침을 정합니다.**

안전·보건 목표와 경영방침을 정할 때는 구성원의 의견을 충분히 듣고, 모두가 중요성을 인식하고 함께 노력할 수 있도록 그 내용을 사업장 안에 게시하여 알립니다.

② **안전·보건 업무를 총괄·관리하는 전담 조직을 구성합니다.**

전담 조직은 경영책임자의 안전 및 보건 확보의무 이행을 위한 집행조직으로 안전 및 보건에 관한 컨트롤타워 역할을 할 수 있도록 구성합니다.

※ 전담 조직을 두어야 하는 사업 또는 사업장

- 기업·기관 전체적으로 안전관리자, 보건관리자, 안전보건관리담당자, 산업보건의를 총 3명 이상 두어야 하는 사업 또는 사업장이면서

- 상시근로자 수 500명 이상인 사업 또는 사업장 시공능력 순위 상위 200위 이내인 종합건설업 건설사업자

③ **사업 또는 사업장의 유해·위험요인을 확인하고 개선합니다.**

- 유해·위험요인의 확인·개선은 가장 중요한 핵심 사안으로 이를 소홀히 한다면 안전보건관리체계가 갖추어졌다고 볼 수 없습니다.

- 유해·위험요인을 지속 확인하여 제거·대체·통제하는 내용의 업무절차를 마련하고 그 이행여부를 점검(반기 1회 이상)하며 필요한 조치를 합니다.

- 위험작업은 기본 안전수칙과 표준작업절차서(SOP: Standard Operating Procedures)를 마련하고 이를 따르도록 해야 합니다.

④ **재해 예방에 필요한 안전보건 인력·시설·장비를 구비하고 유해·위험 요인 개선에 필요한 예산을 편성하고 집행합니다.**

예산은 금액이 얼마인지가 중요한 것이 아니라 확인된 유해·위험요인의 제거·대체·통제에 필요한 예산을 편성하고, 용도에 맞게 집행하는 것이 중요합니다.

⑤ **안전보건관리책임자 등의 업무수행을 지원합니다.**
- 안전보건관리책임자, 관리감독자 및 안전보건총괄책임자에게 업무 수행에 필요한 권한을 부여하고 필요한 예산을 배정 합니다.
- 안전보건관리책임자 등의 충실한 업무수행을 위해 평가기준을 마련하고 반기 1회 이상 평가합니다.

⑥ **안전관리자, 보건관리자 등 전문인력을 배치합니다.**
- 산업안전보건법상 안전관리자, 보건관리자, 안전보건관리담당자 및 산업보건의를 두어야 하는 경우에만 해당합니다.
- 산업안전보건법상 두어야 하는 수 이상으로 배치해야 합니다.
- 배치할 인력이 다른 업무를 겸직하는 경우 안전·보건에 관한 업무수행 시간을 보장해야 합니다.

※ 알아 둡시다.
① 상시근로자 300명 미만 사업장은 안전관리자, 보건관리자가타 업무와 겸직할 수 있습니다.
② 「안전·보건에 관한 업무 수행시간의 기준 고시」를 참조하세요 ('22.1월 시행).
- 일반 업종은 최소 585시간, 재해위험 높은 업종은 최소 702 시간
- 상시근로자 수: 100명 이상 200명 미만 100시간 추가 200명이상 300명 미만 200시간 추가

---

⑦ **종사자의 의견을 청취하고 개선방안 등의 이행 여부를 점검합니다.**
- 유해·위험요인을 가장 잘 아는 현장 종사자의 의견에 귀 기울이면 유해·위험요인을 제대로 파악할 수 있고 재해를 예방할 수 있습니다.

- 온라인 시스템, 건의함, 간담회 등 다양한 방법으로 의견을 수렴할 수 있습니다.
- 청취한 의견이 안전보건 확보에 필요한 경우라면 개선방안을 마련하고 이행여부를 반기 1회 이상 점검하여 필요한 조치를 합니다.

⑧ **중대재해 발생 및 급박한 위험에 대비할 매뉴얼을 마련하고 반기 1회 이상 점검합니다.**

(작성내용)
- 작업 중지, 근로자 대피, 위험요인 제거 등 대응조치
- 중대재해를 입은 사람에 대한 구호조치
- 추가 피해방지를 위한 조치

⑨ **도급, 용역, 위탁 시 안전보건 확보 기준과 절차를 마련하고 반기 1회 이상 점검합니다.**

- 제3자에게 도급, 용역, 위탁 등을 하는 경우 본인의 근로자 포함한 전체 종사자의 안전·보건을 확보할 기준과 절차를마련하고, 그에 따라 도급 등이 이루어지는지 점검합니다.
- 기준·절차
 1. 수급인 등의 산재예방을 위한 조치 능력과 기술에 관한 평가기준·절차
 2. 수급인 등의 안전·보건관리 비용에 관한 기준
 3. 건설업·조선업은 안전·보건을 위한 공사기간 / 건조기간

2. 재해 발생 시 재발방지대책 수립·이행에 관한 조치

① 발생한 재해의 원인을 파악해 유해·위험요인의 제거·대체 및 통제방안을 검토하고 종합적인 개선대책을 수립·이행합니다.

② 산업재해조사표를 제출하지 않는 사소한 재해라도 반복된다면 원인을 반드시 확인하여 개선될 수 있도록 계획을 세웁니다.

3. 중앙행정기관 등이 관계 법령에 따라 시정 등을 명한 사항의 이행에 관한 조치

① 중앙행정기관·지방자치단체가 종사자의 안전·보건상 유해·위험 방지를 위해 관계 법령에 따라 개선·시정 등을 명한 경우 이를 이행해야 합니다.

 예) 산업안전보건법 제53조에 따른 사용중지 등 시정조치

② 사업장 감독에서 근로감독관이 지적한 사항은 반드시 시정하고 조치결과를 확인해야 합니다.

4. 안전·보건 관계 법령상 의무이행에 필요한 관리상의 조치

① 안전·보건 관계 법령이 잘 지켜지고 있는지를 반기 1회 이상 직접 점검, 또는 고용노동부장관 지정 안전보건전문기관 등에 위탁하여 점검합니다.

> **※ 종사자의 안전·보건 확보와 관련된 법령은?**
> 산업안전보건법, 폐기물관리법, 생활물류서비스산업발전법, 항공안전법, 광산안전법, 선원법, 연구실안전법 등

② 점검결과, 의무가 이행되지 않은 사실이 확인되면 인력·예산의 추가편성·집행 등 필요한 조치를 합니다.

③ 유해·위험작업에 관한 안전·보건교육이 실시되지 않은 경우 지체 없이 이행을 지시하고 예산 확보 등 필요한 조치를 합니다.

§6. 도급, 용역, 위탁 등 관계에서의 안전 및 보건 확보의무

사업주나 법인·기관이 제3자에게 도급, 용역, 위탁 등을 한 경우 그 시설, 장비, 장소 등에 실질적인 지배·운영·관리 책임이 있다면 제3자의 종사자가 안전·보건상 유해 또는 위험에 처하지 않도록 조치해야 합니다.

※ 여기서 잠깐!

실질적으로 지배·운영·관리하는 책임이 있는 경우란?

사업주가 해당 장소, 시설·설비 등에 소유권, 임차권 등을 가지고 사용하고 있는 등 실질적인 지배·관리를 하고 있어 해당 장소 등의 유해·위험요인을 인지·파악하여 유해·위험요인 제거 등을 통제할 수 있는 경우를 의미합니다.

---

§7. 중대산업재해 발생 시 제재

■ 처벌

1. 중대산업재해 발생 시 안전보건교육

① 개인사업주 또는 경영책임자

　 1년 이상 징역 또는 10억원 이하 벌금

② 법인 또는 기관

　 그 행위자를 벌하는 외에 50억원 이하의 벌금 부과

2. 사망자가 1명 이상 발생 시

① 개인사업주 또는 경영책임자

　 7년 이하 징역 또는 1억원 이하 벌금

② 법인 또는 기관

　 그 행위자를 벌하는 외에 10억원 이하의 벌금 부과

* 징역과 벌금 임의적 병과 가능, 5년 내 재범 시 형의 1/2 까지 가중

■ 손해배상

개인사업주 또는 경영책임자 등이 고의 또는 중대한 과실로
안전 및 보건 확보의무를 위반하여 중대재해를 발생하게 한
경우 개인사업주나 법인, 기관은 손해를 입은 사람에게 손해
액의 5배 내에서 배상책임을 집니다.

§8. 중대산업재해 발생 시 안전교육

① 중대산업재해가 발생한 법인 또는 기관의 경영책임자등은
   고용노동부에서 실시하는 안전보건교육(20시간)을 이수해
   야 합니다.
② 정당한 사유 없이 교육에 참여하지 않은 경우 5천만원 이
   하의 과태료가 부과됩니다.
③ 주요내용
- 안전보건관리체계의 구축 등 안전·보건에 관한 경영방안
- 중대산업재해 원인 분석과 재발방지방안
④ 주요내용
- 고용노동부에서 교육기관 및 일정을 교육대상자(중대산업재
   해 발생 기관·법인의 경영책임자)에게 별도 통보
- 1회에 한해 교육참여 연기를 신청할 수 있으나 정당한 사
   유가 있어야 하며 고용노동부 승인 없이 참여하지 않는 경
   우 과태료 부과

§9. 중대재해처벌법 담당 지방관서 관할지역, 연락처

구분	위치	연락처	관할지역
서울 고용노동청 (광역중대재해 관리과)	서울시	02) 2250-5897	서울시
중부 고용노동청 (광역중대재해 관리과)	인천시	032) 460-4428	인천시·부천시·김포시·의정부시· 구리시·남양주시·양주시·포천시· 연천군·고양시·파주시·강원도
경기 고용노동지청 (광역중대재해 관리과)	경기도 수원시	031) 259-0249	수원시·용인시·화성시·성남시 ·하남시·이천시·광주시·여주시 ·양평군·광명시·안양시·과천시 ·의왕시·군포시·안산시·시흥시 ·평택시·오산시·안성시
부산 고용노동청 (광역중대재해 관리과)	부산시	051) 850-6483	부산시·울산시·경상남도
대구 고용노동청 (광역중대재해 관리과)	대구시	053) 667-6388	대구시·경상북도
광주 고용노동청 (광역중대재해 관리과)	광주시	062) 975-6349	광주시·전라남도·전라북도 ·제주특별자치도
대전 고용노동청 (광역중대재해 관리과)	대전시	042) 480-6358	대전시·충청남도·충청북도 ·세종시

제1장
중대산업재해

제1장 중대산업재해

§I. 법의 목적

> **법 제1조(목적)** 이 법은 사업 또는 사업장, 공중이용시설 및 공중교통수단을 운영하거나 인체에 해로운 원료나 제조물을 취급하면서 안전·보건 조치 의무를 위반하여 인명피해를 발생하게 한 사업주, 경영책임자, 공무원 및 법인의 처벌 등을 규정함으로써 중대재해를 예방하고 시민과 종사자의 생명과 신체를 보호함을 목적으로 한다.

1. 제정 이유

① 2018년 12월 태안화력발전소 압사사고[1], 2020년 4월 물류창고 건설현장 화재사고[2], 2020년 5월 ○○중공업 아르곤 가스 질식 사고[3]와 같은 산업 재해로 인한 사망사고와 함께 가습기 살균제 사건 및 4·16 세월호 사건과 같은 시민재해로 인한 사망사고 발생 등이 사회적 문제로 지적되어 왔습니다.

② 안전·보건에 관한 법령상 제도 개편이 꾸준히 이어져 왔음에도 이러한 재해가 계속되는 근본적 이유는 기업에 안전보건을 체계적으로 관리하는 시스템이 제대로 구축되어 있지 않기 때문입니다.

③ 이에 개인사업주 법인 또는 기관 등이 운영하는 사업장 등에서 발생한 중대산업재해와 공중이용시설 또는 공중교통수단을 운영하거나 위험한 원료 및 제조물을 취급하면서 안전·보건 확보 의무를 위반하여 인명사고가 발생한 중대시민재해에 대하여 개인 사업주와 경영책임자 및 법인 등

을 처벌함으로써 근로자를 포함한 종사자와 일반 시민의 안전권을 확보하고,

④ 기업의 조직문화 또는 안전관리 시스템 미비로 인해 일어나는 중대재해 사고를 사전에 방지하고자 하는 것이 법의 제정 이유입니다.

---

1) 태안화력발전소 압사사고: '18.12.10.(월) 00발전기술(주) 소속 망 김00이 야간 업무에 투입되어 작업 중 '18.12.11.(화) 03:22경 태안화력발전소 Transfer Tower 04C 5층내 컨베이어에서 끼여 사망함.

2) 물류창고 건설현장 화재사고: '20.4.29.(수) 13:32경 이천 물류센터신축공사 현장 B동에서 작업 중 동 현장에서 발생한 화재로 인해 작업자 38명이 사망함.

3) 아르곤 가스질식 사고: '20.5.21.(목) 11:05경 00중공업(주) CHS공사부 14안벽 3125호선 콤프레샤 룸 외벽에서 하청 소속 망 김00이 배관 취부 작업 중 배관 퍼징 및 용접작업 진행을 확인하는 과정에서 쓰러져 병원으로 이송되었으나 사망함.

---

2. 법의 목적

① 중대재해처벌 등에 관한 법률(이하 "중대재해처벌법"이라 함)은 사업 또는 사업장 공중이용시설 및 공중교통수단을 운영하거나 인체에 해로운 원료나 제조물을 취급하면서 안전·보건 확보를 위하여 요구되는 다양한 조치의무를 이행하지 않음으로써 인명 피해를 발생하게 한 사업주, 경영책임자, 공무원 및 법인의 처벌 등을 규정함으로써 중대재해를 예방하고 시민과 종사자의 생명과 신체를 보호함을 목적으로 합니다.

② 사업주 또는 경영책임자등에 대한 처벌 규정은

- 근로자를 포함한 종사자와 일반 시민의 생명과 신체를 보호하기 위한 불가피한 수단이며

- 이 법을 통해 사업주 또는 경영책임자등이 사업 또는 사업장의 안전보건관리체계 구축 등 안전 및 보건 확보의무를 이행함으로써 산업안전보건법 등 안전·보건 관계 법령에 따른 안전·보건조치가 철저히 이루어지도록 하여 중대재해를 예방하는 데 궁극적인 목적이 있습니다.

3. 산업안전보건법 및 산업재해보상보험법과의 관계

■ 산업안전보건법과의 관계

① 산업안전보건법은 사업 또는 사업장의 산업 안전 및 보건에 관한 기준을 확립하고 그 책임의 소재를 명확하게 하여 산업재해를 예방하는 데 주된 목적이 있습니다.

- 이에 따라 산업안전보건법은 사업장에 대한 구체적인 안전보건에 관한 기준 및 그에 따른 사업주의 조치의무 그리고 해당 사업장의 산업재해 예방에 대한 책임자 등에 관하여 규정합니다.

② 반면에 중대재해처벌법은 사업 또는 사업장의 개인사업주 또는 사업주가 법인이나 기관인 경우 그 경영책임자 등이 준수하여야 할 안전 및 보건 확보의무로서 안전보건관리체계 구축 및 운영, 안전·보건 관계 법령에 따른 의무이행에 필요한 관리상의 조치 등을 규정하고 있습니다.

■ 산업재해보상보험법과의 관계

① 산업재해보상보험법(이하 "산재보험법"이라 함)은 근로자의 업무상의 재해를 신속하고 공정하게 보상하며 재해근로자의 재활 및 사회 복귀를 촉진하는데 그 목적이 있습니다.

- 이에 따라 사용자의 귀책사유 유무와 관계없이 업무상 사유에 따른 근로자의 부상·질병·장해 또는 사망(업무상 재해)을 적용대상으로 합니다.

② 반면에 중대재해처벌법은 종사자의 중대산업재해를 예방하기 위해 개인사업주 경영책임자등에게 안전 및 보건 확보의무를 부과하고, 안전 및 보건 확보의무를 이행하지 아니하거나 방치함으로써 중대산업재해가 발생하는 경우에는 형사처벌을 한다는 점에서 산재보험법과 차이가 있습니다.

§Ⅱ. 정의

법 제2조(정의) 이 법에서 사용하는 용어의 뜻은 다음과 같다.

1. "중대재해"란 "중대산업재해"와 "중대시민재해"를 말한다.
2. "중대산업재해"란 「산업안전보건법」 제2조제1호에 따른 산업재해 중 다음 각 목의 어느 하나에 해당하는 결과를 야기한 재해를 말한다.
   가. 사망자가 1명 이상 발생
   나. 동일한 사고로 6개월 이상 치료가 필요한 부상자가 2명 이상 발생
   다. 동일한 유해요인으로 급성중독 등 대통령령으로 정하는 직업성 질병자가 1년 이내에 3명 이상 발생
3. "중대시민재해"란 특정 원료 또는 제조물, 공중이용시설 또는 공중교통수단의 설계, 제조, 설치, 관리상의 결함을 원인으로 하여 발생한 재해로서 다음 각 목의 어느 하나에 해당하는 결과를 야기한 재해를 말한다. 다만, 중대산업재해에 해당하는 재해는 제외한다.
   가. 사망자가 1명 이상 발생
   나. 동일한 사고로 2개월 이상 치료가 필요한 부상자가 10명 이상 발생
   다. 동일한 원인으로 3개월 이상 치료가 필요한 질병자가 10명 이상 발생
4. "공중이용시설"이란 다음 각 목의 시설 중 시설의 규모나 면적 등을 고려하여 대통령령으로 정하는 시설을 말한다. 다만, 「소상공인 보호 및 지원에 관한 법률」 제2조에 따른 소상공인의 사업 또는 사업장 및 이에 준하는 비영리시설과 「교육시설 등의 안전 및 유지관리 등에 관한 법률」 제2조제1호에 따른 교육시설은 제외한다.
   가. 「실내공기질 관리법」 제3조제1항의 시설(「다중이용업소의 안전관리에 관한 특별법」 제2조제1항제1호에 따른 영업장은 제외한다)
   나. 「시설물의 안전 및 유지관리에 관한 특별법」 제2조제1호의 시설물(공동주택은 제외한다)

다. 「다중이용업소의 안전관리에 관한 특별법」 제2조제1항제1호
　에 따른 영업장 중 해당 영업에 사용하는 바닥면적(「건축법」
　제84조에 따라 산정한 면적을 말한다)의 합계가 1천제곱미터
　이상인 것

라. 그 밖에 가목부터 다목까지에 준하는 시설로서 재해 발생 시
　생명·신체상의 피해가 발생할 우려가 높은 장소

5. "공중교통수단"이란 불특정다수인이 이용하는 다음 각 목의 어느
하나에 해당하는 시설을 말한다.

가. 「도시철도법」 제2조제2호에 따른 도시철도의 운행에 사용되
　는 도시철도차량

나. 「철도산업발전기본법」 제3조제4호에 따른 철도차량 중 동력
　차·객차(「철도사업법」 제2조제5호에 따른 전용철도에 사용
　되는 경우는 제외한다)

다. 「여객자동차 운수사업법 시행령」 제3조제1호라목에 따른 노
　선 여객자동차운송사업에 사용되는 승합자동차

라. 「해운법」 제2조제1호의2의 여객선

마. 「항공사업법」 제2조제7호에 따른 항공운송사업에 사용되는
　항공기

6. "제조물"이란 제조되거나 가공된 동산(다른 동산이나 부동산의 일
부를 구성하는 경우를 포함한다)을 말한다.

7. "종사자"란 다음 각 목의 어느 하나에 해당하는 자를 말한다.

가. 「근로기준법」상의 근로자

나. 도급, 용역, 위탁 등 계약의 형식에 관계없이 그 사업의 수행
　을 위하여 대가를 목적으로 노무를 제공하는 자

다. 사업이 여러 차례의 도급에 따라 행하여지는 경우에는 각 단
　계의 수급인 및 수급인과 가목 또는 나목의 관계가 있는 자

8. "사업주"란 자신의 사업을 영위하는 자, 타인의 노무를 제공받아
사업을 하는 자를 말한다.

9. "경영책임자등"이란 다음 각 목의 어느 하나에 해당하는 자를 말
한다.

가. 사업을 대표하고 사업을 총괄하는 권한과 책임이 있는 사람 또는 이에 준하여 안전보건에 관한 업무를 담당하는 사람

나. 중앙행정기관의 장, 지방자치단체의 장, 「지방공기업법」에 따른 지방공기업의 장, 「공공기관의 운영에 관한 법률」 제4조부터 제6조까지의 규정에 따라 지정된 공공기관의 장

【1】 개념

1. 중대재해

■ 중대산업재해

① 중대재해처벌법에서 중대재해란 중대산업재해와 중대시민재해를 말합니다.

- 산업안전보건법에 따른 중대재해는 사망자가 1명 이상 발생한 재해, 3개월 이상의 요양이 필요한 부상자가 동시에 2명 이상 발생한 재해, 부상자 또는 직업성 질병자가 동시에 10명 이상 발생한 재해를 말합니다(**산업안전보건법 제2조제2호, 같은 법 시행규칙 제3조**).

② 중대재해중 중대산업재해란?

산업안전보건법 제2조제1호에 따른 산업재해 중 사망자가 1명 이상, 동일한 사고로 6개월 이상 치료가 필요한 부상자가 2명 이상 또는 동일한 유해요인으로 급성 중독 등 대통령령으로 정하는 직업성 질병자가 1년 이내에 3명 이상 발생한 경우를 말합니다.

③ 이처럼 중대재해처벌법의 중대산업재해는 산업안전보건법의 산업 재해를 전제로 하고 있어 산업안전보건법의 산업 재해 개념에 포섭 되지 않는다면 중대재해처벌법의 중대산업재해에 해당할 수 없습니다.

■ 산업재해

① 산업안전보건법의 산업재해란?

- "노무를 제공하는 사람"이 업무에 관계되는 건설물·설비·원재료·가스·증기·분진 등에 의하거나 작업 또는 그 밖의 업무로 인하여 사망 또는 부상하거나 질병에 걸리는 것을 말합니다(**산업안전보건법 제2조제1호**).

- 즉 산업재해는 업무와 관련성을 가지는 건설물이나 설비·원재료·가스·증기·분진 등 유해하거나 위험한 물적 요인 등 작업환경, 작업내용·작업방식 등에 따른 위험 또는 업무 그 자체에 내재하고 있는 위험 등으로 인해 노무제공자에게 발생한 사망 부상 또는 질병을 말합니다.

② 한편 산재보험법의 업무상의 재해는 업무상의 사유에 따른 부상·질병·사망만이 아니라 부상 또는 질병이 치유되었으나 정신적 또는 육체적 훼손으로 인하여 노동능력이 상실되거나 감소된 상태인 장해와 출퇴근 재해도 포함됩니다.

③ 따라서 사업주의 예방가능성을 전제로 한 산업안전보건법의 산업재해를 개념요소로 한 중대재해처벌법의 중대산업재해에는 해당하지 않는 경우에도 산재보험법의 업무상재해에는 해당할 수 있습니다.

2. 사망자 1명 이상 발생한 경우

① 사망의 경우 그 원인 등 중대산업재해에 해당하기 위한 다른 요건을 규정하고 있지 않으므로 산업안전보건법상 산업재해에 해당한다면 사고에 의한 사망뿐만 아니라 직업성 질병에 의한 사망도 중대산업재해에 포함됩니다.

② 다만, 직업성 질병은 산업안전보건법의 산업재해에 해당되어야 하므로 업무에 관계되는 유해·위험요인에 의하거나 작업 또는 그 밖의 업무로 인하여 발생하였음이 명확한 것이어야 합니다.

③ 질병으로 인한 사망의 경우 종사자 개인의 고혈압이나 당뇨, 생활 습관 등 다양한 요인이 영향을 미칠 수 있는바 질병의 원인이 업무로 인한 것인지 여부 등에 대해서는 구체적인 사정을 종합적으로 고려하여 판단하게 될 것입니다.

④ 사망은 부상 또는 질병이 발생한 날부터 일정한 시간이 경과한 이후에 발생하는 경우가 있을 수 있는바 이 경우 중대산업재해는 종사자의 사망시에 발생한 것으로 보아야 합니다. 다만, 이 경우 종사자의 사망은 당초 부상 또는 질병과 직접적인 인과관계가 있는 경우에 한합니다.

3. 동일한 사고로 6개월 이상 치료가 필요한 부상자 2명 이상 발생

■ 동일한 사고

① 동일한 사고로 6개월 이상 치료가 필요한 부상자 2명 이상 발생한 경우란?

- 하나의 사고 또는 장소적·시간적으로 근접성을 갖는 일련의

과정에서 발생한 사고로 인하여 6개월 이상 치료가 필요한 부상자가 2명 이상 발생한 경우를 말합니다.

* 【예시】화재·폭발 사고 시 직접적으로 화상을 입은 경우외에 폭발압 충격으로 인한 추락, 파편으로 인한 충돌 등을 포함합니다.
- 만약 사고가 발생하게 된 유해 위험요인 등 그 원인이 같은 경우라도 시간적·장소적 근접성이 없는 경우에는 각각의 사고가 별개의 사고에 해당할 뿐 동일한 사고에 해당하지 않습니다.
* 【예시】같은 업체로부터 구매 또는 대여 등을 한 기계, 기구, 설비 등을 사용하는 2개 이상의 사업장에서 그 기계, 기구, 설비 등의 동일한 결함으로 발생한 사고라 하더라도 그 원인이 동일한 것일 뿐, 동일한 사고는 아닙니다.

■ 6개월 이상 치료가 필요한 부상

① 6개월 이상 치료가 필요한 기간이란 해당 부상과 그로 인한 합병증 등에 대한 직접적 치료 행위가 6개월 이상 필요한 경우를 의미하며 재활에 필요한 기간 등은 원칙적으로 포함하지 않습니다.
② 치료의 기간은 재해 조사의 신속성과 법적 명확성 차원에서 원칙적으로 의사의 진단 소견서 등 객관적 자료에 의해 판단합니다.
③ 치료 기간이 최초 진단일에는 6개월 미만이었으나, 치료과정에서 기간이 늘어남으로 인해 6개월 이상 치료가 필요한 부상자가 2명 이상 발생하게 된 경우에는 그 진단한 시점에서 중대산업재해가 발생한 것으로 판단합니다.

4. 동일한 유해요인으로 직업성 질병자가 1년 이내에 3명 이상 발생

■ 동일한 유해요인

① 유해요인이란 중대재해처벌법 시행령 별표1 에서 급성중독 등 직업성 질병의 원인으로 열거하고 있는 각종 화학적 유해인자[+], 유해 작업[++]등을 말합니다.

[+]【예시】

○ 염화비닐·유기주석·메틸브로마이드(bromomethane)·일산화탄소
○ 납 또는 그 화합물, ○수은 또는 그 화합물, ○크롬 또는 그 화합물, ○벤젠, ○이산화질소 등

[++]【예시】

○ 보건의료 종사자의 종사 작업(혈액 관련), ○건강장해를 일으킬 수 있는 습한 상태에서 하는 작업, ○오염된 냉각 수에 노출된 장소에서 하는 작업
○ 공기 중 산소농도가 부족한 장소에서 하는 작업, ○고열작업 또는 폭염에 노출되는 장소에서 하는 작업

② 유해요인의 동일성 이란 노출된 각 유해인자와 유해물질의 성분작업의 양태 등의 측면에서 객관적으로 동일성이 인 정되는 경우를 말합니다.

③ 다수의 종사자에게 발생한 급성중독 등 직업성 질병의 발생 원인이 동일하다고 객관적으로 증명되는 경우라면 각 종사자 간에 유해요인 노출시기나 장소가 다르고 직업성 질병의 발병시기가 상이하더라도 동일한 유해요인으로 판단될 수 있습니다.

■ 직업성 질병

① 직업성 질병이란 작업환경 및 일과 관련한 활동에 기인한

건강장해를 의미합니다.

② 작업환경 및 일과 관련한 활동이 유일한 발병원인이거나 그 원인이 되었을 것이 유력한 질병으로는 중금속·유기용제 중독, 생물체에 의한 감염질환 또는 기온·기압 등에 기인한 질병 등이 있습니다.

③ "광의의 직업성 질병"에는 직업적 요인이 개인적 소인(素因)에 부가되어 발생하는 작업관련성 질병이 포함될 수 있으며 이 또한 예방을 위해 최대한 유해요인을 억제하기 위한 노력은 필요하나, 인과관계, 예방가능성 등을 종합적으로 고려할 때 "동일한 유해요인으로 급성중독 등 대통령령으로 정하는 직업성 질병"에 포함하기 어렵습니다.

④ 중대재해처벌법에서 급성중독을 예시로 들며 직업성 질병의 범위를 대통령령으로 위임한 입법취지(동일한 유해요인으로 급성중독 등 대통령령으로 정하는 직업성 질병자) 등을 고려하여 시행령은 제2조 별표1 에서 인과관계의 명확성, 사업주의 예방 가능성 및 피해의 심각성을 주된 고려요소로 삼아 직업성 질병을 24가지로 규정하였습니다.

---

* ①중추신경계장해 등의 급성중독 ②의식장해, 경련, 급성 기질성 뇌증후군, 부정맥 등의 급성중독 ③B형 간염, C형 간염, 매독 또는 후천성면역결핍증 등 혈액전파성 질병 ④렙토스피라증 ⑤레지오넬라증 ⑥열사병 등 24가지 질병

■ 1년 이내에 3명 이상 발생

① 동일한 유해요인으로 직업성 질병자가 1년 이내에 3명이 발생한 시점에 중대산업재해가 발생한 것으로 판단합니다.

② 발생한 시점과 관련하여 중대재해처벌법의 직업성 질병은 급성 중독 등 사고성 재해와 유사하여 직업성 질병 여부 및 인과관계 등의 판단이 상대적으로 용이한 질병이므로,

- 유해·위험요인에 노출된 날을 특정할 수 있는 경우는 노출된 날을 그 발생일로 특정할 수 없는 경우에는 의사의 최초 소견일 진단일을 발생일로 판단합니다.

- 아울러 1년 이내를 판단하는 기산점은 세 번째 직업성 질병자가 발생한 시점부터 역산하여 산정합니다.

③ 동일한 유해요인으로 직업성 질병이 발생한 종사자들이 하나의 사업에 소속되어 있다면 사업장이나 발생 시점을 달리하는 경우라도 중대재해처벌법의 적용대상인 중대산업재해에 해당한다고 보아야 합니다.

* 【예시】
- 폭염 경보가 발령된 여러 사업장에서 폭염에 노출되는 장소에서 작업을 한 경우
- 사업장이 여러 곳에 분포하였더라도 각 사업장의 용광로에서 광물을 제련하는 동일·유사한 공정의 고열작업을 한 경우

■ 중대재해처벌법 시행령 별표1 직업성 질병 ■

1. 염화비닐 · 유기주석 · 메틸브로마이드(bromomethane) · 일산화탄소에 노출되어 발생한 중추신경계장해 등의 급성중독
2. 납 또는 그 화합물(유기납은 제외한다)에 노출되어 발생한 납창백(蒼白), 복부 산통 (産痛), 관절통 등의 급성중독
3. 수은 또는 그 화합물에 노출되어 발생한 급성중독
4. 크롬 또는 그 화합물에 노출되어 발생한 세뇨관 기능 손상, 급성 세뇨관 괴사, 급성 신부전 등의 급성중독
5. 벤젠에 노출되어 발생한 경련, 급성 기질성 뇌증후군, 혼수상태 등의 급성중독

---

6. 톨루엔(toluene) · 크실렌(xylene) · 스티렌(styrene) · 시클로헥산(cyclohexane) · 노말 헥산(n-hexane) · 트리클로로에틸렌(trichloroethylene) 등 유기화합물에 노출되어 발생한 의식장해, 경련, 급성 기질성 뇌증후군, 부정맥 등의 급성중독

7. 이산화질소에 노출되어 발생한 메트헤모글로빈혈증(methe-globinemia), 청색증(靑色症) 등의 급성중독

8. 황화수소에 노출되어 발생한 의식 소실(消失), 무호흡, 폐부종, 후각신경마비 등의 급성중독

9. 시안화수소 또는 그 화합물에 노출되어 발생한 급성중독

10. 불화수소 · 불산에 노출되어 발생한 화학적 화상, 청색증, 폐수종, 부정맥 등의 급성중독

11. 인 [백린(白燐), 황린(黃燐) 등 금지물질에 해당하는 동소체(同素體)로 한정한다] 또는그 화합물에 노출되어 발생한 급성중독

12. 카드뮴 또는 그 화합물에 노출되어 발생한 급성중독

13. 다음 각 목에 해당하는 화학적 인자에 노출되어 발생한 급성중독
    가. 「산업안전보건법」 제125조제1항에 따른 작업환경측정 대상 해인자 중 화학적 인자
    나. 「산업안전보건법」 제130조제1항제1호에 따른 특수건강진단 대상 유해인자 중화학적 인자

14. 디이소시아네이트(diisocyanate), 염소, 염화수소 또는 염산에 노출되어 발생한 반응성 기도과민증후군

15. 트리클로로에틸렌에 노출(해당 물질에 노출되는 업무에 종사하지 않게 된 후 3개월이 지난 경우는 제외한다)되어 발생한 스티븐스존슨 증후군(stevens-johnson syndrome). 다만, 약물, 감염, 후천성면역결핍증, 악성 종양 등 다른 원인으로 발생한 스티븐스 존슨 증후군은 제외한다.

16. 트리클로로에틸렌 또는 디메틸포름아미드(dimethylforma-mide)에 노출(해당 물질에 노출되는 업무에 종사하지 않게 된 후 3개월이 지난 경우는 제외한다)되어 발생한 독성 간염. 다만,

약물, 알코올, 과체중, 당뇨병 등 다른 원인으로 발생하거나 다른 질병이 원인이 되어 발생한 간염은 제외한다.

17. 보건의료 종사자에게 발생한 B형 간염, C형 간염, 매독 또는 후천성면역결핍증의 혈액전파성 질병

18. 근로자에게 건강장해를 일으킬 수 있는 습한 상태에서 하는 작업으로 발생한 렙토 스피라증(leptospirosis)

19. 동물 또는 그 사체, 짐승의 털·가죽 또는 그 밖의 동물성물체를 취급하여 발생한 탄저, 단독(erysipelas) 또는 브루셀라증(brucellosis)

20. 오염된 냉각수로 발생한 레지오넬라증(legionellosis)

21. 고기압 또는 저기압에 노출되거나 중추신경계 산소 독성으로 발생한 건강장해, 감압병(잠수병) 또는 공기색전증(기포가 동맥이나 정맥을 따라 순환하다가 혈관을 막는 것)

22. 공기 중 산소농도가 부족한 장소에서 발생한 산소결핍증

23. 전리방사선(물질을 통과할 때 이온화를 일으키는 방사선)에노출되어 발생한 급성 방사선증 또는 무형성 빈혈

24. 고열작업 또는 폭염에 노출되는 장소에서 하는 작업으로 발생한 심부체온상승을 동반하는 열사병

※ 직업성 질병의 주된 유해요인과 발생 사례 등은 제2장을 참조

【2】 종사자

7. "종사자"란 다음 각 목의 어느 하나에 해당하는 자를 말한다.
　가. 「근로기준법」상의 근로자
　나. 도급, 용역, 위탁 등 계약의 형식에 관계없이 그 사업의 수행을 위하여 대가를 목적으로 노무를 제공하는 자
　다. 사업이 여러 차례의 도급에 따라 행하여지는 경우에는 각 단계의 수급인및 수급인과 가목 또는 나목의 관계가 있는 자

1. 개념

① 중대재해처벌법 상 종사자란?

1. 근로기준법 상의 근로자

2. 도급, 용역, 위탁 등 계약의 형식에 관계없이 그 사업의 수행을 위하여 대가를 목적으로 노무를 제공하는 자 또는

3. 사업이 여러 차례의 도급에 따라 행하여지는 경우에는 각 단계의 수급인 및 수급인과 1. 또는 2.의 관계에 있는 자를 말합니다.

2. 근로기준법 상의 근로자

① "근로자"란 직업의 종류와 관계없이 임금을 목적으로 사업이나 사업장에 근로를 제공하는 사람을 말합니다(**근로기준법 제2조제1항제1호**).

② 근로기준법상 근로자에 해당하는지 여부는 고용계약인지, 도급계약인지 관계없이 그 실질에 있어 근로자가 사업 또는 사업장에 임금을 목적으로 종속적인 관계에서 사용자에게 근로를 제공하였는지 여부에 따라 판단하여야 합니다 (대법원 2006.12.7.선고 2004다29736 판결).

> **■ 대법원 판례**
>
> 근로기준법상의 근로자에 해당하는지 여부는 계약의 형식이 고용계약인지 도급계약인지보다 그 실질에 있어 근로자가 사업 또는 사업장에 임금을 목적으로 종속적인 관계에서 사용자에게 근로를 제공하였는지 여부에 따라 판단하여야 하고, 여기에서 종속적인 관계가 있는지 여부는 업무 내용을 사용자가 정하고 취업규칙 또는 복무(인사)규정 등의 적용을 받으며 업무 수행 과정

에서 사용자가 상당한 지휘·감독을 하는지, 사용자가 근무시간과 근무장소를 지정하고 근로자가 이에 구속을 받는지, 노무제공자가 스스로 비품·원자재나 작업도구 등을 소유하거나 제3자를 고용하여 업무를 대행케 하는 등 독립하여 자신의 계산으로 사업을 영위할 수 있는지, 노무 제공을 통한 이윤의 창출과 손실의 초래 등 위험을 스스로 안고 있는지, 보수의 성격이 근로 자체의 대상적 성격인지, 기본급이나 고정급이 정하여졌는지 및 근로소득세의 원천징수 여부 등 보수에 관한 사항, 근로 제공 관계의 계속성과 사용자에 대한 전속성의 유무와 그 정도, 사회보장제도에 관한 법령에서 근로자로서 지위를 인정받는지 등의 경제적·사회적 여러 조건을 종합하여 판단하여야 한다. 다만, 기본급이나 고정급이 정하여졌는지, 근로소득세를 원천 징수하였는지, 사회보장제도에 관하여 근로자로 인정받는지 등의 사정은 사용자가 경제적으로 우월한 지위를 이용하여 임의로 정할 여지가 크기 때문에, 그러한 점들이 인정되지 않는다는 것만으로 근로자성을 쉽게 부정하여서는 안 된다. (대법원 2006. 12. 7. 선고 2004다29736 판결).

③ 공무원도 임금을 목적으로 근로를 제공하는 사람으로서 근로기준법상 근로자이므로 중대재해처벌법 제2조 제7호가목의 종사자에 해당합니다.

3. 대가를 목적으로 노무를 제공하는 자

① 근로자 외에 도급, 용역, 위탁 등 계약의 형식에 관계없이 그 사업의 수행을 위하여 대가를 목적으로 노무를 제공하는 자도 종사자에 포함됩니다.

② "그 사업의 수행을 위하여 대가를 목적으로 노무를 제공하는 자"란 산업안전보건법의 특수형태근로종사자는 물론이고,

산업안전보건법의 특수형태근로종사자**(산업안전보건법 제77조)**에 규정된 "계약의 형식에 관계없이 근로자와 유사하게 노무를 제공하여 업무상의 재해로부터 보호할 필요가 있음에도 「근로기준법」 등이 적용되지 아니하는 사람으로서 다음 각 호의 요건을 모두 충족하는 사람을 말합니다."

1. 대통령령으로 정하는 직종*에 종사할 것

* 보험모집인, 건설기계운전자, 학습지 교사, 골프장 캐디, 택배원, 퀵서비스 기사, 대출모집인, 신용카드회원 모집인, 대리운전기사, 방문판매원, 방문 점검원, 가전제품 수리원, 화물차주(수출입 컨테이너 운송자, 시멘트 운송자, 철강재운송자, 위험물질 운송자), 소프트웨어 기술자

2. 주로 하나의 사업에 노무를 상시적으로 제공하고 보수를 받아 생활할 것

3. 노무를 제공할 때 타인을 사용하지 아니할 것

③ 직종과 무관하게 다수의 사업에 노무를 제공하거나 타인을 사용하는 경우라 하더라도 이와 상관없이 대가를 목적으로 노무를 제공하는 자이기만 하면 중대재해처벌법의 종사자에 해당합니다.

④ 다만, 노무를 제공하는 자로서 종사자는 대가를 목적으로 하므로 호기심이나 취미로 노무를 제공하는 자 해당 사업장에 일시적으로 방문한 일반 방문자는 포함되지 않습니다.

4. 수급인 및 수급인과 근로관계 또는 노무를 제공하는 관계에 있는 자

① 사업이 여러 차례의 도급에 따라 행하여지는 경우에 각 단계의 수급인, 각 단계의 수급인과 근로계약 관계에 있는

사람, 각 단계의 수급인에게 대가를 목적으로 노무를 제공
하는 사람도 종사자에 포함됩니다.

② 도급계약이 여러 단계에 걸쳐 체결된 경우에 각 단계별로
모든 수급인 및 수급인의 모든 종사자를 포함합니다.

【3】 사업주

> 8. "사업주"란 자신의 사업을 영위하는 자, 타인의 노무를 제공
> 받아 사업을 하는 자를 말한다.

1. 개념

① "사업주"란 자신의 사업을 영위하는 자, 타인의 노무를 제
공받아 사업을 하는 자를 말합니다.

② "자신의 사업을 영위하는 자"란 타인의 노무를 제공 받음
이 없이 자신의 사업을 영위하는 자를 말하므로, 중대재해
처벌법에 따른 사업주는 근로자를 사용하여 사업을 하는
자로 한정하고 있는 산업안전보건법에 따른 사업주보다 넓
은 개념입니다.

2. 중대재해처벌법의 수범자로서 "개인사업주"

중대재해처벌법이 산업안전보건법과 달리 제반 의무를 개인으
로서의 사업주와 경영책임자등에게 부과하고, 개인사업주가 아
닌 사업주를 경영책임자등과 구분하여 법인 또는 기관으로 표
현하고 있는 점에 비추어 볼 때, 중대재해처벌법 제3조 이하에
서 규정하는 사업주는 행위자로서 개인사업주만을 의미합니다.

【4】 경영책임자등

> 9. "경영책임자등"이란 다음 각 목의 어느 하나에 해당하는 자를 말한다.
>   가. 사업을 대표하고 사업을 총괄하는 권한과 책임이 있는 사람 또는 이에 준하여 안전보건에 관한 업무를 담당하는 사람
>   나. 중앙행정기관의 장, 지방자치단체의 장, 「지방공기업법」에 따른 지방공기업의 장, 「공공기관의 운영에 관한 법률」 제4조부터 제6조 까지의 규정에 따라 지정된 공공기관의 장

1. 개념

① 경영책임자등 이란?

- 사업을 대표하고 사업을 총괄하는 권한과 책임이 있는 사람 또는 이에 준하여 안전보건에 관한 업무를 담당하는 사람
- 중앙행정기관의 장, 지방자치단체의 장, 지방공기업법에 따른 지방공기업의 장, 공공기관의 운영에 관한 법률 제4조 부터 제6조까지의 규정에 따라 지정된 공공기관의 장을 말합니다.

② 중대재해처벌법은 사업의 대표자이자 사업 경영의 총괄책임자에게 종사자의 중대산업재해를 예방하도록 안전 및 보건확보 의무를 부여하고 있습니다.

2. 사업을 대표하고 사업을 총괄하는 권한과 책임이 있는 사람

① 사업을 대표하고 사업을 총괄하는 권한과 책임이 있는 사람이란 대외적으로 해당 사업을 대표하고 대내적으로 해당 사업의 사무를 총괄하여 집행할 권한과 책임이 있는 사람을 말합니다.

② 경영책임자등은 사업을 대표하고 사업을 총괄하는 권한과 책임이 있는 사람이라는 점에서 통상적으로 기업의 경우에

는 상법상 주식회사의 경우 그 대표이사, 중앙행정기관이나 공공기관의 경우에는 해당 기관의 장을 말합니다.

③ 다만, 형식상의 직위나 명칭에 관계없이 실질적으로 사업을 대표하고 사업을 총괄하는 권한과 책임이 있는 사람이 안전·보건 확보의무 이행에 관한 최종적인 의사결정권을 가진다고 볼 수 있는 경우에는 그가 경영책임자에 해당할 수 있습니다.

④ 따라서 해당 사업에서의 직무, 책임과 권한 및 기업의 의사결정구조 등을 종합적으로 고려하여 최종적으로 경영책임자등에 해당하는지를 판단하여야 합니다.

⑤ 또한 경영책임자등과 현장소장, 공장장 등 대표이사의 지시를 받아 개별 사업장에서 생산 활동을 총괄하는 자는 개념상 구별되어야 합니다.

3. 사업을 대표하고 사업을 총괄하는 권한과 책임이 있는 사람에 준하여 안전보건에 관한 업무를 담당하는 사람

① 이에 준하여 안전보건에 관한 업무를 담당하는 사람이란 사업 또는 사업장 전반의 안전 및 보건에 관한 조직·인력·예산 등에 관하여 대표이사 등 경영책임자에 준하여 총괄하는 권한과 책임을 가지는 등 최종 결정권을 가진 사람을 의미합니다.

② 따라서 안전보건 업무를 전담하는 최고책임자라 하더라도 사업, 경영대표자 등으로부터 사업 또는 사업장 전반의 안전 보건에 관한 조직·인력·예산에 관한 총괄 관리 및 최종 의사 결정권을 위임받은 경우로 평가될 수 있는 경우가 아

니라면 "이에 준하여 안전보건에 관한 업무를 담당하는 사람"으로 볼 수 없습니다.

4. 경영책임자등의 특정

① 중대재해처벌법은 원칙적으로 사업을 대표하고 사업을 총괄하는 권한과 책임이 있는 자, 즉 경영을 대표하는 자의 안전 및 보건에 관한 의무와 역할을 규정한 것으로 중대재해처벌법상 의무와 책임의 귀속 주체는 원칙적으로 사업을 대표하고 사업을 총괄하는 권한과 책임이 있는 자입니다.

② 사업을 대표하고 사업을 총괄하는 권한과 책임이 있는 자 외에 안전 및 보건에 관한 업무를 담당하면서 그에 관한 최종적인 의사결정권을 행사할 수 있는 사람이 있다면, 그 역시 경영책임자등에 해당할 수 있으므로, 제4조 또는 제5조의 안전 및 보건 확보의무 이행의 주체가 될 수 있고, 동 의무불이행에 대한 책임도 부담할 수 있습니다.

③ "이에 준하여 안전보건에 관한 업무를 담당하는 사람"이 선임되어 있다는 사실 만으로 사업을 대표하고 사업을 총괄하는 권한과 책임이 있는 사람의 의무가 면제된다고는 볼 수 없습니다.

④ 경영책임자에 해당하는 사람이 여러 명이 있는 경우에는 개별 사안마다 안전 및 보건 확보의무 불이행에 관한 최종적 의사결정권의 행사나 그 결정에 관여한 정도를 구체적으로 고려하여 형사책임이 부과되어야 합니다.

【적용유형】

■ 사업을 대표하고 사업을 총괄 관리하는 사람이 2명 이상인 경우 (공동대표)

① 사업을 대표하고 사업을 총괄하는 권한과 책임이 있는 사람이 2명 이상 있다면 2명 모두 경영책임자가 될 수 있으며, 안전 및 보건 확보의무도 역시 공동으로 부여된 것으로 볼 수도 있습니다.

② 특히 복수의 대표이사가 있는 경우 회사 내에서의 직무, 책임과 권한 및 기업의 의사결정 구조 등을 종합적으로 고려하여 실질적으로 해당 사업에서 최종 경영책임자가 누구인지를 판단할 수 있을 것입니다.

■ 하나의 법인에 복수의 사업 부문을 두는 경우

하나의 법인에 두 개 이상의 사업이 있고 각각의 사업을 대표하고 총괄하는 권한과 책임이 있는 자가 있고, 각 사업 부문이 독립성을 가지고 분리되어 있어 별개의 사업으로서 평가될 수 있는 경우에는 각 사업을 대표하고 총괄하는 권한과 책임이 있는 사람이 각자 해당 사업 부문의 경영책임자에 해당할 수 있습니다.

■ 복수의 사업 부문의 대표가 있으면서, 법인을 대표하고 사업 전체를 총괄하는 대표가 별도로 있는 경우

① 사업 부문별 대표가 각 사업 부문의 조직, 인력, 예산 등 경영의 독립성을 가지고 별개의 사업으로서 운영되는 경우에 원칙적으로는 각 사업 부문별 대표가 경영책임자에 해당합니다.

② 다만, 여러 사업 부문들을 총괄하는 차원에서 해당 사업 부문의 경영상의 중요한 의사 결정을 총괄대표가 하거나 부문별 대표와 공농으로 하는 경우에는 법인 내에서의 직위나 직무, 해당 사업 부문에서 실질적인 권한 행사 등기업의 의사결정 구조에 따른 영향력 등을 종합적으로 고려하여 사업을 총괄하는 대표가 경영책임자에 해당하는지 여부를 판단하여야 할 것입니다.

【개념상의 비교】

■ 경영책임자등 vs 안전보건관리책임자 vs 사업경영담당자

① 중대재해처벌법의 "경영책임자등"은 사업 전체를 대표하고 사업을 총괄하는 권한과 책임이 있는 자 또는 이에 준하여 안전보건에 관하여 업무를 담당하는 자입니다.

② 산업안전보건법의 "안전보건관리책임자"는 '하나의 사업장을 단위'로 하여 산업안전보건법 제15조제1호부터 제9호까지의 업무를 총괄하는 자를 말합니다.

* 산업안전보건법 제15조(안전보건관리책임자) ① 사업주는 사업장을 실질적으로 총괄 하여 관리하는 사람에게 해당 사업장의 다음 각 호의 업무를 총괄하여 관리하도록 하여야 한다.

  1. 사업장의 산업재해 예방계획의 수립에 관한 사항

③ 안전보건관리책임자는 하나의 사업'장'을 관리 단위로, 산업재해 예방에 관한 사항들에 대한 사업주의 업무를 총괄관리하고, 안전관리자, 보건관리자를 지휘·감독하며, 산업안전보건법의 안전보건 관리체제하에서 그 역할이 의무화되어 있는 자를 의미합니다.

④ 다만, 특정 법인사업주가 운영하는 사업장이 하나이거나 복수이더라도 법인의 대표자가 특정 사업 또는 사업장의 안전보건관리책임자에 해당하는 경우에는 안전보건관리책임자임과 동시에 중대재해처벌법상 경영책임자등에 해당할 수 있습니다.

⑤ 근로기준법의 "사업경영담당자"는 사업주가 아니면서도 사업 경영 일반에 관하여 책임을 지는 자로서, 사업 경영의 전부 또는 일부에 대하여 포괄적 위임을 받아 대외적으로 사업을 대표하거나 대리하는 자를 말합니다.

* 근로기준법 제2조(정의) 2. "사용자"란 사업주 또는 사업 경영 담당자, 그 밖에 근로자에 관한 사항에 대하여 사업주를 위하여 행위하는 자를 말한다.

* 【예시】 법인등기부상 대표이사직에서 사임했으나 실제로는 회장으로서 회사를 사실상 경영하여 온 경우 법상 사용자에 해당 **(대법원 1997.11.11. 선고 97도813 판결)**

⑥ 사업경영담당자의 중대재해처벌법상 지위는 사업경영담당자로서

사업주로부터 사업 경영의 전부를 위임받은 사람은 중대재해처벌법 제2조제9호가목의 "사업을 대표하고 사업을 총괄하는 권한과 책임이 있는 사람"에 해당할 수 있습니다.

■ 중대재해처벌법의 경영책임자 vs 산업안전보건법의 대표이사

① 중대재해처벌법의 경영책임자는 사업을 대표하고, 사업을 총괄하는 권한과 책임이 있는 자로서 예산, 인력, 조직 등 사업 경영에 '실질적인 결정 권한'을 가지는 자를 말합니다.

② 산업안전보건법상 회사의 정관에서 정한 절차에 따라 매년 안전 및 보건에 관한 계획을 수립하여 이사회에 보고하고 승인을 받아야 할 의무가 있는 대표이사란, 그 의무 이행의 주체로서 법률상의 지위를 의미합니다.

③ 구체적으로, 산업안전보건법 제14조에 따르면 상법상 주식회사 중 상시 근로자 500명 이상을 사용하는 회사이거나 시공능력 순위 1,000위 이내의 건설회사의 대표이사에게 안전 및 보건에 관한 사항에 관하여 이사회 보고 의무를 부과하는 것으로서 '대표이사'라는 회사 내 '직위'에 기초한 의무이며 대표이사에 갈음하여 대표집행임원을 둔 주식회사의 경우에는 대표집행임원이 이를 담당하도록 하고 있습니다.

④ 상법상의 대표이사는 원칙적으로 사업을 대표하고 사업을 총괄하는 권한과 책임이 있으므로 중대재해처벌법에 따른 경영책임자에 해당합니다.

5. 공공부문의 경영책임자

■ 정부부처 및 지방자치단체, 공공기관, 지방공기업 등

① 중앙행정기관의 장은 정부조직법(제2조제2항)에 따라 설치된 부·처·청과 방송통신위원회, 공정거래위원회, 국민권익위원회, 금융위원회, 개인정보보호위원회, 원자력안전위원회 등 행정기관의 장을 의미합니다.

② 정부조직법에서 중앙행정기관으로 규정하지 않는 대법원, 국회, 감사원 등 헌법기관 등의 경우에는 제2조제9호가목에 따라 경영 책임자를 판단하여야 합니다.

③ 지방자치단체의 장은 지방자치법 제2조제1항의 특별시, 광역시, 특별자치시, 도, 특별 자치도 및 시·군·구의 장을 의미합니다.

④ 공공기관의 경우 지방공기업법에 따른 지방공기업의 장, 공공기관의 운영에 관한 법률 제4조부터 제6조까지의 규정에 따라 지정된 공공기관의 장이 경영책임자에 해당합니다.

⑤ 공공기관의 운영에 관한 법률 제4조부터 제6조까지의 규정에 따라 지정된 공공기관 이외의 공공기관의 경우에는 제2조 제9호가목에 따라 경영책임자를 판단하여야 합니다.

■ 학교의 경우

* 고등교육법 제3조(국립·공립·사립학교의 구분) 학교는 국가가 설립·경영하거나 국가가 국립대학 법인으로 설립하는 국립학교, 지방자치단체가 설립·경영하는 공립학교(설립주체에 따라 시립학교·도립학교로 구분할 수 있다), 학교법인이 설립·경영하는 사립학교로 구분한다.

① 국립학교

- 국가가 설립·경영하는 국립학교 중 국립대학 : 국립대학총장
  국립대학을 대표하며, 국립대학의 경영을 총괄하는 권한과, 책임이 총장에게 있으므로 총장이 경영책임자에 해당합니다.

- 개별 법률에 따라 법인으로 설립된 국립대학법인인 서울대학교 인천대학교 : 총장
  총장이 국립 대학법인을 대표하며, 국립대학법인의 업무를

총괄하므로 각 국립대학의 총장이 경영책임자에 해당합니다.

- 그 외 국립 초·중·고등학교 : 각 중앙행정기관의 장

  관련 법령에 따라 각 해당 학교를 설립·운영하는 중앙행정
  기관의 장이 사업을 대표하고 사업을 총괄하는 권한과 책
  임이 있는 사람이므로 각 중앙행정기관의 장이 경영책임자
  에 해당합니다.

* 【예시】 - 국립국악고등학교: 문화체육관광부(국립 국악·전통예술
  학교 설치령)
- 구미전자공업고등학교: 중소기업벤처부(국립공업고등학교 설치령)
- 부산해사고등학교: 해양수산부(국립해사고등학교 설치령)
- 선진학교, 한국우진학교: 교육부(국립학교 설치령)

② 공립학교: 교육감

- 지방자치단체의 교육·과학·기술·체육 그 밖의 학예에 관한 사
  무는 특별시·광역시 및 도의 자치사무입니다(교육자치법제2조).

- 교육자치법은 지방자치단체의 교육·학예에 관한 자치사무의
  집행기관으로 교육감을 두고 있으며. 지방자치단체의 장이
  지방자치단체를 대표하고 그 사무를 총괄 하듯이 교육·학예
  에 관한 사항에 대해서는 교육감이 지방자치 단체를 대표
  하고 그 사무를 총괄하는 자에 해당합니다(지방자치법 제
  121조, 교육자치법 제3조).

- 따라서 지방자치단체의 교육·학예에 관한 사무(공립학교)를
  대표하고, 해당 사무를 총괄하는 권한과 책임이 있는 교육
  감이 경영책임자에 해당합니다.

③ 사립학교: 학교법인의 이사장

- 사립학교란 학교법인, 공공단체 외의 법인 또는 그 밖의 사
  인이 설치하는 유아교육법 제2조제2호, 초·중등교육법 제2

조 및 고등교육법 제2조에 따른 학교를 말합니다(사립학교
법 제2조제1호).

- 학교법인이란 사립학교만을 설치·경영할 목적으로 이 법에
  따라 설립되는 법인을 말하며, 학교법인이 아닌 자는 사립
  학   교를 설치·경영할 수 없습니다.

- 사립학교는 이사장이 학교법인을 대표하고, 사립학교법과
  각 법인의 정관에 따라 규정된 직무를 수행하며, 학교법인
  내부의 사무를 총괄하므로 사립학교를 설치·운영하는 학교
  법인의 이사장이 학교법인의 운영을 대표하고 학교의 운영
  을 총괄하는 권한과 책임이 있는 경영책임자에 해당합니다.

④ 국립대학 병원: 국립대학병원 원장

- 서울대학교를 제외한 국립대학병원은 국립대학병원 설치에
  법인으로 설치하도록 하고, 대학병원에 원장 1명을 두며 원
  장이 대학병원을 대표하고, 대학병원의 업무를 총괄하도록
  규정하고 있습니다(국립대학병원 설치법 제2조, 제14조).

- 따라서 국립대학병원의 경우 병원장이 사업을 대표하고 사
  업을 총괄하는 권한과 책임이 있는 사람으로서 경영책임자
  에 해당합니다.

- 서울대학교병원 설치법에 따라 설립된 서울대학교병원은 법
  인으로 하고(동법 제2조), 대학병원에 원장 1명을 두되 원
  장이 대학병원을 대표하며, 대학 병원의 업무를 총괄하도록
  규 정하고 있으므로(동법 제10조제2항), 원장이 경영책임자
  에 해당합니다.

§Ⅲ. 적용범위 및 적용시기

【1】 적용범위 (법 제3조)

> 법 제3조(적용범위) 상시 근로자가 5명 미만인 사업 또는 사업장의 사업주(개인사업주에 한정한다. 이하 같다) 또는 경영책임자등에게는 이 장의 규정을 적용하지 아니한다.

1. 의의

① 중대재해처벌법은 중대산업재해에 관한 규정이 적용되는 사업 또는 사업장 의 범위를 상시 근로자 수를 기준으로 정하도록 하였습니다.

② 중대산업재해는 원칙적으로 상시 근로자가 5명 이상인 사업 또는 사업장의 경영책임자등(개인사업주를 포함함)에게 적용됩니다.

2. 사업 또는 사업장의 개념

■ 원칙

① 중대재해처벌법은 기업의 안전보건관리체계 미비로 인해 일어나는 중대재해 사고를 사전에 방지하기 위하여 사업을 대표하는 경영 책임자등에 대한 처벌규정을 두고 있습니다.

② 이러한 입법취지 등을 고려할 때 법 제3조에서 말하는 "사업 또는 사업장"이란 경영상 일체를 이루면서 유기적으로 운영되는 기업 등 조직 그 자체를 의미하며 사업장이 장소적으로 인접할 것을 요하지 않습니다.

③ 따라서 장소적 개념에 따라 사업장 단위로 법의 적용 범위

를 판단하여서는 안 됩니다.

④ 원칙적으로 본사와 생산업무를 담당하는 공장, 학교법인 산하의 대학교와 그 부속병원은 '하나의 사업 또는 사업장'으로 보아야 합니다.

■ **대법원 판례**

같은 법 제28조 제2항의 입법취지는, 하나의 사업 내에서 직종 (예컨대 사무직과 생산직), 직위(예컨대 고위직과 하위직), 업종 (예컨대 제조업과 서비스업)별로 서로 다른 퇴직금제도를 두어 차별하는 것을 금지하고 하나의 퇴직금제도를 적용하게 하고자 함에 있는 것이므로, 거기에서 말하는 "사업"은 특별한 사정이 없는 한 경영상의 일체를 이루는 기업체 그 자체를 의미 한다 할 것이고, 따라서 경영상의 일체를 이루면서 유기적으로 운영되는 기업조직은 하나의 사업으로 파악하여야 할 것이므로, 피고 공사 시청료 징수원의 담당업무는 같은 법 제28조 제2항의 적용에 있어서 단일 기업체인 피고 공사라는 하나의 사업의 일부분에 지나지 않는다고 보아야 할 것이다 **(대법원 2018. 7. 26. 선고 2018도7650판결).**

⑤ 또한 사업의 종류 영리·비영리 여부를 불문하며, 아울러 사업이 일회적이거나 사업 기간이 일시적인 경우에도 법의 적용 대상입니다 **(대법원 1994.10.25.선고 94다21979 판결).**

3. 상시 근로자 기준

■ **상시 근로자에 포함되는 근로자 범위**

① 사업 또는 사업장의 상시 근로자란 근로기준법상 근로자를 말합니다. 개인사업주나 법인 또는 기관과 기간의 정함이 없는 근로계약을 체결한 근로자, 기간제 근로자 뿐만 아니라 일용근로자도 포함됩니다.

② 다만, 도급·용역·위탁 등 계약의 형식에 관계 없이 그 사업의 수행을 위하여 대가를 목적으로 노무를 제공하는 자, 도급·용역·위탁 등을 행한 제3자의 근로자는 안전 및 보건 확보의무 대상은 되지만 해당 사업 또는 사업장의 상시 근로자에는 포함되지 않습니다.

③ 따라서 상시 근로자가 5명 미만인 개인사업주나 법인 또는 기관에서 노무를 제공하는 특수형태근로종사자, 플랫폼종사자 등이 5명이상인 경우에도 해당 사업 또는 사업장은 법의 적용대상이 아닙니다.

④ 도급인 소속의 상시 근로자가 5명 이상인 경우에는 수급인 소속의 상시 근로자가 5명 미만으로 수급인이 이 법의 적용을 받지 아니 하되, 도급인은 수급인과 수급인의 근로자 및 노무를 제공하는 자에 대해 안전 및 보건 확보의무를 부담해야 합니다.

⑤ 반대로 도급인 소속 상시 근로자는 5명 미만이지만 수급인 소속 근로자는 5명 이상인 경우, 도급인인 개인사업주나 법인 또는 기관은 법의 적용대상이 아니지만 수급인은 법의 적용 대상입니다.

⑥ 파견근로자는 '파견 중인 근로자의 파견근로에 관하여는 사용 사업주를 산업안전보건법 제2조제4호의 사업주'로 보며 (파견법 제35조), 도급·용역·위탁 등의 관계에서만 적용되는 안전 및 보건 확보 의무를 별도로 규정하고 있는 체계 등을 고려할 때 파견근로자는 개인사업주나 법인 또는 기관의 상시 근로자에 포함됩니다.

* **파견법 제34조(「근로기준법」의 적용에 관한 특례)**
① 파견 중인 근로자의 파견근로에 관하여는 파견사업주 및 사용사업주를 「근로기준법」 제2조 제1항 제2호의 사용자로 보아 같은 법을 적용한다. 다만, 「근로기준법」 제15조부터 제36조까지, 제39조, 제41조부터 제43조까지, 제43조의2, 제43조의3, 제44조, 제44조의2, 제44조의3, 제45조부터 제48조까지, 제56조, 제60조, 제64조, 제66조부터 제68조까지 및 제78조부터 제92조까지의 규정을 적용할 때에는 파견사업주를 사용자로 보고, 같은 법 제50조부터 제55조까지, 제58조, 제59조, 제62조, 제63조, 제69조부터 제74조까지, 제74조의2 및 제75조를 적용할 때에는 사용사업주를 사용자로 본다.
* **제35조(「산업안전보건법」의 적용에 관한 특례)**
① 파견 중인 근로자의 파견근로에 관하여는 사용사업주를 「산업안전보건법」 제2조 제4호의 사업주로 보아 같은 법을 적용한다. 이 경우 「산업안전보건법」 제29조 제2항을 적용할 때에는 "근로자를 채용할 때"를 "근로자파견의 역무를 제공받은 경우"로 본다.

■ 사무직 근로자

직무의 종류에 따른 법의 적용 제외 여부를 규정하고 있지 않으므로 해당 사업 또는 사업장의 상시 근로자가 모두 사무직인 사업 또는 사업장에도 중대재해처벌법이 적용됩니다.

■ 공무원

공무원이라는 사정만으로 근로자에 해당되지 않는 것은 아니므로 법에서 적용을 배제하는 규정이 없는 한 상시 근로자에 포함됩니다.

■ 외국인근로자

① 우리나라 사업 또는 사업장에서 노무를 제공하는 외국인의 근로 계약에 대한 준거법은 우리나라 법이므로 상시 근로자 수를 산정할 때 해당 외국인 근로자를 포함합니다.

② 외국인 근로자가 불법으로 입국하였거나 체류자격이 만료된 불법 체류자인지 여부는 상시 근로자 여부 판단과 관계 없습니다.

■ 대법원 판례

외국인고용제한규정이 이와 같은 입법목적을 지닌 것이라고 하더라도 이는 취업자격 없는 외국인의 고용이라는 사실적 행위 자체를 금지하고자 하는 것 뿐이지 나아가 취업자격 없는 외국인이 사실상 제공한 근로에 따른 권리나 이미 형성된 근로관계에 있어서의 근로자로서의 신분에 따른 노동관계법상의 제반 권리 등의 법률효과까지 금지하려는 규정으로는 보기 어렵다 할 것이다. 외국인이 취업자격이 아닌 산업연수 체류자격으로 입국하여 구 산업재해보상보험법(1994.12.22. 법률 제4826호로 전문 개정되기 전의 것)의 적용대상이 되는 사업장인 회사와 고용계약을 체결하고 근로를 제공하다가 작업 도중 부상을 입었을 경우, 비록 그 외국인이구 출입국관리법상의 취업자격을 갖고 있지 않았다 하더라도 그 고용 계약이 당연히 무효라고 할 수 없고, 위 부상 당시 그 외국인은 사용 종속관계에서 근로를 제공하고 임금을 받아 온 자로서 근로기준법 소정의 근로자였다 할 것이므로 구 산업재해보상보험법상의 요양급여를 받을 수 있는 대상에 해당한다 (대법원 1995. 9. 15. 선고, 94누12067 판결).

■ 상시 근로자 수 산정방법

① 먼저 "상시"라는 말의 의미는 "상태(常態)"라고 하는 의미로서 근로자의 수가 때때로 5명 미만이 되는 경우가 있어

도 사회통념에 의하여 객관적으로 판단하여 상태적으로 5 명 이상이 되는 경우에는 상시 근로자가 5명 이상 사업 또는 사업장에 해당합니다.

② 여기의 근로자에는 해당 사업장에 계속 근무하는 근로자뿐만 아니라 그때그때의 필요에 의하여 사용하는 일용근로자를 포함합니다(대법원 2000.3.14. 선고 99도1243 판결).

③ 2022년 1월 27일 법 시행 후 개인사업주나 법인 또는 기관의 상시 근로자 수가 5명 이상이 된 날부터 법이 적용되어 개인사업주나 법인 또는 기관의 경영책임자등에게는 법 제4조 및 제5조에 따른 안전 및 보건 확보의무가 발생합니다.

④ 다만, 법 제6조의 적용에서는 개인사업주 또는 경영책임자가 법 제4조 또는 제5조를 위반하여 중대산업재해가 발생하여야 하므로 중대산업재해가 발생한 날에도 상시 근로자 수가 5명이상이어야 합니다.

【2】 적용시기(법 부칙 제1조)

> **법 부칙 제1조(시행일)** ① 이 법은 공포 후 1년이 경과한 날부터 시행한다. 다만, 이 법 시행 당시 개인사업자 또는 상시 근로자가 50명 미만인 사업 또는 사업장(건설업의 경우에는 공사금액 50억원 미만의 공사)에 대해서는 공포 후 3년이 경과한 날부터 시행한다.

1. 원칙

이 법은 공포 후 1년이 경과한 날인 2022년 1월 27일 부터 시행합니다.

2. 예외

① 다만, 이 법 시행 당시 개인사업주, 상시 근로자가 50명 미만인 사업 또는 사업장과 건설업의 공사금액 50억원 미만의 공사에 대해서는 공포 후 3년이 경과한 부터 2024년 1월 27일부터 시행합니다.

② 2024년 1월 26일까지의 기간 동안 상시 근로자 수가 50명 이상이 된 법인 또는 기관의 경우 그 시점부터 법의 적용대상에 해당합니다.

- 개인사업주에 대해서는 부칙 제1조 단서에 따라 상시 근로자 수에 관계없이 2024년 1월 27일부터 법이 적용됩니다.

- 법인 또는 기관에 대해서는 2022년 1월 27일 이후부터 2024년 1월 26일 까지의 기간 동안 상시 근로자가 50명이상이 되는 날부터 법이 적용됩니다.

- 건설업의 경우는 예외적으로 사업 또는 사업장에 갈음하여 개별 건설공사를 단위로 시행일을 규정하였으므로 상시 근로자수에 관계없이 금액이 50억원 이상인 건설공사에 대해서는 2022년 1월 27일부터, 50억원 미만인 건설공사는 2024년 1월 27일부터 이 법이 적용되어 경영 책임자의 안전 및 보건 확보의무가 발생합니다.

3. 구체적인 사례 판단

① 개인사업주가 법인 또는 기관으로 전환한 경우

개인사업주가 이후 상시 근로자가 50명 이상인 법인 또는 기관으로 전환한 경우 그 전환한 날부터 해당 법인 또는 기관에 대해 법이 적용됩니다.

② 2022년 1월 27일 이후 새롭게 사업을 영위하거나 타인의 노무를 제공받아 사업을 하는 개인사업주 또는 법인 또는 기관

개인사업주는 부터 법인 또는 기관은 상시 근로자가 50명 이상이 된 때부터 법의 적용대상입니다.

③ 법인 또는 기관의 상시 근로자 규모가 변하는 경우

- 법인 또는 기관이 2022년 1월 27일 당시에는 상시 근로자가 50명 미만이었으나 2022년 1월 27일 이후 상시 근로자가 50명 이상이 된 경우 상시 근로자가 50명 이상이 된 때부터 법의 적용대상입니다.

- 2022년 1월 27일 당시에 상시 근로자가 50명 이상이었다가 2022년 1월 27일 이후 상시 근로자가 50명 미만이 된 경우에는 2022년 1월 27일 당시에 상시 근로자가 50명 이상인 경우 법의 적용 대상이지만, 중대산업재해 발생일에 상시 근로자가 50명 미만인 경우 법 제6조의 적용대상에는 해당되지 않으며, 2024년 1월 27일부터 법의 적용대상입니다.

§Ⅳ. 안전 및 보건 확보의무

【1】 개인사업주와 경영책임자등의 안전 및 보건 확보의무

> **법 제4조(사업주와 경영책임자등의 안전 및 보건 확보의무)**
> ① 사업주 또는 경영책임자등은 사업주나 법인 또는 기관이 실질적으로 지배·운영·관리하는 사업 또는 사업장에서 종사자의 안전·보건상 유해 또는 위험을 방지하기 위하여 그 사업 또는 사업장의 특성 및 규모 등을 고려하여 다음 각 호에 따른 조치를 하여야 한다.
> 1. 재해예방에 필요한 인력 및 예산 등 안전보건관리체계의 구축 및 그 이행에 관한 조치
> 2. 재해 발생 시 재발방지 대책의 수립 및 그 이행에 관한 조치
> 3. 중앙행정기관·지방자치단체가 관계 법령에 따라 개선, 시정 등을 명한 사항의 이행에 관한 조치
> 4. 안전 · 보건 관계 법령에 따른 의무이행에 필요한 관리상의 조치
> ② 제1항제1호·제4호의 조치에 관한 구체적인 사항은 대통령령으로 정한다.

1. 의의

① 중대재해처벌법은 개인사업주 또는 경영책임자등에게 개인사업주나 법인 또는 기관이 실질적으로 지배·운영·관리하는 사업 또는 사업장에서 일하는 모든 종사자에 대한 안전 및 보건 확보의무를 부과합니다.

② 법 제6조는 개인사업주 또는 경영책임자등이 법 제4조 및 제5조에 따른 안전 및 보건 확보의무를 위반하여 중대산업재해에 이르게 한 경우 처벌하므로 안전 및 보건 확보의무는 중대재해처벌법의 핵심 사항입니다.

③ 사업 또는 사업장에서 종사자의 안전·보건상 유해 또는 위험을 방지하기 위해 사업 또는 사업의 특성 및 규모 등을

고려하여 조치해야 하는 "안전 및 보건 확보의무"는

1. 재해예방에 필요한 안전보건관리체계의 구축 및 이행
2. 재해 발생 시 재발 방지 대책의 수립 및 이행
3. 중앙행정기관 지방자치단체가 관계 법령에 따라 개선 시정 등을 명한 사항의 이행
4. 안전·보건 관계 법령에 따른 의무이행에 필요한 관리상 조치입니다.

2. 보호 대상

① 안전 · 보건상 유해 또는 위험의 방지는 '종사자'를 대상으로 하며,

② 종사자는 개인사업주나 법인 또는 기관이 직접 고용한 근로자뿐만 아니라, 도급·용역·위탁 등 계약의 형식에 관계없이 대가를 목적으로 노무를 제공하는 자, 각 단계별 수급인·수급인의 근로자와 수급인에게 대가를 목적으로 노무를 제공하는 자 모두를 포함하는 개념입니다.

3. 개인사업주나 법인 또는 기관이 실질적으로 지배·운영·관리하는 사업 또는 사업장

① "개인사업주나 법인 또는 기관"이란 사업주로서 자신의 사업을 영위하는 자, 타인의 노무를 제공받아 사업을 하는 자로 사업 운영에 따른 경영상 이익의 귀속 주체를 의미합니다.

② "실질적으로 지배·운영·관리하는"이란 하나의 사업 목적 하에 해당 사업 또는 사업장의 조직·인력·예산 등에 대한 결정을 총괄하여 행사하는 경우를 의미합니다.

③ 개인사업주 또는 경영책임자등은 개인사업주나 법인 또는 기관이 실질적으로 지배·운영·관리하는 사업 또는 사업장의 종사자라면 계약의 형식에 관계없이 대가를 목적으로 노무를 제공 하는 자, 각 단계별 수급인 그리고 수급인의 근로자와 수급인에게 대가를 목적으로 노무를 제공하는 자 모두의 안전과 건강을 위하여 안전 및 보건 확보의무를 이행하여야 합니다.

【2】 안전보건관리체계의 구축 및 그 이행에 관한 조치

1. 의의

■ "안전보건관리체계의 구축 및 이행"

① 안전보건관리체계의 구축 및 이행이란 근로자를 비롯한 모든 일하는 사람의 안전과 건강을 보호하기 위해 기업 스스로 유해하거나 위험한 요인을 파악하여 제거·대체 및 통제 방안을 마련 이행하며, 이를 지속적으로 개선하는 일련의 활동을 의미합니다.

② 중대재해처벌법의 안전보건관리체계는 산업안전보건법 제 장제4절의 "안전보건관리체제"와는 구별됩니다.

③ 산업안전보건법에서 규정한 "체제"는 사업장의 안전보건관리에 관여하는 조직의 구성과 역할을 규정할 때 사용하는 용어이고, "체계"는 조직 구성과 역할을 넘어서 사업장의 안전보건 전반의 운영 또는 경영을 정할 때 사용하는 용어입니다.

④ 따라서 중대재해처벌법이 개인사업주 또는 경영책임자등에

게 요구하는 바는 단순히 조직의 구성과 역할 분담을 정하라는 의미에 한정되는 것이 아니라 종사자의 안전과 보건이 유지되고, 증진될 수 있도록 사업 전반을 운영하라는 의미로 이해해야 합니다.

■ **중대재해처벌법 시행령에서는 그 내용을 아래의 9가지로 구성**
① 안전 보건 목표와 경영방침의 설정
② 안전 보건 업무를 총괄 관리하는 전담 조직 설치
③ 유해 위험요인 확인 개선 절차 마련 점검 및 필요한 조치
④ 재해예방에 필요한 안전·보건에 관한 인력, 시설, 장비 구비와 유해·위험요인 개선에 필요한 예산 편성 및 집행
⑤ 안전보건관리책임자등의 충실한 업무수행 지원(권한과 예산 부여, 평가기준 마련 및 평가 관리)
⑥ 산업안전보건법에 따른 안전관리자, 보건관리자 등 전문인력 배치
⑦ 종사자 의견 청취 절차 마련, 청취 및 개선방안 마련·이행 여부 점검
⑧ 중대산업재해 발생 시 등 조치 매뉴얼 마련 및 조치 여부 점검
⑨ 도급·용역·위탁 시 산재예방 조치 능력 및 기술에 관한 평가기준 절차 및 관리비용, 업무수행기관 관련 기준 마련·이행 여부 점검

■ 중대재해처벌법과 안전보건관리체계 구축

① 중대재해처벌법의 근본적인 목적은 중대재해의 예방입니다.

② 따라서 차적으로 사업 또는 사업장의 재해 이력, 현장 종사자의 의견 청취, 동종업계의 사고 발생 사례 및 전문가 진단 등을 통해 중대산업재해를 유발할 수 있는 '유해·위험요인의 확인'이 무엇보다도 중요합니다.

③ 나아가 확인된 유해·위험요인을 원천적으로 제거하거나 지속적으로 통제하기 위한 수단 및 절차를 마련하고, 현장에서 안전조치 및 보건조치의 확실한 이행을 뒷받침할 수 있는 적정한 조직·인력·예산의 투입과 모니터링 체계를 갖추어야 합니다.

④ 안전보건관리체계 구축에 관한 9가지 의무사항의 이행은 면밀하게 파악된 유해·위험요인을 중심으로 유기적으로 연계되어야 합니다.

⑤ 모든 기업, 기관은 사업 또는 사업장의 규모·특성 등에 따른 각기 다른 유해·위험요인을 가지고 있고, 인력 및 재정 사정 등도 다르므로 유해·위험 요인을 통제하는 구체적 수단, 방법을 일률적으로 정하기 어려우며 기업 여건에 맞게 자율적인 판단이 이루어져야 합니다.

2. 사업 또는 사업장의 안전 및 보건에 관한 목표와 경영방침을 설정할 것

> ※ 시행령 제4조제1호
> 1. 사업 또는 사업장의 안전·보건에 관한 목표와 경영방침을 설정 할 것

■ 의의

① 개인사업주 또는 경영책임자등은 개인사업주나 법인 또는 기관이 실질적으로 지배·운영·관리하는 사업 또는 사업장의 특성 및 규모 등을 고려하여 종사자의 안전·보건상 유해 또는 위험을 방지하기 위한 안전·보건에 관한 목표와 경영방침을 설정하여야 합니다.

② 개인사업주 또는 경영책임자등의 안전과 보건에 관한 인식 및 정책에 관한 결정 방향에 따라 안전 및 보건에 관한 조직· 인력·예산 등 안전보건관리체계 구축, 이와 연계된 각 사업장의 안전 조치 및 보건조치까지 종국적으로 영향을 받게 되는 구조이므로 중대산업재해 예방을 위해서는 경영책임자 등의 안전·보건 중심의 경영시스템 마련에 대한 전반적인 인식과 역할이 중요합니다.

③ 안전·보건에 관한 목표와 경영방침은 산업안전보건법 제14조가 규정하는 대표이사의 안전 및 보건에 관한 계획과 상당 부분 중복될 수 있습니다.

④ 다만, 대표이사가 수립하여 보고하는 안전보건계획은 매년 사업장의 상황을 고려한 안전보건 경영계획이라면, 중대재해처벌법이 요구하는 '안전·보건에 관한 목표'와 '경영방침'은 사업을 수행하면서 각 부문에서 항상 고려하여야 하는 안전보건에 관한 기본적인 경영철학과 의사결정의 일반적인 지침이 담겨 있어야 합니다.

■ 안전·보건에 관한 목표와 경영방침

① "안전·보건에 관한 목표와 경영방침"이란 사업 또는 사업장의
안전·보건에 관한 지속적인 개선 및 실행 방향을 의미합니다.

② 경영책임자의 안전·보건에 관한 목표와 의지, 그리고 철학
을 넘어서서 안전·보건에 관한 지속적인 개선·노력 등이 종
사자에게 효과적으로 전달될 수 있다고 평가될 때 비로소
안전·보건에 관한 목표와 이를 위한 경영방침 수립 등을 안
전 및 보건확보 의무의 이행으로 평가할 수 있습니다.

③ 안전·보건에 관한 목표와 경영방침은 자율적으로 설정하되,
추상적이고 일반적인 내용에 그쳐서는 안 되고 사업 내 개
별 사업 또는 사업장의 특성, 유해·위험요인, 규모 등을 고
려한 실현 가능한 구체적인 내용을 담고 있어야 합니다.

④ 안전·보건에 관한 목표 중 단기적으로 달성될 수 없는 것 이
있다면 중장기적 관점에서의 시계열적 목표를 설정하고 그
구현을 위한 세부적인 로드맵을 담는 것이 바람직합니다.

⑤ 안전·보건에 관한 목표와 경영방침은 종사자 등 구성원이
공감하고 인식할 수 있도록 하여야 하며, 목표실행을 위해
함께 노력하도록 하여야 합니다.

⑥ 따라서 개인사업주 또는 경영책임자등은 목표와 경영방침
수립과정에서 종사자 등 구성원들과의 협의 등 의견수렴
절차를 거치는 것이 바람직합니다.

⑦ 또한 안전·보건에 관한 목표와 경영방침을 수립하는 것에
서 그치는 것이 아니라 사업 또는 사업장의 종사자 모두가
그 목표와 경영방침을 인식하고 실천할 수 있도록 사업장
내 게시하는 등의 방법으로 알려야 합니다.

⑧ 특히 반복적인 재해 등에도 불구하고 이를 감소하기 위한 경영적 차원에서의 노력이나 구체적인 대책 방안 등을 반영한 목표나 경영방침을 수립하지 아니한 경우에는 안전 및 보건을 확보하기 위한 수단으로서의 목표나 경영방침 수립을 명백히 해태한 것으로 볼 수 있습니다.

■ 안전·보건에 관한 목표와 경영방침 수립시 고려할 사항

① 사업 또는 사업장의 유해·위험 요인 등 특성과 조직 규모에 적합한 것으로 수립하여야 함

② 달성 가능한 내용으로서 측정 가능하거나 성과평가가 가능한 것으로 수립하여야 함

③ 안전·보건에 관한 목표와 경영방침 간에는 일관성이 있어야 함

④ 종사자 및 이해관계자 등이 공감할 수 있어야 하며, 종사자와의 협의를 통해 수립하는 것이 바람직하며 종사자가 인식하고 함께 노력하여야 함

⑤ 목표를 수정할 필요가 생겼을 때는 필요에 따라 목표를 수정하여 추진하는 것이 합리적임

---

3. 안전·보건에 관한 업무를 총괄·관리하는 전담 조직을 둘 것

※ **시행령 제4조제2호**

2. 「산업안전보건법」 제17조부터 제19조까지 및 제22조에 따라 두어야 하는 인력이 총 3명 이상이고 다음 각 목의 어느 하나에 해당하는 사업 또는 사업장인 경우에는 안전·보건에 관한 업무를 총괄·관리하는 전담 조직을 둘 것. 이 경우 나목에 해당하지 않던 건설사업자가 나목에 해당하게 된 경우에는 공시한 연도의 다음 연도 1월 1일까지 해당 조직을 두어야 한다.

가. 상시 근로자 수가 500명 이상인 사업 또는 사업장

나. 「건설산업기본법」 제8조 및 같은 법 시행령 별표 1에 따른 토목건축 공사업에 대해 같은 법 제23조에 따라 평가하여 공시된 시공능력의 순위가 상위 200위 이내인 건설사업자

■ 의의

① 개인사업주나 법인 또는 기관이 모든 사업장에 두어야 하는 안전관리자·보건관리자·안전보건관리담당자·산업보건의가 총 3명이상이며, 상시 근로자 수가 500명 이상인 사업 또는 사업장이거나 시공능력 순위가 상위 200위 이내인 종합건설업체의 개인사업주나 경영책임자등은 사업 또는 사업장의 안전·보건에 관한 업무를 총괄·관리하는 전담 조직을 두어야 합니다.

■ 안전·보건에 관한 업무를 총괄·관리하는 전담 조직

① 전담 조직은 경영책임자의 안전 및 보건 확보의무 이행을 위한 집행 조직으로서 실질적으로 법 제4조 및 제5조에 따른 의무를 총괄하여 관리할 수 있어야 합니다.

② 구체적으로는 사업 또는 사업장의 안전보건관리체계를 관리·감독하는 등 개인사업주 또는 경영책임자등을 보좌하고, 개인사업주나 법인 또는 기관의 안전·보건에 관한 컨트롤타워로서의 역할을 하는 조직을 의미합니다.

③ "안전·보건에 관한 업무를 총괄·관리"한다는 것의 의미는, 중대재해처벌법령 및 안전·보건 관계 법령에 따른 종사자의 안전·보건상 유해·위험 방지 정책의 수립이나 안전·보건 전문인력의 배치, 안전·보건 관련 예산의 편성 및 집행관리 등 법령상 필요한 조치의 이행이 이루어지도록 하는 등 사업 또는 사업장의 안전 및 보건 확보의무의 이행을 총괄·관리하는 것을 말합니다.

④ 다만, 사업장의 모든 안전조치 및 보건조치 등 안전 및 보

건에 관한 업무를 전담 조직에서 직접적으로 수행하라는
뜻은 아닙니다.

⑤ 전담 조직이란 특정한 목적을 달성하기 위한 집단으로 다
수인의 결합체를 의미합니다.

⑥ 전담 조직의 구성원은 2명 이상이어야 하되, 안전·보건에
관한 업무를 총괄 관리하는 조직의 인원, 자격 등 구성 방
법에 관하여 규정하고 있지 않으므로, 사업 또는 사업장의
특성, 규모 등을 고려하여 법 제4조 및 제5조에 따른 안
전·보건에 관한 업무를 총괄·관리할 수 있는 합리적인 인
원으로 구성된 조직을 두어야 합니다.

⑦ 개인사업주 또는 경영책임자등은 사업장이 여러 곳에 분산
되어 있는 경우에 사업장 현장별로 두어야 하는 안전관리
자 등 외에 개인사업주나 법인 또는 기관 단위에서 별도의
인력으로 조직을 구성하여야 합니다.

⑧ 전담 조직의 구체적인 권한과 조직원의 자격 및 인원 등은 사업
또는 사업장의 특성과 규모 등을 종합적으로 고려하여 자율적으
로 정할 수 있으나 단지 형식적인 수준에 그쳐서는 안 됩니다.

⑨ 전담 조직으로 두도록 규정하고 있으므로, 해당 조직은 부
서장과 해당 부서원 모두 안전·보건에 관한 업무만 총괄·
관리하여야 하며, 안전·보건과 무관하거나 생산·관리·일반
행정 등 안전·보건과 목표의 상충이 일어날 수 있는 업무
를 함께 수행할 수 없습니다.

⑩ 안전·보건에 관한 업무를 총괄·관리하는 전담 조직은 특정
사업장의 안전·보건이 아닌 전체 사업 또는 사업장을 총
괄·관리하여야 합니다.

⑪ 전담 조직은 안전보건관리책임자 등이 안전조치 및 보건조
치 등 각 사업장의 안전·보건 관리를 제대로 하고 있는지
를 확인함은 물론 이를 지원하는 등 총괄하고, 관리하는
역할을 수행하여야 합니다.

■ 안전·보건에 관한 업무를 총괄·관리하는 전담 조직을 두어야
하는 사업 또는 사업장의 범위
(1) 개인사업주나 법인 또는 기관이 개별 사업장에 두어야 하
는 안전관리자, 보건관리자, 안전보건관리담당자, 산업보
건의의 수를 개인 사업주나 법인 또는 기관 단위에서 합
산하여 총 3명 이상인 사업 또는 사업장일 것
* 안전관리자: 산업안전보건법 제17조 및 산업안전보건법 시행령 별표3
  보건관리자: 산업안전보건법 제18조 및 산업안전보건법 시행령 별표5
  안전보건관리담당자: 산업안전보건법 제19조 및 산업안전보건법 시행령
  제24조
  산업보건의: 산업안전보건법 제22조 및 산업안전보건법 시행령 제29조
① 금융 및 보험업, 사회복지 서비스업 등과 같이 산업안전보
건법의 안전관리자 등 전문인력의 배치 의무가 없는 사업
또는 사업장인 경우에는 안전·보건에 관한 업무를 총괄·관
리하는 전담 조직을 두지 않을 수 있습니다.
* 【예시】금융 및 보험업(대분류), 사회복지 서비스업(대분류), 광업
  지원서비스업(중분류), 컴퓨터 프로그래밍·시스템통합 및 관리업
  (중분류), 정보서비스업(중분류), 전문 서비스업(중분류), 건축기술·
  엔지니어링 및 기타 과학기술 서비스업(중분류) 등
② 사업 또는 사업장에 안전관리자 등 전문인력을 두도록 할
것인지 여부는 해당 사업 또는 사업장의 규모와 위험도를
고려한 것인 바, 안전관리자의 업무를 안전관리전문기관에

위탁하여 각 사업장에 안전관리자를 실제로 배치하지 않은 경우에도 안전관리자 등을 배치하여야 하는 기준에 따라 해당 사업 또는 사업장인지를 판단하여야 합니다.

③ 도급인이 관계수급인 근로자의 전담 안전관리자를 선임한 경우 수급인이 해당 사업장에 대해 안전관리자를 별도로 둘 필요는 없으나, 수급인의 안전관리자 배치 의무 자체가 없어지는 것은 아니므로 수급인도 요건을 충족하는 경우 전담 조직을 두어야 합니다.

---

* 산업안전보건법 시행규칙

제10조(도급사업의 안전관리자 등의 선임)

안전관리자 및 보건관리자를 두어야 할 수급인인 사업주는 영 제16조제5항 및 제20조 제3항에 따라 도급인인 사업주가 다음 각 호의 요건을 모두 갖춘 경우에는 안전관리자 및 보건관리자를 선임하지 않을 수 있다.

1. 도급인인 사업주 자신이 선임해야 할 안전관리자 및 보건관리자를 둔 경우
2. 안전관리자 및 보건관리자를 두어야 할 수급인인 사업주의 사업의 종류별로 상시 근로자 수(건설공사의 경우에는 건설공사금액을 말한다. 이하 같다)를 합계하여 그 상시 근로자 수에 해당하는 안전관리자 및 보건관리자를 추가로 선임한 경우

---

④ 특히 산업안전보건법에 따라 배치해야 하는 안전관리자 등 전문 인력의 수와 실제 배치한 전문인력의 수가 다른 경우에도 시행령 제4조제2호는 같은 조 제6호와는 다르게 "다른 법령에 달리 정한 경우" 이에 따른다는 내용을 규정하고 있지 않으므로 모든 사업장에 두어야 하는 안전관리자 등의 수의 합이 3명 이상인 경우에는 전담 조직을 두어야 합니다.

⑤ 따라서 기업활동규제완화에 관한 특별조치법에 따라 '배치한 것으로 간주되는 산업안전보건법에 따른 안전관리자 등 전문인력'도 개인사업주나 법인 또는 기관이 모든 사업장에 두어야 하는 전문인력의 수 산정 시 포함하여야 합니다.

(2) 상시 근로자 수가 500명 이상인 사업 또는 사업장 또는 건설산업기본법 제8조 및 같은 법 시행령 별표 1에 따른 토목건축 공사업에 대해 같은 법 제23조에 따라 평가하여 공시된 시공능력의 순위가 상위 200위 이내인 건설사업자일 것

① 상시 근로자 수가 500명 이상인 사업 또는 사업장 일 것
- 상시 근로자 수는 사업 또는 사업장 단위이므로 개인사업주나 법인 또는 기관이 여러 사업장으로 구성된 경우 개인사업주나 법인 또는 기관의 모든 사업장의 상시 근로자 수의 합이 500명 이상인지 여부를 판단하여야 합니다.
- 도급·용역·위탁 등을 행한 제3자의 근로자나 근로기준법상의 근로자가 아닌 노무를 제공하는 자는 개인사업주나 법인 또는 기관의 상시 근로자 수 산정에는 포함하지 않습니다.
② 건설산업기본법 제8조 및 같은 법 시행령 별표1에 따른 토목건축공사업에 대해 같은 법 제23조에 따라 평가하여 공시된 "시공능력의 순위가 상위 200위 이내인 건설사업자"일 것
* 건설산업기본법 제8조 및 같은 법 시행령 별표 1에 따른 토목건축공사업에 대해 같은 법 제23조에 따라 평가하여 공시된 시공능력의 순위가 상위 200위 이내인 건설사업자 (시행령 제4조제2호나목)
  ※ 국토교통부 건설정책과에서 매년 7월말 발표
③ 다만, 건설사업자의 경우 전년도 시공능력 순위가 200위

범위 밖에 있다가 200위 이내로 평가된 경우에는 시공능력 순위를 공시한 연도의 다음 연도 1월 1일까지 전담 조직을 두어야 합니다.

④ 시공능력 순위가 상위 200위가 되지 않는 건설사업자인 경우에도 해당 건설회사의 상시 근로자 수가 500명 이상인 경우에는 전담 조직을 두어야 합니다.

4. 사업 또는 사업장의 유해·위험요인의 확인·개선에 대한 점검

> **※ 시행령 제4조제3호**
> 3. 사업 또는 사업장의 특성에 따른 유해·위험요인을 확인하여 개선하는 업무절차를 마련하고, 해당 업무절차에 따라 유해·위험요인의 확인 및 개선이 이루어지는지를 반기 1회 이상 점검한 후 필요한 조치를 할 것. 다만, 「산업안전보건법」 제36조에 따른 위험성 평가를 하는 절차를 마련하고, 그 절차에 따라 위험성평가를 직접 실시하거나 실시하도록 하여 실시 결과를 보고받은 경우에는 해당 업무절차에 따라 유해·위험요인의 확인 및 개선에 대한 점검을 한 것으로 본다.

■ 의의

① 개인사업주 또는 경영책임자등은 사업 또는 사업장의 특성에 따른 유해·위험요인을 확인 개선하는 업무절차를 마련하고 해당 절차에 따라 유해·위험요인이 확인 개선되고 있는지를 반기 1회 이상 점검한 후 점검 결과에 따라 필요한 조치를 하여야 합니다.

② 다만, 산업안전보건법 제36조에서 위험성평가를 하는 절차를 마련하고, 그 절차에 따라 위험성평가를 실시한 경우에

는 위의 업무절차에 따른 유해·위험요인의 확인 및 개선에 대한 점검을 한 것으로 간주합니다.

③ 개인사업주 또는 경영책임자등으로 하여금 기업이 '스스로' 건설물, 기계·기구, 설비 등의 유해·위험요인을 찾아내어 그 위험성을 평가하고 유해·위험요인의 제거·대체 및 통제방안을 마련하고 이행하며, 이를 지속적으로 개선하도록 하려는 것입니다.

④ 유해·위험요인의 확인 및 개선은 유해·위험요인을 사전에 찾아내어 위험성을 추정하고, 위험성의 크기에 따라 예방 대책을 마련하는 것으로 안전보건관리체계의 첫걸음이라고 할 수 있습니다.

⑤ 유해·위험요인의 확인·점검 및 개선은 적극적으로 위험을 발굴하고 작업방식, 안전·보건 조치의 적용에 대해 감독을 하여 위험을 최소화하기 위한 것으로, 유해·위험요인의 점검에 그칠 것이 아니라 적극적으로 작업방식을 변경하거나, 유해·위험물질을 대체하는 등 유해·위험 요인을 제거하고 통제하되, 제거나 통제가 되지 않을 때에는 작업중지를 하거나 개인에게 적절한 보호장구를 지급하는 등 조치를 하는 것을 모두 포함합니다.

⑥ 개인사업주 또는 경영책임자등은 유해·위험요인의 확인 및 개선 시 대책의 적절성, 개선 진행 상황 및 개선 완료 여부를 주기적으로 검토하여야 하며, 위험요소의 제거·대체 공학적·행정적 통제, 개인 보호구 제공 여부 등을 검토하여 위험성이 합리적인 수준 이하로 감소되도록 관리하여야 합니다.

* 지난 2008년 2월 비준한 ILO '제155호 산업안전보건 협약(1981

년)'에도 합리적으로 실행 가능한 한도 내에서 기업이 취해야 할
조치(위험이 없도록 보장)와 사업장 차원에의 합의되어야 하는 사
항에 대해 규정되어 있습니다.
⑦ 다만, 경영책임자등이 사업 또는 사업장의 유해·위험요인
에 대한 확인 등을 직접하여야 하는 것은 아니며, 사업장
내 유해·위험요인에 대한 확인 및 개선이 가능하도록 하는
절차 를 마련하고, 그 절차대로 사업장에서 이행되고 있는
지를 점검하는 등 관리토록 하려는 것입니다.

■ **유해·위험요인을 확인·개선하는 업무절차의 마련**

① "유해·위험요인을 확인·개선하는 업무절차"란

- 사업 또는 사업장의 특성에 따른 업무로 인한 유해·위험요
인의 확인 및 개선 대책의 수립 이행까지 이르는 일련의
절차를 의미합니다.

- 개인사업주 또는 경영책임자등은 업무처리 절차가 체계적으
로 마련되도록 함은 물론 각 사업장에서 그 절차가 실효성
있게 작동하고 있는지 여부를 주기적으로 점검하고 확인하
도록 하는 내부 규정을 마련하는 등 일정한 체계를 구축하
여야 합니다.

- 또한 유해·위험요인의 확인 및 개선은 기계·기구, 설비, 원
재료 등의 신규 도입 또는 변경, 건설물, 기계·기구, 설비
등의 정비·보수 시 및 작업방법·절차의 변경 등이 실행되기
전에 실시하여 위험성을 제거한 후 작업할 수 있도록 하여
야하며, 정기적으로 확인하여 현재 관리되고 있는 위험성
감소대책의 실효성을 지속적으로 확보할 수 있도록 하여야
합니다.

② "유해·위험요인을 확인하는 절차"는
- 누구나 자유롭게 사업장의 위험요인을 발굴하고 신고할 수 있는 창구를 포함하여 개인사업주 또는 경영책임자등이 사업장의 유해·위험요인을 파악하는 체계적인 과정을 의미합니다.
- 유해·위험요인의 확인 절차에는 사업장에서 실제로 유해·위험 작업을 하고 있는 종사자의 의견을 청취하는 절차를 포함하여야 합니다.
- 소속근로자 뿐만 아니라 상시 노무를 제공하는 모든 종사자 및 유지 보수 작업, 납품을 위해 일시적으로 출입하는 모든 사람들이 제기한 유해·위험요인을 확인하는 절차를 마련하여야 합니다.
- 첫째, 사업장 내 모든 기계·기구·설비 현황을 파악하고, 기계·기구·설비마다 위험 요소를 세부적으로 확인하되, 특히 해당 사업장에서 산업재해가 발생하였던 기계·기구·설비는 반드시 위험 요인으로 분류하여야 하며, 동종업계에서 발생한 산업재해도 위험요인으로 작용할 여지가 없는지 확인하는 것이 필요합니다.
- 둘째, 화재·폭발·누출의 위험이 있는 화학물질과 건강에 위해를 끼칠 우려가 있는 화학물질, 물리적 인자 등을 파악하되, 특히 화학물질의 경우에는 화학제품의 제조·수입자가 의무적으로 제공하는 물질안전 보건자료(MSDS)에 있는 화학물질의 명칭, 유해 위험성 정보, 번호 등을 확인하는 절차를 포함하여야 하며, 이를 통해 파악한 화학제품에 함유된 물질이 고용노동부 고시 '화학물질 및 물리적인자의 노출 기준' 별표 에 해당한다면 유해인자로 분류하여야 합니다.

- 셋째, 기계·기구·설비, 유해인자 및 재해 유형과 연계하여 위험 장소와 위험작업을 파악하도록 하되, 유해·위험요인을 가장 잘 아는 현장 작업자가 참여할 수 있도록 하여야 합니다.

③ "유해·위험요인을 개선하는 절차"는

첫째, 확인된 유해·위험요인을 체계적으로 분류 관리하고, 유해·위험요인별로 제거·대체·통제하는 방안을 마련하여야 하며, 현장작업자·관리감독자·안전보건담당자와 함께 개선방안을 마련하여야 합니다.

둘째, 해당 사업장에서 발생할 수 있는 다양한 재해유형별로 산업안전보건법령, 산업안전보건기준에 관한 규칙 등을 참고하여 위험·기계·기구·설비, 유해인자, 위험장소 및 작업 방법에 대한 안전조치 및 보건조치 여부를 확인 후 조치가 되어 있지 않으면 유해·위험요인이 제거·대체·통제 등 개선될 때까지는 원칙적으로 작업을 중지하고 조치가 완료된 후 작업을 개시하도록 하는 내용을 포함하여야 합니다.

【참고】 유해·위험요인의 제거·대체 및 통제방안(예시)

> **1. 재해 유형별 예방조치 방안**
>
> **[1] 떨어짐**
>
> ○ 위험요인: 추락 위험이 있는 모든 장소
>
> ○ 예방 방안: 교육·주의 등 비재정적인 방법을 포함하여 가능한 방법을 선택적으로 활용하여 합리적으로 요구되는 수준으로 관리되어야 함
>
> ① 제거·대체
>
> - 설계·시공 시 개구부 최소화, 작업계획 수립단계에서 위험성평가 실시를 통한 추락 위험 장소 최소화

② 통제

- (공학적) 추락 위험장소에 안전난간, 덮개, 추락방호망 (Safe tynet) 등 추락방지 설비를 설치, 강관비계 아닌 시스템비계(규격화된 부재-수직재, 수평재, 가새재 등-를 안정적인 구조로 조립하여 사용하는 비계) 사용

- (행정적) 작업 전 관리감독자의 안전대 부착 설비와 추락방호망 점검 및 작업자들의 안전대 착용 지시, 추락위험 표지판설치

③ 개인 보호구 - 모든 작업자는 언제나 안전모·안전대 등 보호구 착용

[2] 끼임

○ 위험요인: 끼임 위험이 있는 기계·기구를 사용하는 작업

* 위험기계에 대한 기본적인 안전조치는 산업안전보건기준에 관한 규칙 제2편 제1장 참고

○ 예방 방안: 교육·주의 등 비재정적인 방법을 포함하여 가능한방법을 선택적으로 활용하여 합리적으로 요구되는 수준으로 관리되어야 함

① 제거·대체

- 끼임 위험이 없는 자동화 기계 도입 또는 작업 방법·동선 고려

② 통제

- (공학적) 기계·설비의 작업점에 센서, 덮개 등 방호장치 설치,기어·롤러의 말림점이나 벨트·체인 등 동력전달부에 방호덮개 설치

- (행정적) 방호조치와 안전인증(자율안전확인신고) 및 안전검사 여부 확인, 위험기계·기구의 정비·수리 등 비정형작업 전 운전 정지, 기동스위치 잠금 조치 및 표지판(조작금지) 설치 (Lock Out, Tag Out), 작업허가제(작업부서가 소관 상급부서 또는 안전부서의 허가·승인을 거쳐 작업을 실시) 등

③ 개인 보호구 - 말려 들어갈 위험이 없는 작업복 착용

[3] 화재·폭발 재해 예방

○ 위험요인: 화재·폭발 위험이 있는 물질이나 작업

* 화학물질별 위험성과 관리체계는 물질안전보건자료(MSDS)에서 확인

○ 예방 방안: 교육·주의 등 비재정적인 방법을 포함하여 가능한 방법을 선택적으로 활용하여 재해방지를 위해 합리적으로 요구되는 수준으로 관리되어야 함

① 제거·대체

- 화기작업 시 내부 인화성 물질 제거 및 인근 가연물 제거, 건설공사 시비가연성 자재로 대체

② 통제

- (공학적) 용접작업 시 용접불티 비산방지덮개 또는 용접방화포 설치
- (행정적) 화재·폭발 위험 장소에서 화기작업 시 작업장 내 위험물 현황을 파악하는 절차 수립, 화기작업 시 가스 및 분진 농도 측정 및 주기적 확인, 작업 중 화재감시인 배치

③ 개인 보호구

- 제전작업복 착용, 가스검지기 휴대, 방폭공구 사용

[4] 질식 재해 예방

○ 위험요인: 밀폐공간 등 질식 위험이 있는 모든 장소

* 최근 10년 간('11~'20년) 밀폐공간 질식 재해자 316명 중 168명 사망(53.2%)

※ 밀폐공간 – 근로자가 작업을 수행할 수 있는 공간으로서 환기가 불충분한 공간 – 산소결핍, 유해가스로 인한 질식, 화재·폭발 등의 위험이 있는 장소로서 산업 안전보건기준에 관한 규칙 별표 18에서 정한 장소(18개 작업장소)

* 산소결핍: 공기 중의 산소농도가 18% 미만인 상태
** 유해가스: 밀폐공간에서 탄산가스, 일산화탄소, 황화수소 등기체로서 인체에 유해한 영향을 미치는 물질

○ 예방 방안: 교육·주의 등 비재정적인 방법을 포함하여 가능한 방법을 선택적으로 활용하여 재해 방지를 위해 합리적으로 요구되는 수준으로 관리되어야 함

① 제거·대체
- 설계단계부터 사업장 내 밀폐공간이 발생하지 않도록 작업장조성, 밀폐 공간 내부의 기계·기구 제거(예: 내부모터 → 외부모터)
② 통제
- (공학적) 환기·배기장치 설치, 유해가스 경보기 설치
- (행정적) 출입금지 표지판 설치, 작업허가제 도입, 작업 전 산소 및 유해 가스 농도 측정 등 작업수칙 규정, 감시인 배치
③ 개인 보호구
- 송기마스크 착용

2. 비정형작업 재해 예방
○ 비정형작업
- 작업조건, 방법 순서 등 표준화된 반복성 작업이 아니고, 작업의 조건 등이 일상 적이지 않은 상태에서 이루어지는 정비·청소·급유·검사·수리·교체·조정 등의 작업
- (위험의 특성) 위험이 특정 기계·설비에 국한되지 않음, 생산 효율을 위한 전원 미차단이나 방호장치 부재 또는 해체, 안전절차 및 교육 부재 등으로 인한 인재(人災)적 특성
○ 비정형작업 재해예방 기법
① 정비 등의 작업시의 운전정지(Lock Out, Tag Out)
- 기계의 정비·수리 등 작업을 위해 가동을 중지할 경우, 제3 자의 재가동을 방지하도록 잠금장치(전기 잠금장치, 스위치 잠금장치, 게이트밸브 잠금장치, 볼밸브 잠금장치 자물쇠·걸쇠 등) 또는 표지판을 설치하는 관리기법
- (절차) 전원차단 준비 및 공지 → 정지 → 전원차단 및 잔류에너지 확인 → 잠금장치·표지판 설치 → 정비 등 실시 → 주변상태 확인 및 공지 → 잠금장치·표지판 제거 → 재가동
② 작업허가제
- 고위험 비정형작업의 경우, 작업부서가 소관 상급부서 또는 안전부서의 허가·승인을 거쳐 작업을 실시하는 안전관리기법

- (절차) 안전작업허가 신청(작업자) → 안전조치 확인 및 허가 (안전담당자) → 작업(작업자) 및 감독(안전담당자) → 완료확인 및 허가서 보존(안전담당자)

3. 화학물질 관리

[1] 유해물질 관리

o 유해물질(유기화합물, 금속류, 산·알칼리류, 가스상태 물질류)은 근로자의 건강에 위해를 가하므로 엄격한 관리 필요

* 산업안전보건법 시행규칙 별표 19(유해인자별 노출농도의 허용기준) 및 고용노동부 고시 '화학물질 및 물리적 인자의 노출기준' 참고

  - 유해물질 취급 전 반드시 물질안전보건자료(MSDS)를 참고하여 해당 물질의 유해·위험성 및 적정 보호구, 비상 시 대응요령 숙지 필요
  - 직업성 암 유발물질 등은 원칙적으로 제조·사용 등 금지(산안법 제117조), 대체 불가능한 화학물질은 고용노동부장관의 허가 필요 (산안법 제118조)
  - 관리대상유해물질(산업안전보건기준에 관한 규칙 별표12)은 산업안전보건 기준에 관한 규칙 제3편 제1장에 따라 사용

* 사업주는 제조등 금지유해물질, 허가대상유해물질, 관리대상유해물질을 취급하는 근로자에게 정기적으로 특수건강검진을 실시해야 함

* 특수건강검진 대상 유해물질은 산업안전보건법 시행규칙 별표22 참조

* 허가대상유해물질, 관리대상유해물질을 사용하는 사업주는 정기적으로 작업환경 측정을 실시해야 함

* 작업환경측정 대상 유해물질은 산업안전보건법 시행규칙 별표21 참조

** 30인 미만 사업장은 정부지원제도 활용 가능

[2] 위험물질 관리

o 화재·폭발 등의 원인이 되는 위험성을 가진 물질(위험물질*)은 취급부주의 등에 따라 대형사고가 발생할 수 있으므로 반드시 안전수칙 준수 필요

* ① 폭발성 물질 및 유기과산화물, ② 물반응성 물질 및 인화 성 고체, ③ 산화성 액체·고체, ④ 인화성 액체 ⑤ 인화성 가스 ⑥ 부식성 물질 ⑦ 급성 독성 물질

- 대규모 재난을 야기할 수 있는 51종* 의 위험물질을 규정량 이상 사용하는 경우 공정안전보고서** 작성·심사 및 이행 필요
* 산업안전보건법 시행령 별표13 `유해·위험물질 규정량` 참고
** 공정안전자료, 공정위험성평가서, 안전운전계획, 비상조치계획 등을 필수 기재
○ (기타) 물리적·생물학적·인간공학적 인자를 제거·대체하지 못하는 경우 산업 안전보건기준에 관한 규칙에 따른 보건기준(제3편*) 준수 필요
* 소음·진동(제4장), 기압(제5장), 온도?습도(제6장), 방사선(제7장), 병원체(제8장), 분진(제9장), 밀폐공간(제10장), 사무실(제11장), 근골격계부담작업(제12장), 기타(제13장)

■ '유해·위험요인의 확인 및 개선이 이루어지는지'를 반기 1회 이상 점검

① 개인사업주 또는 경영책임자등은 각각의 사업장에서 위 업무절차에 따라 유해·위험요인을 확인하고, 확인된 유해·위험요인을 제거·대체·통제 등 개선조치가 이루어지고 있는지 여부를 점검하여야 합니다.

② 점검은 사업장마다 반기 1회 이상 실시하여야 하며, 반드시 모든 사업장에 대한 점검을 동시에 하여야 하는 것은 아닙니다.

③ 한편 해당 사업장의 안전관리책임자나 안전관리자 등 전문인력 또는 안전·보건 관리업무를 위탁받은 업체는 사업장의 유해·위험요인에 대한 확인·개선 업무를 담당하는 것이며, 사업장 유해·위험요인에 대한 확인·개선 업무 이행 여부에 대한 점검까지 동일한 주체에 의해 수행되는 것은 바람직하지 않습니다.

④ 산업안전보건법 제36조에 따른 위험성평가 제도를 도입하고, 해당 절차에 따라 위험성평가를 실시하고, 개인사업주 또는 경영 책임자등이 그 결과를 보고받은 경우에는 그 확인·개선 절차 마련 및 점검을 한 것으로 볼 수 있습니다.

⑤ 다만, 사업장이 여러 곳에 분산되어 있는 사업 또는 사업장에서 일부 사업장에 대해서만 위험성평가를 실시한 경우에는 모든 사업 사업장에 대해 유해·위험요인의 확인 및 개선에 대한 점검을 한 것으로 볼 수 없습니다.

■ 유해 · 위험요인의 확인 · 개선에 대한 점검 후 필요한 조치

① 개인사업주나 법인 또는 기관은 유해·위험요인의 확인 및 개선의 이행에 대한 점검에 그치는 것이 아니라, 점검 후 유해·위험요인에 대한 개선 조치가 제대로 이행되지 않은 경우에는 유해·위험요인의 제거·대체·통제 등 개선될 수 있도록 하는 필요한 조치를 하여야 합니다.

② '필요한 조치'는 서류상으로 기록을 남겨두는 것이 중요한 것이 아니라, 해당 유해·위험 수준에 맞는 실질적인 조치가 현장에서 '직접' 이루어질 수 있도록 하여야 합니다.

■ 산업안전보건법 제36조에 따른 위험성평가

① "위험성평가"란 유해·위험요인을 파악하고 해당 유해·위험요인에 의한 부상 또는 질병의 발생 가능성(빈도)과 중대성 (강도)을 추정·결정하고, 그 결과에 따라 감소대책을 수립하여 실행하는 일련의 과정을 말합니다.

② 개인사업주나 법인 또는 기관의 경영책임자가 사업장 위험
  성평가에 관한 지침(제2020-제53호)에 따른 위험성평가 절
  차를 도입하고, 해당 절차에 따라 각각의 사업장마다 유
  해·위험요인을 파악하고, 이를 평가하여 관리·개선하는 등
  위험성평가를 실시하거나 사업장에서 실시하도록 한 후 그
  실시 결과를 보고받은 경우에는 위의 유해·위험요인 확인·
  개선에 대한 점검을 한 것으로 봅니다.
③ 다만, 유해·위험요인 확인·개선에 대한 점검을 한 것으로
  보는 경우에도 개인사업주나 법인 또는 기관은 그 점검 결
  과에 따른 필요한 조치는 별도로 하여야 합니다.
④ 따라서 위험성평가 결과를 보고 받은 후 사업장에서 유해·
  위험 요인의 개선 조치가 제대로 이행되지 않아 별도의 조
  치가 있어야 함이 확인되었음에도 필요한 조치를 하지 않
  은 경우에는 해당 의무를 이행한 것으로 볼 수 없습니다.

※ **위험성평가(산업안전보건법 제36조)**
(1) **개념**: 유해·위험요인을 파악하고 해당 유해·위험요인에 의한 부
  상 또는 질병의 발생 가능성과 중대성을 추정·결정하고 감소대책
  을 수립하여 시행하는 일련의 과정
(2) **실시 주체**: 위험성평가는 사업주가 주체가 되어 안전보건관리책
  임자, 관리감독자, 안전관리자·보건관리자 또는 안전보건관리담당
  자, 대상 작업의 근로자가 참여하여 각자 역할을 분담하여 실시
  하도록 하고 있음
(3) **절차**: ①평가대상의 선정 등 사전준비 → ②근로자의 작업과 관
  계되는 유해·위험 요인의 파악 → ③파악된 유해·위험요인별 위
  험성의 추정 → ④추정한 위험성이 허용 가능한 위험성인지 여부
  의 결정 → ⑤위험성 감소대책 수립 및 실행 → ⑥위험성평가
  실시내용 및 결과에 관한 기록

(4) 유형: 최초평가/ 정기평가(매년)/ 수시평가(시설·공정 변경시, 산재발생시 등)

구분	최초평가	정기평가	수시평가
실시시기	사업장 설립 일부터 1년 이내 실시	최초평가 후 매년 정기적으로 실시	다음 각 호의 어느 하나에 해당하는 계획이 있는 경우에는 해당 계획의 실행을 착수하기 전에 실시 1. 사업장 건설물의 설치·이전·변경 또는 해체 2. 기계·기구, 설비, 원재료 등의 신규 도입 또는 변경 3. 건설물, 기계·기구, 설비 등의 정비 또는 보수(주기적·반복적 작업으로서 정기평가를 실시한경우에는 제외) 4. 작업방법 또는 작업절차의 신규 도입 또는 변경 5. 중대산업사고 또는 산업재해 (휴업 이상의 요양을 요하는 경우에 한정한다) 발생 6. 그 밖에 사업주가 필요하다고 판단한 경우

※ 위험성평가의 법적 근거

ㅇ 산업안전보건법 제36조(위험성평가의 실시)

ㅇ 산업안전보건법 시행규칙 제37조(위험성평가 실시내용 및 결과의 기록·보존)

ㅇ ① 산업안전보건법 제15조 및 동법 시행규칙 제9조(안전보건관리책임자의 업무),

   ② 산업안전보건법 제16조 및 동법 시행령 제15조(관리감독자의업무 등),

   ③ 산업안전보건법 제17조 및 동법 시행령 제17조(안전관리자의 업무 등),

   ④ 산업안전보건법 제18조 및 동법 시행령 제22조(보건관리자의업무 등),

   ⑤ 산업안전보건법 제19조 및 동법 시행령 제25조(안전보건관리담당자의 업무),

⑥ 산업안전보건법 제62조 및 동법 시행령 제53조(안전보건총괄
책임자의 직무 등)
○ 고용노동부고시 제2020-53호(사업장 위험성평가에 관한 지침)

5. 재해예방에 필요한 예산의 편성 및 용도에 맞게 집행하도록 할 것

> ※ **시행령 제4조제4호**
> 4. 다음 각 목의 사항을 이행하는 데 필요한 예산을 편성하고 그 편성된 용도에 맞게 집행하도록 할 것
>   가. 재해 예방을 위해 필요한 안전·보건에 관한 인력, 시설 및 장비의 구비
>   나. 제3호에서 정한 유해·위험요인의 개선
>   다. 그 밖에 안전보건관리체계 구축 등을 위해 필요한 사항으로서 고용노동부장관이 정하여 고시하는 사항

■ **의의**

① 개인사업주 또는 경영책임자등은 재해예방을 위해 필요한 안전·보건에 관한 인력·시설·장비의 구비와 유해·위험요인의 개선 등에 필요한 예산을 편성하고, 그 편성된 용도에 맞게 집행하도록 하여야 합니다.

② 산업재해 예방을 위해서는 충분한 안전·보건에 관한 인력·시설 및 장비의 마련과 유해·위험요인의 개선이 필수적이며 이를 위해서는 비용 지출이 수반될 수밖에 없으므로 이에 상응하는 예산을 마련하고, 그 용도에 맞게 집행되도록 하는 것 을 개인사업주 또는 경영책임자등의 의무의 하나로 명시한 것입니다.

③ 종래 현장에서는 안전·보건에 관한 인력·시설·장비 등의 구비에 소요되는 예산을 비용 절감 등의 명목으로 삭감하거나 예산 부족 등을 이유로 유해·위험요인의 개선이 되지 않은 채 작업이 진행되는 경우가 다수 있었습니다.

④ 이에 시행령 규정을 통해 안전·보건관리를 위한 비용은 사업 경영에 필수불가결한 것이라는 인식이 정착되도록 한 것입니다.

⑤ 개인사업주 또는 경영책임자등이 안전·보건에 관한 예산이 편성 되고, 그 편성된 용도에 맞게 집행되고 있는지를 직접 챙기도록 하여 비용 절감 등을 이유로 안전·보건에 관한 사항이 사업 경영에서 고려 사항 중 후순위로 되지 않도록 하려는 것입니다.

■ 예산의 편성

(1) 예산 편성의 기본원칙

① 예산의 편성 시에는 예산 규모가 얼마인지가 중요한 것이 아니라 유해·위험요인을 어떻게 분석하고 평가했는지 여부가 중요하며, 유해·위험요인 확인 절차 등에서 확인된 사항을 사업 또는 사업장의 재정 여건 등에 맞추어 제거·대체·통제 등 합리적으로 실행가능한 수준만큼 개선하는데 필요한 예산을 편성하여야 합니다.

(2) 재해 예방을 위해 필요한 안전·보건에 관한 인력, 시설 및 장비의 구비를 위한 예산

① "재해 예방을 위해 필요한 인력 시설 및 장비"란 산업안전
보건법 등 종사자의 재해 예방을 위한 안전·보건 관계 법
령 등에서 정한 인력, 시설, 장비를 말합니다.

② 특히 재해 예방을 위해 필요한 인력이란 안전관리자·보건
관리자·안전보건관리담당자·산업보건의 등 전문인력 뿐만
아니라 안전·보건 관계 법령 등에 따른 필요 인력을 의미
합니다.

* 【예시】
- 타워크레인 작업 시 신호수 배치(안전보건규칙 제146조제3항)
- 스쿠버 잠수작업 시 2명이 1조를 이루어 잠수작업을 하도록 할
  것(안전보건규칙 제545조제1항)
- 생활폐기물 운반 시 3명이 1조를 이루어 작업할 것(폐기물관리법
  시행규칙16조의3제2항제3호나목)
- 2인1조로 근무하여야 하는 위험작업과 해당 작업에 대한 6개월
  미만인 근로자가 단독으로 수행할 수 없는 작업에 대한 기준 마
  련(공공기관의 안전관리에 관한 지침 제14조 제3항) 등

③ 건설업의 경우 산업안전보건법 제72조 건설업산업안전보
건관리비 계상 및 사용기준(고용노동부고시 제2020-64호)
에 따른 '산업안전 보건관리비 상 기준'이 재해 예방을 위
해 필요한 인력, 시설 및 장비의 구입에 필요한 예산의 기
준이 될 수 있습니다.

④ 다만, 산업안전보건관리비의 계상은 산업안전보건법의 건
설공사 발주자의 의무이고, 시행령 제4조제4호에 따라 개
인사업주나 경영책임자등의 재해 예방을 위해 필요한 안
전·보건에 관한 인력, 시설 및 장비 구입에 필요한 예산
편성 의무는 건설공사발주자의 의무와는 별개의 독립된 의
무로서 산업안전보건관리비의 기준을 참고하여, 그 외에

산업안전보건법을 포함한 안전·보건 관계 법령에 따른 의무로서 갖추어야 할 인력, 시설 및 장비의 구비, 유해·위험요인의 개선을 위한 비용이 모두 포함되어야 합니다.

⑤ 즉, 개인사업주나 경영책임자등은 도급이나 용역 등을 매개로 하여 노무를 제공하는 종사자들에 대해서도 안전 및 보건 확보의무 등을 이행하여야 하는 바, 특히 인력, 시설 및 장비를 갖추기 위한 예산 편성에는 산업안전보건관리비에 국한해서는 안 되며, 이와는 별개로 중대재해처벌법에 따라 재해 예방을 위한 예산의 편성 및 집행을 하여야 합니다.

⑥ 특히 인력뿐만 아니라 사업장 및 작업의 특성을 고려하여 시설과 장비도 안전·보건 관계 법령에 맞게 안전조치 및 방호장치 등이 제대로 갖춰질 수 있도록 하여야 합니다.

(3) 제3호에서 정한 유해·위험요인의 개선에 필요한 예산

① 시행령 제4조제3호에 따라 확인된 유해·위험요인의 개선을 위해 산업안전보건법 등에서 정한 인력·시설·장비를 구비하는 데 필요한 예산뿐만 아니라, 안전·보건 관계 법령에 따른 의무의 내용은 아니지만 사업 또는 사업장 특성에 따라 시행령 제4조제3호에 따라 개선이 필요하다고 판단되면 그 유해·위험요인을 제거·대체·통제하는데 필요한 예산을 포함합니다.

② 또한 종사자의 의견 청취에 따른 재해 예방을 위해 필요한 개선 방안을 마련하여 이행하는데 소요되는 예산을 포함합니다.

■ 예산을 편성된 용도에 맞게 집행하도록 할 것

개인사업주 또는 경영책임자등이 재해 예방을 위하여 필요한 안전·보건에 관한 예산의 편성에 그치는 것이 아니라 편성된 용도에 맞게 예산이 집행되도록 관리하여야 하므로, 사업장에서 용도에 맞게 제대로 집행되지 않은 경우에는 시행령 제4조 제4호의 의무를 이행한 것으로 볼 수 없습니다.

6. 안전보건관리책임자등의 충실한 업무 수행을 위한 조치를 할 것

※ **시행령 제4조제5호**

5. 「산업안전보건법」 제15조, 제16조 및 제62조에 따른 안전보건관리책임자, 관리감독자 및 안전보건총괄책임자(이하 이 조에서 "안전보건관리책임자등"이라 한다)가 같은 조에서 규정한 각각의 업무를 각사업장에서 충실히 수행할 수 있도록 다음 각 목의 조치를 할 것

   가. 안전보건관리책임자등에게 해당 업무 수행에 필요한 권한과 예산을 줄 것

   나. 안전보건관리책임자등이 해당 업무를 충실하게 수행하는지를 평가하는 기준을 마련하고, 그 기준에 따라 반기 1회 이상 평가·관리할 것

■ **의의**

① 개인사업주 또는 경영책임자등은 각 사업장의 안전보건관리책임자·관리감독자 및 안전보건총괄 책임자(이하 "안전보건관리책임자등"이라 함)가 산업안전보건법에 정해진 각각의 업무를 충실히 수행할 수 있도록 안전보건관리책임자등의 업무 수행에 필요한 권한과 예산을 부여하고, 해당 업무를 충실하게 수행하는지를 평가하는 기준을 마련하여 그 기준에 따라 반기 1회 이상 평가·관리하여야 합니다.

② 산업안전보건법에서 산업재해 예방을 위하여 안전보건관리
책임자등을 두도록 하고 있으나, 개인사업주 또는 경영책임
자등은 안전보건관리책임자등이 사업장의 안전·보건에 관한
제반 업무를 충실히 수행하도록 권한과 예산을 부여하고, 실
제로 안전보건관리책임자등이 자신의 업무를 충실히 수행하
였는지 여부에 대해 평가 및 관리하도록 함으로써 사업장의
안전조치 및 보건조치의 실효성을 높이고자 한 것입니다.

③ 제3호에서 확인된 유해·위험요인을 적절하게 개선조치를
할 수 있는 인력과 조직, 예산을 확보할 수 있어야 하며,
편성된 예산을 적절하게 집행할 수 있는 권한을 부여하여
야 합니다.

■ 안전보건관리책임자등에게 해당 업무 수행에 필요한 권한과 예
산을 줄 것

① "안전보건관리책임자"는 사업장을 실질적으로 총괄하여 관
리하는 사람으로 통상적으로 사업장의 현장소장·공장장 등
을 말합니다.

② 안전보건관리책임자는 사업장을 실질적으로 총괄·관리하는
사람으로서 사업장의 산업재해 예방 계획의 수립 등 안전
및 보건에 관한 업무를 총괄·관리하며, 안전관리자와 보건
관리자를 지휘·감독합니다(산업안전보건법 제15조제1항 및
제2항)

※ 안전보건관리책임자의 업무(산업안전보건법 제15조제1항)

1. 사업장의 산재예방계획 수립에 관한 사항
2. 안전보건관리규정(산안법 제25조, 제26조)의 작성 및 변경에

관한 사항
3. 근로자에 대한 안전보건교육(산안법 제29조)에 관한 사항
4. 작업환경의 점검 및 개선에 관한 사항
5. 근로자의 건강진단 등 건강관리에 관한 사항
6. 산업재해의 원인 조사 및 재발 방지대책 수립에 관한 사항 7. 산
   업재해에 관한 통계의 기록 및 유지관리에 관한 사항
8. 안전장치 및 보호구 구입시 적격품 여부 확인에 관한 사항 9. 위
   험성평가의 실시에 관한 사항
10. 안전보건규칙에서 정하는 근로자의 위험 또는 건강장해의 방지에
    관한 사항

③ 개인사업주 또는 경영책임자등은 안전보건관리책임자가 사업장에서 위 업무를 수행하고, 안전관리자와 보건관리자를 지휘·감독 하는데 필요한 권한과 예산을 주어야 합니다.

④ "관리감독자"는 사업장의 생산과 관련되는 업무와 그 소속 직원을 직접 지휘·감독하는 직위에 있는 사람을 의미합니다.

⑤ 관리감독자는 사업장 내 부서 단위에서의 소속 직원을 직접 지휘·감독하는 부서의 장으로서, 해당 작업과 관련된 기계· 기구 또는 설비의 안전·보건 점검, 자신에게 소속된 근로자의 작업복·보호구 착용 등 점검 작업 전 안전미팅 진행 등 작업과 관련하여 종사자와 가장 밀접하게 안전·보건에 관한 업무를 수행합니다(산업안전보건법 제16조제1항, 시행령 제15조).

※ 관리감독자의 업무(산업안전보건법 시행령 제15조)
1. 사업장 내 관리감독자가 지휘·감독하는 작업과 관련된 기계· 기구
   또는 설비의 안전·보건 점검 및 이상 유무의 확인

2. 관리감독자에게 소속된 근로자의 작업복·보호구 및 방호장치의 점
   검과 그 착용, 사용에 관한 교육·지도
3. 해당 작업에서 발생한 산업재해에 관한 보고 및 이에 대한 응급
   조치
4. 해당 작업의 작업장 정리·정돈 및 통로 확보에 대한 확인·감독
5. 안전관리자, 보건관리자, 안전보건관리담당자, 산업보건의의 지도·
   조언에 대한 협조
6. 위험성평가를 위한 유해·위험요인의 파악 및 개선조치 시행에 참여

⑥ 개인사업주나 경영책임자등은 관리감독자로 하여금 안전·
보건과 관련한 자신의 역할을 명확히 인식하도록 하여야
합니다. 또한 관리감독자에게 자신이 지휘·감독하는 작업과
관련한 기계·기구 또는 설비의 안전·보건 점검 및 이상 유
무의 확인, 소속된 근로자의 작업복·보호구 및 방호장치의
점검과 그 착용·사용에 관한 교육·지도 등에 필요한 시간·
비용 지원 등 업무 수행을 위한 권한과 예산을 주어야 합
니다.

⑦ "안전보건총괄책임자"는 도급인의 사업장에서 관계수급인 근
로자가 작업을 하는 경우에 도급인의 근로자와 관계수급인근
로자의 산업재해를 예방하기 위한 업무를 총괄하여 관리하도
록 지정된 그 사업장의 안전보건관리책임자를 말합니다

- 도급인이 안전보건관리책임자를 두지 아니하여도 되는 사업
장에서는 그 사업장에서 사업을 총괄하여 관리하는 사람을
안전보건총괄책임자로 지정하여야 합니다.

- 안전보건관리책임자가 있는 사업장은 별도의 안전보건총괄
책임자를 두지 않고 안전보건관리책임자가 안전보건총괄책

임 자의 역할도 수행합니다.

- 안전보건총괄책임자는 안전보건관리책임자로서의 업무 외에 산업안전보건법 제64조에 따른 도급 시 산업재해 예방조치, 산업안전보건관리비의 관계수급인 간의 사용에 관한 협의 조정 및 그 집행의 감독 등 산업안전보건법 시행령 제53조에 따른 업무를 수행합니다.

> ※ 안전보건총괄책임자의 업무(산업안전보건법 시행령 제53조)
> 1. 위험성평가의 실시에 관한 사항
> 2. 산업재해가 발생할 급박한 위험이 있는 경우 및 중대재해발생시 작업의 중지(산안법 제51조, 제54조)
> 3. 도급시 산업재해 예방조치(산안법 제64조)
> 4. 산업안전보건관리비의 관계수급인 간의 사용에 관한 협의·조정 및 그 집행의 감독
> 5. 안전인증대상기계 등과 자율안전확인대상기계 등의 사용 여부 확인

- 사업주는 안전보건총괄책임자가 사업장에 산업재해 발생에 급박한 위험이 있다고 판단되어 작업을 중지시키려고 하는 경우 사업주는 안전보건총괄책임자의 판단을 존중하여야 합니다.

■ 안전보건관리책임자등이 해당 업무를 충실하게 수행하는지를 평가하는 기준을 마련할 것

① "해당 업무를 충실하게 수행하는지를 평가하는 기준"은 안전보건관리책임자등이 해당 법령에 의해 정해진 의무를 제대로 수행하고 있는지에 대해 평가 항목을 구성하는 것을 의미합니다.

② 안전보건관리책임자는 해당 사업장을 실질적으로 총괄하여 관리하는 사람, 관리감독자는 사업장의 생산과 관련되는 업무와 그 소속 직원을 직접 지휘·감독하는 직위에 있는 사람이므로 각각 해당 업무 수행 능력과 성과 등을 평가하는 경우에 산업안전보건법에 따른 업무 수행 및 그 충실도를 반영할 수 있는 평가 항목이 포함되어야 합니다.

③ 평가 기준은 가능한 한 구체적이고 세부적으로 마련함으로써 형식적인 평가가 아니라 실질적인 평가가 될 수 있어야 합니다.

■ 평가기준에 따라 반기 1회 이상 평가·관리할 것

① 안전보건관리책임자등의 업무 수행 평가와 관리는 그 평가 기준에 따라 반기 1회 이상 이루어져야 합니다.

② 안전보건관리책임자등의 다른 업무 수행에 관한 평가 시에 병행하여 평가하여도 되며, 반드시 산업안전보건법에 따른 업무 수행과 관련한 평가만 별도로 하여야 하는 것은 아닙니다.

③ 안전보건관리책임자등의 산업안전보건법에 따른 업무 수행과 관련한 평가 결과가 현저히 낮은 경우에는 다른 업무 수행 능력이 뛰어난 경우라도 평가 결과에 따른 상응한 조치를 하여야 합니다.

7. 안전관리자, 보건관리자, 안전보건관리담당자 및 산업보 건의를 배치할 것

> ※ 시행령 제4조제6호
> 6. 「산업안전보건법」 제17조부터 제19조까지 및 제22조에 따라 정해 진 수 이상의 안전관리자, 보건관리자, 안전보건관리담당자 및 산 업보건의를 배치할 것. 다만, 다른 법령에서 해당 인력의 배치에 대해 달리 정하고 있는 경우에는 그에 따르고, 배치해야 할 인력이 다른 업무를 겸직하는 경우에는 고용노동부장관이 정하여 고시하는 기준에 따라 안전·보건에 관한 업무 수행시간을 보장해야 한다

■ 의의

① 개인사업주나 경영책임자등은 산업안전보건법 제17조, 제 18조, 제19조, 제22조에 따라 두어야 하는 수 이상의 안전 관리자·보건관리자·안전보건관리담당자 및 산업보건의를 배치하여야 하며, 다만 다른 법령에서 해당 인력의 배치에 대해 달리 정하고 있는 경우에는 그에 따르고 배치해야 할 인력이 다른 업무를 겸직하는 경우에는 고용노동부장관이 정하여 고시 하는 기준에 따라 안전·보건에 관한 업무 수 행시간을 보장해야 합니다.

② 안전보건관리책임자는 해당 사업장의 사업을 총괄하여 관리하 는 사람으로 안전 또는 보건에 관한 전문가는 아니므로, 산업 재해 예방을 위해서는 안전 및 보건에 관한 기술적인 사항에 관하여 안전보건관리책임자를 보좌하고, 관리감독자에게 지도 조언하도록 하는 전문인력을 배치할 필요가 있습니다.

③ 다만, 안전관리자 등의 배치가 중요한 것이 아니라 해당 전문인력이 안전 및 보건에 관한 업무를 수행할 수 있도록 충분한 시간이 보장되도록 하여야 합니다.

■ **안전관리자, 보건관리자, 안전보건관리담당자 및 산업보건의를 배치할 것**

① 안전관리자는 안전에 관한 기술적인 사항에 관하여 사업주 또는 안전보건관리책임자를 보좌하고 관리감독자에게 지도·조언하는 업무를 수행하는 사람으로, 50명 이상 사업장 또는 공사금액 80억원 이상인 건설공사부터 안전관리자를 두어야 하며, 사업의 종류와 사업장의 상시 근로자의 수에 따라 배치하는 안전관리자의 수가 달라집니다(산업안전보건법 제18조).

* 공사금액 60억원 이상 80억원 미만 공사의 경우: 2022년 7월 1일
* 공사금액 50억원 이상 60억원 미만 공사의 경우: 2023 7월 1일
(산업안전보건법 시행령 부칙 제2조제4항)

② 보건관리자는 보건에 관한 기술적인 사항에 관하여 사업주 또는 안전보건관리책임자를 보좌하고 관리감독자에게 지도·조언하는 업무를 수행하는 사람으로, 50명 이상 사업장 또는 공사금액 800억원 이상인 건설업 사업장부터 보건관리자를 두어야 하며, 사업의 종류와 사업장의 상시 근로자의 수에 따라 배치하는 보건관리자의 수가 달라집니다(산업안전보건법 제18 조)

③ 안전보건관리담당자는 안전 및 보건에 관하여 사업주를 보좌하고 관리감독자에게 지도·조언하는 업무를 수행하는 사람으로, 제조업·임업, 하수 폐수 및 분뇨처리업, 폐기물 수집· 운반·처리 및 원료재생업 환경정화 및 복원업에 해당하고, 안전관리자와 보건관리자가 없으며, 상시 근로자가 20명 이상 50명 미만인 사업장의 경우 안전보건관리담당자 1명 이상을 선임하여야 합니다(산업안전보건법 제19조).

④ 산업보건의는 근로자의 건강관리나 그 밖에 보건관리자의 업무를 지도하는 사람으로, 상시 근로자 수가 50명 이상으로 보건관리자를 두어야 하는 사업장에 해당하는 경우 산업보건의를 두어야 하지만 의사를 보건관리자로 선임하였거나, 보건관리전문기관에 보건관리자의 업무를 위탁한 경우(건설업을 제외한 상시 근로자 수 300명 미만인 사업장만 가능함)는 산업보건의를 별도로 두지 않을 수 있습니다.

⑤ 또한 산업보건의는 외부에서 위촉할 수 있으며, 이 경우 근로자 2천명당 1명의 산업보건의를 위촉하여야 합니다.

* 산업보건의 관리규정(고용노동부예규 제161호) 제2조(담당근로자수) 산업보건의 1명이 담당할 근로자 수는 2,000명 이하로 한다.

⑥ 안전관리자와 보건관리자의 업무는 건설업을 제외한 상시 근로자 수 300명 미만인 사업장의 경우 각각 안전관리전문기관 및 보건관리전문기관에 위탁이 가능합니다.

⑦ 안전보건관리담당자를 두어야 하는 사업장의 경우에는 상시 근로자 수에 관계 없이 안전관리전문기관 또는 보건관리전문 기관에 업무를 위탁할 수 있습니다.

⑧ 정해진 인원 '이상'으로 배치하면 되므로 산업안전보건법령 및 다른 법령에 따라 정해진 수까지 전문인력을 배치하면 중대재해처벌법령 위반은 아닙니다.

⑨ 다만, 중대재해가 반복 발생하는 사업장 등의 경우 정부의 증원 명령에 따르거나, 자발적으로 정해진 수를 초과하여 안전관리자를 추가 배치하고 있다는 점을 고려할 때 개인사업주 또는 경영책임자 등은 사업 또는 사업장의 특

성을 고려해 사업장별로 안전관리자 등을 추가로 배치할 필요가 있는지를 면밀히 살펴 추가 배치를 결정하여야 합니다.

■ **다른 법령에서 달리 정하고 있는 경우 해당 법령을 따를 것**

기업규제완화법에서 안전관리자 또는 보건관리자의 배치 의무를 면제하거나 안전관리자 또는 보건관리자를 채용한 것으로 간주하는 요건을 충족한 경우에는 해당 전문인력을 배치하지 않은 경우에도 시행령 제4조제5호에 따른 전문인력 배치 의무를 이행한 것으로 봅니다.

■ **겸직이 가능한 경우**

① 상시 근로자 300명 미만을 사용하는 사업장, 건설업의 공사금액 120억원 미만인 사업장(토목공사업의 경우에는 150억원 미만 사업장)의 경우(안전관리자에 한함)에는, 안전관리자· 보건관리자 및 안전보건관리담당자는 다른 업무와의 겸직이 가능합니다.

② 다만, 업무를 겸직하는 경우에도 고용노동부의 별도 고시에 따라 일정 기준 이상의 시간을 안전 또는 보건 업무를 수행할 수 있도록 보장하여야 합니다.

【참고】 기업규제완화법에 따른 산업안전보건법상 전문인력배치 의무의 완화

구분	주요 내용
기업의 자율고용	산업보건의 채용의무 완화(기업규모, 유사자격을 가진 자의 채용 등 조건 없음)
공동채용	동일 산업단지 등에서 사업을 하는 3 이하의 사업장의 사업주(상시 사용하는 근로자의 수의 합은 300명 이내)는 안전관리자, 보건관리자를 공동으로 채용할 수 있음
안전관리자의 겸직허용	(1) 아래 제시된 안전관리자 중 하나를 2명 이상 채용하여야 하는 경우그 중 1명만 채용해도 나머지 사람과 산업안전보건법 상 안전관리자 1명도 채용한 것으로 간 　1.「고압가스 안전관리법」제15조에 따라 고압가스제조자, 고압가스 저장자 또는 고압가스판매자가 선임하여야 하는 안전관리자 　2.「액화석유가스의 안전관리 및 사업법」제34조에 따라 액화석유 가스 충전사업자, 액화석유가스 집단공급사업자 또는 액화석유가스 판매사업자가 선임하여야 하는 안전관리자 　3.「도시가스사업법」제29조에 따라 도시가스사업자가 선임하여야 하는 안전관리자 　4.「위험물 안전관리법」제15조에 따라 제조소등의 관계인이 선임하여야 하는 위험물안전관리자 (2) 아래 제시된 안전관리자를 채용하여야 하는 경우 주된 영업분야 등에서 그 중 1명을 채용하면 산업 안전보건법 상 안전관리자 1명도 채용한 것으로 간주 　1.「고압가스 안전관리법」제15조에 따라 사업자등(고압가스제조자, 고압가스저장자 및 고압가

	스판매자는 제외한다)과 특정고압가스 사용신고자가 선임하여야 하는 안전관리자
	2. 「액화석유가스의 안전관리 및 사업법」 제34조에 따라 액화석유가스 사업자등(액화석유가스 충전사업자, 액화석유가스 집단공급사업자 및 액화석유가스 판매사업자는 제외한다)과 액화석유가스 특정사용자가 선임하여야 하는 안전관리자
	3. 「도시가스사업법」 제29조에 따라 특정가스사용시설의 사용자가 선임 하여야 하는 안전관리자
	4. 「화재예방, 소방시설 설치·유지 및 안전관리에 관한 법률」 제20조에 따라 특정소방대상물의 관계인이 선임하여야 하는 소방안전관리자
	5. 「위험물 안전관리법」 제15조에 따라 제조소등의관계인이 선임하여야 하는 위험물안전관리자
	6. 「유해화학물질 관리법」 제25조제1항에 따라 임명하여야 하는 유독물관리자
	7. 「광산안전법」 제13조에 따라 광업권자 또는 조광권자가 선임하여야 하는 광산안전관리직원
	8. 「총포·도검·화약류 등의 안전관리에 관한 법률」 제27조에 따라 화약류제조업자 또는 화약류판매업자·화약류저장소설치자 및 화약류 사용자가 선임하여야 하는 화약류제조보안책임자 및 화약류관리 보안책임자
	9. 「전기안전관리법」 제22조에 따라 전기사업자 및 자가용전기설비의 소유자 또는 점유자가 선임하여야 하는 전기안전관리자
	10. 「에너지이용 합리화법」 제40조에 따라 검사대상기기설치자가 선임하여야 하는 검사대상기기관리자
보건관리자의	아래 제시된 자를 2명 이상 채용하여야 하는 경우 그 중 1명만 채용해도 나머지 사람도 채용한 것으로 봄

겸직허용	3. 「산업안전보건법」 제18조에 따라 사업주가 두어야 하는 보건관리자

중소기업 자등에 대한 의무고용 완화	(1) 산업안전보건법상 안전관리자 1명을 채용한 경우 채용 의무가 있는 아래 제시된 안전관리자 1명도 채용한 것으로 간주
	  1. 「고압가스 안전관리법」 제15조에 따라 사업자 등 (고압가스제조자, 고압가스저장자 및 고압가스판매자는 제외한다)과 특정고압가스 사용신고자가 선임하여야 하는 안전관리자
	  2. 「액화석유가스의 안전관리 및 사업법」 제34조에 따라 액화석유 가스 사업자등(액화석유가스 충전사업자, 액화석유가스 집단공급 사업자 및 액화석유가스 판매사업자는 제외한다)과 액화석유가스 특정사용자가 선임하여야 하는 안전관리자
	  3. 「도시가스사업법」 제29조에 따라 특정가스사용시설의 사용자가 선임 하여야 하는 안전관리자
	  4. 「유해화학물질 관리법」 제25조제1항에 따라 임명하여야 하는 유독물관리자
	(2) 액화석유가스 저장소의 설치허가를 받은 사업 등 기업규제완화법 시행령 제13조제2항에 따른 사업 또는 사업장의 중소기업자가 제시된 안전관리자를 채용하는 경우 그 중 1명만 채용해도 나머지 사람과 산업안전보건법상 안전관리자 1명도 채용한 것으로 간주
	  1. 「고압가스 안전관리법」 제15조에 따라 사업자 등과 특정고압가스 사용신고자가 선임하여야 하는 안전관리자
	  2. 「액화석유가스의 안전관리 및 사업법」 제34조에따라 액화석유가스 사업자등과 액화석유가스 특정 사용자가 선임하여야 하는 안전 관리자
	  3. 「도시가스사업법」 제29조에 따라 도시가스사업 자 및 특정가스 사용시설의 사용자가 선임

하여야하는 안전관리자

4. 「위험물 안전관리법」제15조에 따라 제조소등 의관계인이 선임하여야 하는 위험물안전관리자

5. 「유해화학물질 관리법」제25조제1항에 따라 임명하여야 하는 유독물관리자

(3) 제시된 안전관리자 중 1명만 채용해도 채용된 자에게 아래 안전관리자에 해당하는 자격이 있다면 자격에 해당하는 사람 모두 채용한 것으로 간주

1. 「산업안전보건법」제17조에 따라 사업주가 두어야 하는 안전관리자

2. 「전기안전관리법」제22조에 따라 전기사업자 및 자가용전기설비의 소유자 또는 점유자가 선임하여야 하는 전기안전관리자

3. 「고압가스 안전관리법」제15조에 따라 사업자 등과 특정고압가스 사용 신고자가 선임하여야 하는 안전관리자

4. 「액화석유가스의 안전관리 및 사업법」제34조에 따라 액화석유 가스 사업자등과 액화석유가스 특정사용자가 선임하여야 하는 안전관리자

5. 「도시가스사업법」제29조에 따라 도시가스사업자 및 특정가스 사용시설의 사용자가 선임하여야하는 안전관리자

6. 「위험물 안전관리법」제15조에 따라 제조소등의 관계인이 선임 하여야 하는 위험물안전관리자

8. 종사자의 의견 청취 절차 마련, 의견에 따른 개선방안 등 이행 여부 점검

> ※ **시행령 제4조제7호**
>
> 7. 사업 또는 사업장의 안전·보건에 관한 사항에 대해 종사자의 의견을 듣는 절차를 마련하고, 그 절차에 따라 의견을 들어 재해 예방에 필요하다고 인정하는 경우에는 그에 대한 개선방안을 마련하여 이행하는지를 반기 1회 이상 점검한 후 필요한 조치를 할 것. 다만, 「산업안전보건법」 제24조에 따른 산업안전보건위원회 및 같은 법 제64조·제75조에 따른 안전 및 보건에 관한 협의체에서 사업 또는 사업장의 안전·보건에 관하여 논의하거나 심의·의결한 경우에는 해당 종사자의 의견을 들은 것으로 본다.

■ **의의**

① 개인사업주 또는 경영책임자등은 사업 또는 사업장의 안전·보건에 관한 의견 청취 절차를 마련하여, 각 사업장에서 그 절차에 따라 종사자 의견을 청취하고 개선이 필요한 경우에는 개선방안을 마련하여 이행하는지를 반기 1회 이상 점검한 후 필요한 조치를 하여야 합니다.

② 산업재해 예방을 위해서는 해당 작업장소의 위험이나 개선 사항을 가장 잘 알고 있는 현장 작업자인 종사자의 참여가 반드시 필요 하다는 점을 고려하여 종사자의 의견을 듣고 반영하는 절차를 체계적으로 두도록 한 것입니다.

■ **사업 또는 사업장의 안전·보건에 관한 사항에 대해 종사자의 의견을 듣는 절차를 마련할 것**

① 종사자라면 누구나 자유롭게 유해·위험요인 등을 포함하여 안전·보건에 관한 의견을 개진할 수 있도록 하되 종사자의

의견을 듣는 절차는 사업 또는 사업장의 규모, 특성에 따라 달리 정할 수 있으며, 다양한 방법을 중첩적으로 활용하는 것도 가능합니다.

② 사내 온라인 시스템이나 건의함을 마련하여 활용할 수도 있고, 사업장 단위 혹은 팀 단위로 주기적인 회의나 간담회 등에서 의견을 개진하도록 하는 등 의견 수렴 절차는 다양하게 마련할 수 있습니다.

■ **종사자의 의견이 재해 예방에 필요하다고 인정하는 경우에는 그에 대한 개선방안을 마련하여 이행하는지를 반기 1회 이상 점검할 것**

① 종사자의 의견을 청취하고 난 후 그 의견을 반영할 것인지 여부 등을 판단하기 위한 방식이나 절차, 기준 등을 마련하여야 합니다. 다만, 재해 예방을 위하여 필요하다고 인정되는지 여부에 대한 구체적인 판단 기준은 일률적으로 정할 수는 없으며, 해당 사업 또는 사업장의 특성, 규모 등을 종합적으로 고려하여 합리적이고 자율적으로 결정해야 합니다.

② 종사자의 의견은 재해 예방을 위해 필요한 안전·보건 확보를 위한 것이므로, 제시되는 의견이 안전·보건에 관한 사항이 아닌 경우에는 청취된 의견에 대한 개선방안이 마련되지 않아도 법 위반은 아닙니다.

* 기업의 경영상의 비밀을 해할 우려가 있는 의견
* 특정 업체의 기계·기구, 장비 등의 구입
* 비합리적으로 과도한 예산 요구
* 안전·보건 목적이 아닌 근로조건의 변경을 목적으로 하는 경우 등

③ 종사자의 의견이 재해 예방을 위해 반드시 필요한 내용이라는 점이 명백함에도 개선방안 마련 및 이행이 되지 않았고, 만약 필요한 조치가 이루어졌더라면 중대산업재해가 발생하지 않았을 것이라고 인정되는 경우에는 그러한 조치를 하지 않음으로써 중대산업재해가 발생한 것에 대한 책임은 개인사업주 또는 경영책임자등에게 있습니다.

■ **산업안전보건위원회 및 안전 및 보건에 관한 협의체에서 종사자 의견 청취**

① - 산업안전보건법 제 조의 산업안전보건위원회
- 제64조의 도급인의 안전 및 보건에 관한 협의체
- 제75조의 건설공사의 안전 및 보건에 관한 협의체에서 사업 또는 사업장의 안전·보건에 관하여 논의하거나 심의의결한 경우에는 해당 종사자의 의견을 들은 것으로 간주합니다.

② 종사자의 의견을 청취하기 위해 산업안전보건법에 따라 운영 중인 위원회 등이 있는 경우에는 이를 활용할 수 있도록 합니다.

③ 산업안전보건법 제24조의 산업안전보건위원회는 사업장에서 근로자의 위험 또는 건강장해를 예방하기 위한 계획 및 대책 등 산업안전 보건에 관한 중요한 사항에 대하여 노사가 함께 심의·의결하기 위한 기구로서 산업재해 예방에 대하여 근로자의 이행 및 협력을 구하는 한편 근로자의 의견을 반영하는 역할을 수행합니다.

- 사업장의 안전 및 보건에 관한 중요 사항을 심의·의결하기 위하여 사업장에 근로자위원과 사용자위원이 같은 수로 구성·운영하여야 합니다.

- 정기회의는 분기마다 산업안전보건위원회의 위원장이 소집하며, 임시회의는 위원장이 필요하다고 인정할 때에 소집합니다.
- 심의·의결 사항으로는 사업장의 산업재해 예방계획의 수립, 안전보건관리규정의 작성 및 변경, 안전보건교육, 작업환경측정 등 작업환경의 점검 및 개선, 근로자의 건강진단 등 건강관리, 중대재해의 원인 조사 및 재발방지대책 수립, 유해·위험한 기계·기구·설비의 안전·보건조치에 관한 사항 등 입니다.
④ 산업안전보건법 제64조의 도급인의 안전 및 보건에 관한 협의체는 도급인이 자신의 사업장에서 관계수급인 근로자가 작업을 하는 경우에 도급인과 수급인을 구성원으로 하여 운영하는 회의체입니다.
- 협의체는 매월 1회 이상 정기적으로 회의를 개최하여야 하며, 작업 시작시간, 작업 또는 작업장 간 연락방법, 재해 발생 위험시 대피방법, 위험성평가 실시, 사업주와 수급인 또는 수급인 상호 간의 연락 방법 및 작업공정의 조정을 협의하여야 합니다(산업안전보건법 시행규칙 제79조).
⑤ 산업안전보건법 제75조의 건설공사의 안전 및 보건에 관한 협의체(이하 "노사협의체'라 함)는
- 공사금액이 120억원(토목공사업은 150억원)이상인 건설공사 도급인이 해당 건설공사 현장에 근로자위원과 사용자위원을 같은 수로 구성·운영하는 노사협의체를 말합니다.
- 정기회의는 2개월마다 노사협의체의 위원장이 소집하며, 임시회의는 위원장이 필요하다고 인정할 때에 소집합니다.
- 심의·의결 사항은 산업안전보건위원회 심의·의결 사항과 동일합니다.

【참고】 산업안전보건위원회를 구성해야 할 사업의 종류 및 규모(시행령 제34조 별표9)

사업의 종류	규모
1. 토사석 광업 2. 목재 및 나무제품 제조업; 가구제외 3. 화학물질 및 화학제품 제조업; 의약품 제외(세제, 화장품및 광택제 제조업과 화학섬유 제조업은 제외한다) 4. 비금속 광물제품 제조업 5. 1차 금속 제조업 6. 금속가공제품 제조업; 기계 및 가구 제외 7. 자동차 및 트레일러 제조업 8. 기타 기계 및 장비 제조업(사무용기계 및 장비 제조업은 제외한다) 9. 기타 운송장비 제조업(전투용 차량제조업은 제외한다)	상시 근로자 50명 이상
10. 농업 11. 어업 12. 소프트웨어 개발 및 공급업 13. 컴퓨터 프로그래밍, 시스템 통합 및 관리업 14. 정보서비스업 15. 금융 및 보험업 16. 임대업; 부동산 제외 17. 전문, 과학 및 기술 서비스업(연구개발업은 제외한다) 18. 사업지원 서비스업 19. 사회복지 서비스업	상시 근로자 300명 이상
20. 건설업	공사금액 120억원 이상(「건설산업기본법 시행령」

	별표 1에 따른 토목공사업에 해당하는 공사의 경우에는 150억원 이상)
21. 제1호부터 제20호까지의 사업을 제외한 사업	상시 근로자 100명 이상

9. 중대산업재해의 발생 및 발생할 급박한 위험에 대비한 매뉴얼마련 및 점검

> **※ 시행령 제4조제8호**
> 8. 사업 또는 사업장에 중대산업재해가 발생하거나 발생할 급박한 위험이 있을 경우를 대비하여 다음 각 목의 조치에 관한 매뉴얼을 마련하고, 해당 매뉴얼에 따라 조치하는지를 반기 1회 이상 점검할 것
> 가. 작업 중지, 근로자 대피, 위험요인 제거 등 대응조치
> 나. 중대산업재해를 입은 사람에 대한 구호조치
> 다. 추가 피해방지를 위한 조치

■ 의의

① 개인사업주 또는 경영책임자등은 중대산업재해가 발생하거나 발생할 급박한 위험이 있을 경우를 대비하여,

- 작업 중지 근로자 대피 위험요인 제거 등 대응조치

- 중대산업재해를 입은 사람에 대한 구호조치

- 추가 피해방지를 위한 조치에 관한 매뉴얼을 마련하고 그에 따라 현장에서 잘 조치되고 있는지를 반기 1회 이상 점검하여야 합니다.

② 개인사업주 또는 경영책임자등이 중대산업재해 발생 등 긴급 상황에 대처할 수 있는 작업중지 및 근로자 대피, 위험요인 제거 등에 관한 체계적인 매뉴얼을 마련하여 중대산업재해 발생으로 인한 피해를 최소화하려는 것입니다.

③ 대응조치, 구호조치 및 추가 피해방지 조치에 관한 매뉴얼은 긴급 상황에서 체계적으로 대응하고 해당 조치에 응할 수 있도록 종사자 전원에게 공유되어야 합니다.

■ **작업 중지, 근로자 대피, 위험요인 제거 등 대응조치**

① 중대산업재해가 발생하였거나 급박한 위험이 있는 경우 즉각적으로 작업 중지와 근로자 대피가 이루어질 수 있도록 하여야 합니다.

- 매뉴얼에는 사업주의 작업 중지 외에 근로자 등 종사자의 작업중지권, 관리감독자의 작업중지권도 포함할 수 있도록 합니다.

② 매뉴얼은 작업 중지, 근로자 대피, 위험요인의 제거 순으로 행동할 수 있도록 마련되어야 하며, 위험요인의 제거 후 추가적인 피해를 초래하지 않는 경우에만 작업이 진행되도록 절차를 마련하여야 합니다.

③ 특히 사업주(개인사업주나 법인 또는 기관)는 중대산업재해가 발생한 경우 산업안전보건법에 따라 즉시 해당 작업을 중지시키고, 근로자를 작업장소에서 대피시켜야 하며, 지체 없이 발생개요, 피해상황 조치 및 전망 등을 지방고용노동관서에 보고하여야 합니다(산업안전보건법 제54조).

④ 도급인은 작업장소에서 발파작업을 하는 경우, 작업장소에

서 화재·폭발, 토사·구축물 등의 붕괴 또는 지진 등이 발생한 경우에 대비한 경보체계 운영과 대피방법 등에 관한 훈련을 하여야 하며(산업안전보건법 제64조제1항제5호), 이는 중대산업재해가 발생할 급박한 위험이 있는 경우를 대비한 것으로 매뉴얼에는 위 내용을 포함하여야 합니다.

⑤ 근로자가 사업장 내 작업장소에서 산업재해가 발생할 급박한 위험이 있다고 판단한 경우에 산업안전보건법 제52조제1항에 따른 작업중지권의 행사를 보장하도록 하는 내용을 포함하여야 하며, 근로자로부터 산업재해가 발생할 급박한 위험이 있어 작업을 중지한 사실을 보고받은 관리감독자, 안전보건관리책임자 등은 해당 장소에 산업재해가 발생할 급박한 위험이 있는지 여부 등을 확인하고, 필요한 경우 안전 및 보건에 관한 조치를 한 후 작업을 개시하도록 하여야 합니다.

⑥ 다만, 종사자가 안전·보건에 관한 사항에 대해 의견을 제시하였다는 이유로 종사자 또는 종사자가 소속된 수급인등에게 불이익한 조치를 하여서는 아니 됨은 물론이고, 오히려 적극적으로 의견을 개진하도록 촉진하는 내용이 절차상에 포함되는 것이 바람직합니다.

■ 중대산업재해를 입은 사람에 대한 구호조치

119 등 긴급 상황 시의 연락체계와 함께 사업 또는 사업장 특성에 따라 필요한 기본적인 응급조치 방안을 포함하여야 합니다. 다만, 건축물의 붕괴 등으로 인해 추가 피해가 예상되는 경우에는 직접적인 구호조치 이행의 예외로 할 수 있습니다.

■ **추가 피해방지를 위한 조치**

① 현장 출입통제, 해당 사업장 외 유사 작업이 이루어지는 사업장 등 전체 사업 또는 사업장에 해당 사항 공유, 원인 분석 및 재발 방지 대책 마련 등을 포함합니다.

② 아울러 작업중지 조치는 추가 피해방지를 위한 조치가 완료되기 전까지 유지되어야 합니다.

10. 도급, 용역, 위탁 등의 경우 종사자의 안전 및 보건 확보를 위한 조치

> ※ **시행령 제4조제9호**
> 9. 제3자에게 업무의 도급, 용역, 위탁 등을 하는 경우에는 종사자의 안전·보건을 확보하기 위해 다음 각 목의 기준과 절차를 마련하 고, 그 기준과 절차에 따라 도급, 용역, 위탁 등이 이루어지는지를 반기 1회 이상 점검할 것
> 가. 도급, 용역, 위탁 등을 받는 자의 산업재해 예방을 위한 조치 능력과 기술에 관한 평가기준·절차
> 나. 도급, 용역, 위탁 등을 받는 자의 안전·보건을 위한 관리비용에 관한 기준
> 다. 건설업 및 조선업의 경우 도급, 용역, 위탁 등을 받는 자의 안전·보건을 위한 공사기간 또는 건조기간에 관한 기준

■ **의의**

① 개인사업주 또는 경영책임자등이 도급·용역·위탁 등을 하는 경우에, 도급·용역·위탁 등을 받는 자의 산업재해 예방을 위한 조치 능력과 기술에 관한 평가기준·절차, 도급·용역·위탁 등을 받는 자의 안전·보건을 위한 관리비용에 관한 기준, 건설업 및 조선업의 경우 도급·용역·위탁 등을 받

는 자의 안전 보건을 위한 공사 기간 또는 건조기간에 관한 기준과 절차를 마련하고, 마련한 기준과 절차에 따라 도급·용역·위탁 등이 이루어지는지를 반기 1회 이상 점검하여야 합니다.

② 도급인 자신의 안전보건관리체계 구축 등 안전 및 보건 확보를 위한 노력도 중요하지만 특히 위험 작업이 많은 수급인의 경우에는 안전조치 및 보건조치 등에 관한 수급인 자체의 능력과 노력 없이는 산업재해 예방은 쉽지 않습니다.

③ 이를 고려하여 수급인 선정 시 기술, 가격 등에 관한 사항뿐만 아니라 안전·보건에 관한 역량이 우수한 업체가 선정될 수 있도록 하려는 것입니다.

■ 도급·용역·위탁 등을 받는 자의 안전·보건 확보를 위한 기준과 절차 마련

(1) 산업재해 예방을 위한 조치 능력과 기술에 관한 평가기준 및 절차

① 도급·용역·위탁 업체 선정 시 안전·보건 확보 수준을 평가하여 적정한 수준에 미달하는 경우에는 계약하지 않도록 하고 이를 위해 수급인의 안전·보건에 관한 조치 능력과 기술을 평가하는 기준과 절차를 마련하여야 합니다.

---

* 산업안전보건법

제61조(적격 수급인 선정 의무) 사업주는 산업재해 예방을 위한 조치를 할 수 있는 능력을 갖춘 사업주에게 도급하여야 한다.

---

② 해당 사업 또는 사업장의 현실을 고려하여 안전·보건 확보에 관한 요소와 기준이 낙찰 과정에서 충분히 반영될 수 있도록 하여야 하며, 이때 안전·보건에 관한 역량 판단을 위한 세부 기준이 단지 형식적 기준에 그치지 않도록 해야 합니다.

③ 평가 기준에는 수급인의 안전·보건 확보를 위한 안전보건관리체계 구축 여부, 안전보건관리규정, 작업절차 준수, 안전보건교육 실시 위험성평가 참여 등 산업안전보건법에 명시된 기본적인 사항의 준수 여부 및 중대산업재해 발생 여부 등과 함께 도급받은 업무와 관련된 안전조치 및 보건조치를 위한 능력과 기술 역량에 관한 항목도 포함되어야 합니다.

④ 평가 기준과 절차는 사업장의 특성·규모·개별 업무의 내용과 속성, 장소 등 구체적인 사정 등을 종합적으로 고려하여 자유롭게 마련하되 안전·보건 역량이 우수한 수급인이 선정될 수 있도록 하여야 합니다.

(2) 안전·보건을 위한 관리비용에 관한 기준

① 도급·용역·위탁 등을 하는 자가 해당 사업의 특성, 규모 등을 고려하여 도급·용역·위탁 등을 받는 자의 안전·보건 관리비용에 관한 기준을 마련하여야 합니다.

② 경영책임자등이 업무를 도급·용역·위탁하는 경우에 업무수행 기간을 지나치게 단축하도록 요구하거나, 안전·보건을 위한 관리 비용을 절감하는 등의 문제로 산업재해가 빈발하는 점에 주목하여 사업 내·외부 전문가의 자문과 실무자와의 협의 등 다양한 검증 절차를 거친 후, 개별적이고 구

체적 사정을 종합적으로 고려하여 도급 등을 준 작업의 수행과정에서 안전과 보건을 확보하는 데 충분한 비용을 책정하도록 하여야 합니다.

③ 안전·보건을 위한 관리비용은 수급인이 사용하는 시설·설비·장비 등에 대한 안전조치, 보건조치에 필요한 비용, 종사자의 개인 보호구 등 안전 및 보건 확보를 위한 금액으로 정하되, 총 금액이 아닌 가급적 항목별로 구체적인 기준을 제시하여야 합니다.

④ 안전·보건을 위한 관리비용은 도급·용역·위탁 등을 받은 자의 작업 수행과정에서 안전·보건을 위한 관리비용으로 도급계약에 수반되는 금액이며, 도급인이 도급금액 외에 별도로 지급하여야 하는 비용은 아닙니다.

(3) 안전·보건을 위한 공사기간 또는 건조기간에 관한 기준

① 안전·보건에 관한 별도의 독립적인 기간을 의미하는 것이 아니라, 수급인 종사자의 산업재해 예방을 위해 안전하게 작업할 수 있는 충분한 작업기간을 고려한 계약기간을 의미합니다.

② 특히 건설업, 조선업의 경우에는 비용절감 등을 목적으로 안전·보건에 관한 사항은 고려하지 않은 채 공사기간, 건조기간을 정하여 서는 안 되며, 기상 상황, 중대재해가 발생할 급박한 위험 상황 등 돌발 사태 등을 충분히 고려하여 기간에 관한 기준을 마련하여야 합니다.

③ 과도하게 짧은 기간을 제시한 업체는 선정하지 않도록 하는 항목도 기준에 포함하여야 합니다.

(4) 안전·보건 확보를 위한 기준과 절차에 따른 이행여부 점검

① 개인사업주나 경영책임자등은 안전·보건 확보를 위해 마련한 기준과 절차에 따라 도급·용역·위탁 등의 업체가 선정되는지 여부를 반기 1회 이상 점검하여야 합니다.

② 마련된 기준과 절차에 따르면 안전 및 보건 확보가 이행되기 어려울 것으로 보이는 업체와는 계약하지 않도록 해야 합니다.

③ 해당 기준을 충족하는 수급인에게 도급·용역·위탁을 함은 물론 해당 관리비용을 집행하고 공사기간, 건조기간을 준수할 수 있도록 실제 계약이 제대로 이행되는지도 점검항목에 포함하여야 합니다.

【3】 재해 발생 시 재발방지 대책의 수립 및 그 이행에 관한 조치

■ 의의

① 개인사업주 또는 경영책임자등은 재해 발생 시 사업 또는 사업장의 특성 및 규모 등을 고려하여 재발방지 대책을 수립하고 이행될 수 있도록 하여야 합니다.

② 개인사업주 또는 경영책임자등은 사업 또는 사업장에 재해가 발생하면 그 원인을 조사함은 물론 그 결과를 분석하고 보고받아야 하며, 향후 재발 방지를 위한 현장실무자와 안전·보건에 관한 전문가 등의 의견을 듣는 등의 절차를 거쳐 재해 원인의 근본적 해소를 위한 체계적 대응조치를 마련하여 실행하여야 합니다.

■ '재해'의 해석 : '재해' vs '중대재해' vs '중대산업재해'

① 이때 재해는 반드시 중대산업재해만을 의미하는 것은 아니고 경미하더라도 반복되는 산업재해도 포함하는 개념입니다.

② 사소한 사고도 반복되면 큰 사고로 이어질 위험이 있으므로 경미한 산업재해라 하더라도 그 원인, 분석 및 재발방지 조치를 통해 중대산업재해를 초기에 예방할 필요가 있습니다.

---

* 하인리히 법칙(1:29:300의 법칙)

- 어떤 대형사고가 발생하기 전에는 그와 관련된 수십 차례의 경미한 사고와 수백 번의 징후들이 반드시 나타난다는 것을 뜻하는 통계적 법칙
- 큰 재해는 항상 사소한 것들을 방치할 때 발생하므로 문제나 오류를 초기에 신속히 발견해 대처해야 한다는 의미로 사용

■ 재발방지 대책의 수립 및 그 이행에 관한 조치

① 개인사업주 또는 경영책임자등은 재해가 발생한 경우 이를 보고받을 수 있는 절차를 마련하고, 재해발생 사실을 보고받은 경우에는 재해의 재발방지 대책을 수립하도록 지시하거나 이를 제도화 하여야 합니다.

② 재해 발생 시 재발방지 대책 수립은 이미 발생한 재해에 관한 사후 조치를 전제로 하는 것으로서, 발생한 재해에 대한 조사와 결과 분석, 현장 담당자 및 전문가의 의견 수렴 등을 통해 유해 위험요인과 발생 원인을 파악하고, 동일 유사한 재해가 발생하지 않도록 파악된 유해·위험요인별 제거, 대체 및 통제 방안을 검토하여 종합적인 개선 대책을 수립하는 일련의 조치를 말합니다.

③ 재발방지 대책의 수립 및 그 이행은 재해의 규모·위험도, 사업 또는 사업장의 특성 및 규모 등을 고려하여 이루어져야 하며, 시행령 제4조제3호의 유해·위험요인의 확인·개선 절차 등에 반영될 수 있도록 설계되어야 합니다.

【4】 중앙행정기관 및 지방자치단체가 개선·시정을 명한 사항

■ 의의

① 개인사업주 또는 경영책임자등은 중앙행정기관, 지방자치단체가 종사자의 안전·보건상 유해 또는 위험을 방지하기 위해 관계 법령상의 개선 또는 시정을 명하였다면 이를 이행하여야 합니다.

② 중앙행정기관, 지방자치단체가 개선 또는 시정을 명한 사항이 이행되지 않은 경우에는 해당 법령에 따른 처분과는 별개로 개선·시행명령의 미이행으로 인해 중대산업재해가 발생하였다면 법 제6조에 따른 처벌 대상이 될 수 있습니다.

■ 중앙행정기관 및 지방자치단체가 개선·시정을 명한 사항

① 중앙행정기관 또는 지방자치단체가 관계 법령에 따라 시행한 개선·시정명령을 의미하며, 원칙적으로 서면으로 시행되어야 합니다.

* 행정청이 처분을 할 때에는 다른 법령 등에 특별한 규정이 있는 경우를 제외하고는 문서로 하여야 함(행정절차법 제24조)

② 개선 또는 시정명령은 행정처분을 의미하고 행정지도나 권고 조언은 포함되지 않으며, 아울러 중앙행정기관 또는 지방자치단체가 안전 및 보건 확보와 무관한 내용에 대해 개

선, 시정 등을 명한 사항도 중대재해처벌법의 규율대상으로 보기 어렵습니다.

③ 중앙행정기관, 지방자치단체의 행정처분이 이루어진다면, 그 사실은 물론 그 구체적인 내용에 대하여 개인사업주 또는 경영책임자등에게 보고되는 시스템을 구축하여야 합니다.

※ 산업안전보건법에 따른 시정명령의 예

제53조(고용노동부장관의 시정조치 등)

① 고용노동부장관은 사업주가 사업장의 건설물 또는 그 부속건설물 및 기계 · 기구 · 설비 · 원재료(이하 "기계 · 설비등"이라 한다)에 대하여 안전 및 보건에 관하여 고용노동부령으로 정하는 필요한 조치를 하지 아니하여 근로자에게 현저한 유해 · 위험이 초래될 우려가 있다고 판단될 때에는 해당 기계 · 설비등에 대하여 사용중지 · 대체 · 제거 또는 시설의 개선, 그 밖에 안전 및 보건에 관하여 고용노동부령으로 정하는 필요한 조치(이하 "시정조치"라 한다)를 명할 수 있다.

② 제1항에 따라 시정조치 명령을 받은 사업주는 해당 기계 · 설비등에 대하여 시정조치를 완료할 때까지 시정조치 명령 사항을 사업장 내에 근로자가 쉽게 볼 수 있는 장소에 게시하여야 한다.

③ 고용노동부장관은 사업주가 해당 기계 · 설비등에 대한 시정조치 명령을 이행하지 아니하여 유해 · 위험 상태가 해소 또는 개선되지 아니하거나 근로자에 대한 유해 · 위험이 현저히 높아질 우려가 있는 경우에는 해당 기계 · 설비등과 관련된 작업의 전부 또는 일부의 중지를 명할 수 있다.

④ 제1항에 따른 사용중지 명령 또는 제3항에 따른 작업중지 명령을 받은 사업주는 그 시정조치를 완료한 경우에는 고용노동부장관에게 제1항에 따른 사용중지 또는 제3항에 따른 작업중지의 해제를 요청할 수 있다.

⑤ 고용노동부장관은 제4항에 따른 해제 요청에 대하여 시정조치가 완료되었다고 판단될 때에는 제1항에 따른 사용중지 또는 제3항에 따른 작업중지를 해제하여야 한다.

제56조(중대재해 원인조사 등)

① 고용노동부장관은 중대재해가 발생하였을 때에는 그 원인 규명 또는 산업재해 예방대책 수립을 위하여 그 발생 원인을 조사할 수 있다.

② 고용노동부장관은 중대재해가 발생한 사업장의 사업주에게 안전보건개선 계획의 수립·시행, 그 밖에 필요한 조치를 명할 수 있다.

【5】 안전·보건 관계 법령에 따른 의무이행에 필요한 관리상의 조치

1. 안전·보건 관계 법령에 따른 의무이행에 필요한 관리상의 조치

■ 의의

① 개인사업주 또는 경영책임자등은 종사자의 안전 및 보건 확보를 위해 안전·보건 관계 법령상 의무가 이행되도록 관리하여야 합니다.

② 해당 법령상 의무 미이행에 대한 제재·처분이 이루어지는 것과는 별개로 시행령에서 정한 구체적인 관리상 조치가 제대로 이루어 졌는지를 살펴 중대재해처벌법령상 의무를 이행하였는지를 판단하게 됩니다.

■ 안전·보건 관계 법령

① 법 제4조제1항제4호에서 "안전·보건 관계 법령"이란 해당 사업 또는 사업장에 적용되는 것으로서 종사자의 안전·보건을 확보하는데 관련되는 법령을 말합니다(시행령 제5조제1항).

② 종사자의 안전·보건을 확보하는 데 그 목적을 두고 있는 산업안전보건법령을 중심으로 고려하되, 이에 한정되는 것은 아니며, 종사자의 안전·보건에 관계되는 법령은 모두 포함됩니다.

③ 법률의 목적이 근로자의 안전 및 보건 확보를 위한 것으로
서 관련 규정을 담고 있는 광산안전법, 선원법, 연구실 안
전환경 조성에 관한 법률 등을 포함하며, 법 제정 목적은
일반 공중의 안전을 확보하기 위한 내용이지만 그 규정에
서 직접적으로 근로자 등 노무를 제공하는 자의 안전·보건
확보를 위한 내용을 규정한 폐기물관리법 등을 포함합니다.

■ 의무이행에 필요한 관리상의 조치

① 각 사업장의 안전·보건 관계 법령에 따른 법적 의무 이행
과정을 전반적으로 점검(모니터링)하고 그 결과를 평가하
는 별도의 조직 등을 두어, 경영책임자가 그 조직을 통해
사업장의 법적 의무 이행 여부와 문제점 등을 보고받고,
개선 조치를 취하도록 하는 등 법상 의무 이행을 해태함이
없도록 하기 위한 개인사업주 또는 경영책임자등의 제반
조치들을 말하는 것입니다.

② 각각의 안전·보건 관계 법령에 따른 의무는 그 법에 따른
의무를 이미 부담하고 있는 것이고, 해당 의무 미이행에
따른 제재는 해당 법령에 의해 발생하는 것으로 중대재해
처벌법 상 관리상 조치 의무와는 다른 별개의 의무입니다.

③ "의무이행에 필요한 관리상의 조치"란 안전·보건 관계 법령
에 따른 의무 이행, 안전·보건 관계 법령에 따라 의무적으로
실시해야 하는 유해·위험한 작업에 관한 안전·보건에 관한
교육 실시 여부를 반기 1회 이상 점검하고, 점검 결과 이행
되지 않은 사항에 대해서는 인력 배치·예산 추가 편성·집행
하도록 하는 등 해당 의무 이행에 필요한 조치를 하고, 미실

시된 교육에 대해서는 지체 없이 그 이행의 지시, 예산의 확
보 등 교육 실시에 필요한 조치를 하는 것을 말합니다.

2. 안전·보건 관계 법령에 따른 의무 이행 여부에 대한 점검 및 필요한 조치

※ **시행령 제5조제2항제1호**
1. 안전·보건 관계 법령에 따른 의무를 이행했는지를 반기 1회 이상 점검(해당 안전·보건 관계 법령에 따라 중앙행정기관의 장이 지정한기관 등에 위탁하여 점검하는 경우를 포함한다. 이하 이 호에서 같다)하고, 직접 점검하지 않은 경우에는 점검이 끝난 후 지체 없이 점검 결과를 보고받을 것
※ **시행령 제5조제2항제2호**
2. 제1호에 따른 점검 또는 보고 결과 안전·보건 관계 법령에 따른 의무가 이행되지 않은 사실이 확인되는 경우에는 인력을 배치하거나 예산을 추가로 편성·집행하도록 하는 등 해당 의무 이행에 필요한 조치를 할 것

■ **의의**

① 개인사업주 또는 경영책임자등은 안전·보건 관계 법령에 따른 의무 이행 여부를 반기 1회 이상 직접 점검하거나, 안전·보건 관계 법령에 따라 중앙행정기관의 장이 지정한 기관 등에 위탁하여 점검하는 경우 등 자신이 직접 점검하지 않은 경우에는 점검이 끝난 후 지체 없이 결과를 보고받아야 하며, 점검 결과 안전·보건 관계 법령에 따른 의무가 이행되지 않은 사실이 확인되는 경우에는 인력의 배치, 예산의 추가 편성·집행 등 안전·보건 관계 법령에 따른 의무 이행에 필요한 조치를 하여야 합니다.

② 안전·보건 관계 법령에 따른 의무를 이행하였는지 여부의 점검 주체는 개인사업주 또는 경영책임자등입니다. 다만, 각 사업장의 안전·보건 관계 법령에 따른 의무 준수에 대한 구체적인 점검은 해당 사업 또는 사업장의 구체적 사정에 따라 다양한 방식과 조직을 통해 실행될 수 있습니다.

③ 개인사업주 또는 경영책임자등은 안전·보건 관계 법령에 따른 의무 이행 여부에 대한 점검이 실효적이고 실질적으로 이행되도록 하는 방안을 적극적으로 모색하고 채택하여야 하며, 개인사업주 또는 경영책임자등은 각 사업장의 안전·보건 관계 법령상 의무 이행 과정을 전반적으로 점검하고, 그 결과를 평가하는 조직과 절차 등 시스템을 마련하여 법적 의무 이행 여부는 물론 성과와 문제점 등을 객관적이고 심도있게 점검하고, 그 결과에 대하여 보고를 받아야 합니다.

④ 만약 사업 또는 사업장 내 자체 점검 역량이 부족하여 그 점검의 실효성을 기대하기 어렵다고 판단되면, 전문기관에 위탁하여 점검하는 것도 가능합니다.

■ 안전·보건 관계 법령에 따른 의무 이행 여부에 대한 점검

① 중대재해처벌법 제4조제1항에 따른 안전보건관리체계 구축 및 이행 의무의 하나로서 시행령 제4조제3호에 따른 유해· 위험요인에 대한 확인·점검은 자율적으로 사업장 내 유해·위험요인을 확인하는 것이며, 안전·보건 관계 법령에 따른 의무 이행 점검은 해당 사업 또는 사업장에 적용되는 개별적인 안전·보건 관계 법령상의 의무를 이행하고 있는

지를 확인·점검하는 것으로 양자는 의무의 법적 성격과 내용 및 대상이 상이합니다.

② 이 조항에 따른 개인사업주 또는 경영책임자등의 의무는 안전·보건 관계 법령상 의무이행에 관한 점검이 실질적으로 이루어지도록 하고 그에 따른 필요한 조치를 하도록 하는 것으로, 개인사업주 또는 경영책임자등은 전문가나 현장실무자 등의 의견을 청취하는 절차 등 다양한 방식으로 부실 점검이 발생하지 않도록 점검 방식의 적정성 등을 살펴야 합니다.

③ 동 점검 의무는 원칙적으로 개인사업주 또는 경영책임자등에게 부여된 것으로, 해당 점검 및 보고가 형식적으로 이루어지는 부실 점검의 경우나, 개인사업주 또는 경영책임자등이 점검의 지시를 하였으나, 점검 또는 보고가 이루어지지 않은 경우에는 의무가 이행된 것으로 볼 수 없고, 불이행에 따른 최종적인 책임은 개인사업주 또는 경영책임자등에게 귀속됩니다.

④ 안전·보건 관계 법령에 따라 중앙행정기관의 장이 지정한 기관의 예로는 산업안전보건법의 경우 안전관리전문기관(법 제18조), 보건관리전문기관(법 제18조), 안전보건진단기관(법 제47조), 건설재해 예방전문지도기관(법 제73조) 등이 있으며, 점검의 내용은 안전·보건 관계 법령에 따라 정해진 해당 기관의 업무에 관한 내용에 한정됩니다(전문성이 인정되는 분야로 제한).

⑤ 아울러 "안전·보건 관계 법령에 따른 의무를 이행했는지"에 대한 점검의 위탁은 산업안전보건법에 따른 안전 및 보

건업무의 위탁과는 구분되므로, 산업안전보건법에서 안전·보건업무 위탁이 허용되지 않는 상시 근로자 300명 이상의 사업장도 점검의 위탁은 가능합니다.

■ **인력 배치 및 예산 추가 편성·집행 등 의무 이행에 필요한 조치를 할 것**

① 개인사업주 또는 경영책임자등은 점검 과정을 통해 안전·보건 관계 법령에 따른 의무가 이행되지 않은 사실이 확인된 경우에는 인력의 배치, 예산의 추가 편성·집행 등 안전·보건 관계 법령에 따른 의무 이행에 필요한 조치를 하여야 합니다.

② 개인사업주 또는 경영책임자등은 사업을 대표하고 총괄하는 지위에 있는 사람으로서 인력과 예산 등에 관한 결정권한을 가지므로, 인력과 예산의 어려움으로 법령상의 의무조차 실효적으로 이행되지 못하는 일이 발생하지 않도록 해야 할 관리상 조치 의무가 경영책임자등에게 부과된 것입니다.

③ 위탁하여 점검하는 내용에 시행령 제5조제2항제3호의 안전·보건에 관한 교육 실시에 관한 내용이 포함되더라도, 제3호에 대해서는 위탁하여 점검하는 경우를 포함하지 않으므로 사업 또는 사업장 내에서 점검이 이루어져야 합니다.

【참고】 안전·보건 관계 법령의 예시

법령명	관련 조문
산업안전보건법	노무를 제공하는 사람의 안전 및 보건의 유지·증진을 목적으로 하는 법으로 산업안전보건법, 법 시행령 및

	시행규칙과 산업안전보건기준에 관한 규칙, 유해·위험작업의 취업 제한에 관한 규칙을 모두 포함
광산안전법	법률 제정 목적에 광산근로자에 대한 위해를 포함하며, 광업권자 또는 조광권자의 의무(법 제5조), 안전교육의 실시 (법 제7조), 안전규정의 제정 및 준수(법 제11조) 등에서 광산근로자에 대한 위해 방지를 위한 내용 규율
원자력 안전법	발주자의 안전조치 의무로 방사선작업종사자가 과도한 방사선에 노출되지 아니하도록 안전한 작업환경을 제공하여야 한다는 의무 부과(법 제59조의2), 방사선장해방지조치(법 제91조) 등
항공안전법	산업안전보건법의 일부 의무 적용이 제외된 안전보건관계법령(산업안전보건법 시행령 별표1)
선박안전법	산업안전보건법의 일부 의무 적용이 제외된 안전보건관계법령(산업안전보건법 시행령 별표1)
연구실 안전환경조성에 관한 법률	법률 제정 목적에 연구활동종사자의 건강과 생명 보호를 포함하며, 종사자의 안전을 위하여 연구실 책임자의 지정(법 제9조), 안전점검(법 제14조) 및 정밀 안전진단의 실시(법 제15조), 교육·훈련(제20조) 및 건강검진(제21조) 등의 사항을 규정
폐기물 관리법	폐기물관리법의 보호 조항(법 제14조의5)에 따라 시행규칙 제16조의3으로 정해진 보호장구의 지급, 운전자 포함 3명1조의 작업 등의 안전기준 등
생활물류 서비스산업 발전법	생활물류서비스 종사자의 보호 조항(법 제36조)은 "생활물류서비스종사자의 안전을 확보할 수 있도록" 노력해야 한다고 명시
선원법	선원에게 보호장구와 방호장치 등을 제공하여야 하는 등 선원의 안전·보건 확보를 위한 선박소유자의 의무(법 제82조), 의사의 승무(법 제84조) 등 규정을 포함

생활주변방 사선 안전관리법	원료물질 또는 공정부산물의 취급·관리 시 관련 종 사자의 건강을 위해 시설 및 종사자의 피폭량 등 에 대한 조사 등 준수사항(법 제14조), 결함 가공 제품에 대한 조치(법 제16조) 등을 규정

3. 안전·보건 관계 법령에 따라 의무적으로 실시해야 하는 유해·위험한 작업에 관한 안전·보건에 관한 교육

> **※ 시행령 제5조제2항제3호**
> 3. 안전·보건 관계 법령에 따라 의무적으로 실시해야 하는 유해·위험한 작업에 관한 안전·보건에 관한 교육이 실시되었는지를 반기 1회 이상 점검하고, 직접 점검하지 않은 경우에는 점검이 끝난 후 지체없이 점검 결과를 보고받을 것
> **※ 시행령 제5조제2항제4호**
> 4. 제3호에 따른 점검 또는 보고 결과 실시되지 않은 교육에 대해서는 지체 없이 그 이행의 지시, 예산의 확보 등 교육 실시에 필요한 조치를 할 것

■ 의의

① 개인사업주 또는 경영책임자등은 안전·보건 관계 법령에 따라 의무적으로 실시해야 하는 유해·위험한 작업에 관한 안전·보건에 관한 교육이 실시되었는지를 반기 1회 이상 점검하거나, 직접 점검하지 않은 경우에는 점검이 끝난 후 지체 없이 점검 결과를 보고받아야 하며, 유해·위험한 작업에 관한 안전·보건에 관한 교육의 실시 여부에 대한 점검 또는 보고를 받은 결과, 실시되지 않은 교육에 대해서는 지체 없이 그 이행의 지시, 예산의 확보 등 교육 실시에 필요한 조치를 하여야 합니다.

② 유해·위험작업에 관한 안전·보건 교육은 종사자의 안전·보건 확보와 밀접한 관련이 있으므로 안전한 작업을 위해 필요한 내용을 충분히 습득할 수 있도록 관리할 필요가 있음을 고려한 것입니다.

■ **유해·위험 작업에 대한 안전·보건 교육의 실시 여부를 반기 1회 이상 점검**

안전·보건 관계 법령에 따른 교육 중 유해·위험한 작업에 관한 교육은 모두 포함되므로, 그 교육이 유해·위험작업에 관한 것이고, 법령상 의무화되어 있는 것이라면 산업안전보건법의 유해·위험 작업에 따른 교육이 아닌 경우에도 마땅히 준수되어야 합니다.

* (예) 항공안전법상 위험물취급에 관한 교육(항공안전법 제72조), 선박안전법상 위험물 안전운송 교육(선박안전법 제41조의2) 등

■ **미실시 교육에 대한 이행의 지시, 예산의 확보 등 교육 실시에 필요한 조치**

① 개인사업주 또는 경영책임자등이 직접 점검하지 않은 경우에는 점검완료 후 지체 없이 결과를 보고받아야 하며, 미실시 교육에 대해서는 지체 없이 이행을 지시하고 예산 확보 등 필요한 조치를 하여야 합니다.

② 개인사업주 또는 경영책임자등은 교육 실시 이행 여부를 확인 점검하고, 미실시된 경우 의무주체가 수급인 등 제3자인 경우 해당 교육을 실시하도록 요구하는 등 필요한 조치를 하여야 하며, 자신이 교육 의무가 없는 경우까지 직접 교육을 하여야 하는 것은 아니며, 안전·보건 관계 법령

에 따라 노무를 제공하는 자에게 안전보건교육을 해야 할 의무가 있는 자가 교육을 실시해야 합니다.

③ 다만, 필요한 조치의 하나로 교육을 받지 않은 종사자는 해당 작업에서 배제하는 조치 등을 취할 수 있습니다.

§Ⅴ. 도급인의 안전 및 보건 확보의무

> **법 제5조(도급, 용역, 위탁 등 관계에서의 안전 및 보건 확보의무)**
> 사업주 또는 경영책임자등은 사업주나 법인 또는 기관이 제3자에게 도급, 용역, 위탁 등을 행한 경우에는 제3자의 종사자에게 중대산업재해가 발생하지 아니 하도록 제4조의 조치를 하여야 한다. 다만, 사업주나 법인 또는 기관이그 시설, 장비, 장소 등에 대하여 실질적으로 지배·운영·관리하는 책임이 있는 경우에 한정한다.

1. 의의

개인사업주나 법인 또는 기관이 제3자에게 도급·용역·위탁 등을 한 경우 개인사업주나 법인 또는 기관이 사업 또는 사업장에 대하여 실질적으로 지배·운영·관리하고 있지 않는 경우에도 해당 시설·장비·장소 등에 대해 실질적으로 지배·운영·관리하는 책임이 있다면, 개인사업주 또는 경영책임자등은 제3자인 수급인과 수급인의 종사자에 대해서도 제4조에 따른 안전·보건 확보의무를 이행해야 합니다.

2. 제3자에게 도급·용역·위탁 등을 행한 경우에는 제4조의 조치의무

■ 개인사업주나 법인 또는 기관이 제3자에게 도급·용역·위탁한 경우

① 개인사업주나 법인 또는 기관이 여러 차례의 도급을 주는 경우에도 그 법인 등이 실질적으로 지배·운영·관리하는 사업 또는 사업장에서 도급 등 업무가 이루어지는 경우 각 단계의 수급인 및 수급인의 종사자는 해당 개인사업주나 법인 또는 기관의 종사자에 포함되며 법 제4조에 따른 안전 및 보건 확보 의무의 보호대상입니다.

② 법 제5조는 개인사업주나 법인 또는 기관이 실질적으로 지배·운영·관리하는 사업 또는 사업장이 아닌 경우에도 그 시설· 장비·장소 등에 대하여 도급인 등이 실질적으로 지배·운영·관리하는 책임이 있는 경우에는 해당 종사자에 대한 안전 및 보건 확보의무를 부담한다는 취지입니다.

③ "건설공사발주자"의 경우 발주도 민법상 도급의 일종이지만, 발주자는 종사자가 직접 노무를 제공하는 사업 또는 사업장에 대한 실질적인 지배·관리·운영을 하는 자가 아닌 주문자에 해당하는 것이 일반적입니다.

---

* 산업안전보건법 제2조(정의)

10. "건설공사발주자"란 건설공사를 도급하는 자로서 건설공사의 시공을 주도하여 총괄·관리하지 아니하는 자를 말한다. 다만, 도급받은 건설공사를 다시 도급하는 자는 제외한다.

11. "건설공사"란 다음 각 목의 어느 하나에 해당하는 공사를 말한다.
    가. 「건설산업기본법」 제2조 제4호에 따른 건설공사
    나. 「전기공사업법」 제2조 제1호에 따른 전기공사
    다. 「정보통신공사업법」 제2조 제2호에 따른 정보통신공사
    라. 「소방시설공사업법」에 따른 소방시설공사
    마. 「문화재수리 등에 관한 법률」에 따른 문화재수리공사

---

④ 건설공사발주자는 건설공사 기간 동안 해당 공사 또는 시설·장비·장소 등에 대하여 실질적으로 지배·운영·관리하였다고볼 만한 사정이 없는 한 해당 건설공사 현장의 종사자에 대하여 도급인으로 제4조 또는 제5조에 따른 책임을 부담하지 않는 경우가 일반적입니다.

■ 시설·장비·장소 등에 대하여 실질적으로 지배·운영·관리하는 책임이 있는 경우

① "실질적으로 지배·운영·관리하는 책임이 있는 경우"란 중대산업재해 발생 원인을 살펴 해당 시설이나 장비 그리고 장소에 관한 소유권, 임차권, 그 밖에 사실상의 지배력을 가지고 있어 위험에 대한 제어 능력이 있다고 볼 수 있는 경우를 의미합니다.

② 도급인의 사업장 내 또는 사업장 밖이라도 도급인이 작업 장소를 제공 또는 지정하고 지배·관리하는 장소(산업안전보건법 시행령 제11조에 따른 21개 위험장소)에서 작업하는 경우가 아닌 경우에도 해당 작업과 관련한 시설·설비·장소 등에 대하여 소유권, 임차권, 그 밖에 사실상의 지배력을 행사하고 있는 경우에는 법제5조에 따른 책임을 부담합니다.

§Ⅵ. 조치 등의 이행사항에 관한 서면의 보관

> ## ※ 시행령
> **제13조(조치 등의 이행사항에 관한 서면의 보관)** 사업주 또는 경영책임자등(「소상공인기본법」 제2조에 따른 소상공인은 제외한다)은 제4조, 제5조 및 제8조부터 제11조까지의 규정에 따른 조치 등의 이행에 관한 사항을 서면(「전자문서 및 전자거래 기본법」 제2조제1호에 따른 전자 문서를 포함한다)으로 작성하여 그 조치 등을 이행한 날부터 5년간 보관해야 한다.

① 개인사업주 또는 경영책임자등은 시행령 제4조의 안전보건관리체계의 구축 및 이행 조치에 관한 사항, 시행령 제5조의 안전·보건 관계 법령의 의무 이행에 필요한 관리상의 조치 등의 이행에 관한 사항을 서면(전자문서를 포함함)으로 작성하여 5년간 보관하여야 합니다.

② 다만, 소상공인기본법 제2조제1항에 따른 소상공인은 서면 보관 의무가 제외됩니다.

③ "소상공인"이란 중소기업기본법 제2조제2항, 시행령 제8조제1항에 따른 소기업*중 상시 근로자수**가 광업·제조업·건설업 및 운수업은 10명 미만, 그 외 업종은 5명 미만인 경우를 말합니다.

* 중소기업 중 해당 기업이 영위하는 주된 업종별 평균매출액 등이 업종에 따라 10억원~120억원 미만인 기업을 말함(중소기업기본법 제2조제2항, 같은 법 시행령 제8조 및 별표 3)

** 임원, 일용근로자, 3개월 이내 계약직, 연구전담요원, 단시간근로자는 상시 근로자 수 산정시 제외함(소상공인기본법 시행령 제 3조제3항)

④ 개인사업주 또는 경영책임자등은 안전·보건 확보의무와 관련된 사항을 모두 확인하여야 하고, 서면에는 이와 관련하여 지시한 내용, 실제 조치한 사항이 각각의 의무를 이행한 사실대로 담겨있어야 하며, 만약 전자문서로 보관하는 경우라면 전자문서의 최종 결재를 개인사업주 또는 경영책임자등이 직접 하여야 할 것입니다.

§Ⅶ. 중대산업재해 사업주와 경영책임자등의 처벌

> **법 제6조(중대산업재해 사업주와 경영책임자등의 처벌)**
> ① 제4조 또는 제5조를 위반하여 제2조제2호가목의 중대산업재해에 이르게 한 사업주 또는 경영 책임자등은 1년 이상의 징역 또는 10억원 이하의 벌금에 처한다. 이 경우 징역과 벌금을 병과할 수 있다.
> ② 제4조 또는 제5조를 위반하여 제2조제2호나목 또는 다목의 중대산업재해에 이르게 한 사업주 또는 경영책임자등은 7년 이하의 징역 또는 1억원 이하의 벌금에 처한다.
> ③ 제1항 또는 제2항의 죄로 형을 선고받고 그 형이 확정된 후 5년 이내에 다시 제1항 또는 제2항의 죄를 저지른 자는 각 항에서 정한 형의 2분의 1까지 가중한다.

1. 의의

① 중대재해처벌법은 개인사업주 또는 경영책임자등이 법 제4조 또는 제5조에 따른 안전·보건 확보의무를 위반한 경우에 바로 처벌하는 것은 아닙니다.

② 개인사업주 또는 경영책임자등이 제4조 또는 제5조의 안전 및 보건 확보의무를 위반하여 중대산업재해에 이르게 한 경우에 처벌합니다.

* - 사망: 1년 이상의 징역 또는 10억원 이하의 벌금, 징역과 벌금을 병과할 수 있음
- 부상 또는 직업성 질병 재해: 7년이하의 징역 또는 1억원이하의 벌금
- 중대산업재해로 선고받은 형이 확정된 후 5년 이내에 다시 위죄를 저지른 경우 각 형의 2분의 1까지 가중처벌

③ 중대재해처벌법은 사업주인 법인에 대한 처벌이 아닌 개인사업주 또는 경영책임자에게 직접적으로 의무를 부과하고, 그 의무를 위반하여 발생한 중대산업재해에 대하여 법 위반 주체로서 처벌하는 것입니다.

2. 법적 성격

① 제4조 또는 제5조 위반으로 중대산업재해에 이르게 한 죄 (이하 "안전보건확보의무위반치사죄등"이라 함)는 개인사업주 또는 경영책임자등이라는 신분이 있어야 범죄가 성립하는 신분범입니다.

② 결과적 가중범*과 유사한 형식이나, 안전보건 확보의무 위반에 대해서는 기본범죄로 규정하지 않고**, 사망이라는 중한 결과가 발생한 경우만 범죄가 성립하는 것으로 규정합니다.

* 고의에 의한 기본범죄에 의하여 행위자가 예견하지 않았던 중한 결과가 발생한 경우 그 형이 가중되는 범죄임

** 【비교】산업안전보건법의 경우 안전보건조치 의무 위반으로 근로자가 사망한 안전조치 위반치사죄, 보건조치위반치사죄(산업안전보건법 제167조제1항)는 안전조치위반죄 또는 보건조치위반죄(산업안전보건법 제168조제1항)라는 기본범죄에 대한 결과적 가중범

3. 범죄의 구성요건

① 종사자가 사망하는 경우 성립하는 '안전보건확보의무위반치사죄'는 개인사업주 또는 경영책임자등이 법 제4조 또는 제5조에 따른 안전·보건 확보의무를 위반하여 종사자를 사망(결과 발생)에 이르게 한 경우에 성립합니다.

② 종사자에게 부상 또는 직업성 질병이 발생한 경우 성립하는 '안전보건확보의무위반치상죄'는, 개인사업주 또는 경영책임자등이 법 제4조 또는 제5조에 따른 안전·보건 확보의무를 위반하여 종사자 중 동일한 사고로 6개월 이상 치료가 필요한 부상자가 2명 이상 발생하거나, 동일한 유해

요인으로 급성중독 등 대통령령으로 정하는 직업성 질병자
가 1년 이내 3명 이상 발생한 경우에 성립합니다.

③ 개인사업주 또는 경영책임자등의 법 제4조 또는 제5조 의
무위반과 법 제4조 또는 제5조 의무 불이행에 대한 고의
(미필적 고의를 포함)하며, 사망이나 부상 또는 질병이라는
결과의 발생, 결과 발생에 대한 예견가능성, 법 제4조 또
는 제5조 의무위반과 결과 발생 사이에 인과관계가 인정되
어야 합니다.

④ '안전보건확보의무위반치사죄 및 안전보건확보의무위반치
상죄'는 법 제4조 또는 제5조의 의무를 고의로 위반한 경
우에 성립합니다.

⑤ 한편 판례는 '사업주가 사업장에서 안전조치가 취해지지
않은 상태에서의 작업이 이루어지고 있고, 향후 그러한 작
업이 계속될 것이라는 사정을 미필적으로 인식하고서도 이
를 그대로 방치'한 경우 고의를 인정합니다(대법원 2010.11.25.
선고 2009도11906 판결 등).

4. 가중처벌

① 안전보건확보의무위반치사죄 또는 안전보건확보의무위반치
상죄로 형을 선고받고 그 형이 확정된 후 5년 이내에 다시
안전보건확보의무위반치사죄 또는 안전보건확보의무위반치
상죄를 저지른 자는 각 형에서 정한 형의 2분의 1까지 가
중합니다.

② 여기서 재범의 판단 시점은 해당 범죄의 성립 시기인 사
망, 부상 또는 직업성 질병이 발생한 날로 봅니다.

§Ⅷ. 중대산업재해의 양벌규정

> 법 제7조(중대산업재해의 양벌규정) 법인 또는 기관의 경영책임자등이 그 법인 또는 기관의 업무에 관하여 제6조에 해당하는 위반행위를 하면 그 행위자를 벌하는 외에 그 법인 또는 기관에 다음 각 호의 구분에 따른 벌금형을 과(科)한다. 다만, 법인 또는 기관이 그 위반행위를 방지하기 위하여 해당 업무에 관하여 상당한 주의와 감독을 게을리하지 아니한 경우에는 그러하지 아니하다.
> 1. 제6조제1항의 경우: 50억원 이하의 벌금
> 2. 제6조제2항의 경우: 10억원 이하의 벌금

① 법인 또는 기관의 경영책임자등이 그 법인 또는 기관의 업무에 관하여 안전·보건 확보의무를 위반하여 중대산업재해에 이르게 한 경우, 해당 경영책임자등을 벌하는 외에 그 법인 또는 기관 그 자체를 벌금형의 형사벌로 처벌합니다.
- 종사자가 사망한 경우에는 50억원 이하의 벌금
- 종사자가 부상 또는 직업성 질병의 해를 입은 경우에는 10억원 이하의 벌금을 부과함

② 법인 또는 기관이 그 위반행위를 방지하기 위하여 해당 업무에 관하여 상당한 주의와 감독을 게을리한 경우에 한하여 적용되며, 기업의 준법 문화가 판단의 중요한 자료 중 하나가 될 수 있습니다.

③ 법인 또는 기관이 상당한 주의 또는 감독의무를 게을리 하였는지 여부는 당해 위반행위와 관련된 모든 사정, 즉 당해 법률의 입법 취지, 처벌조항 위반으로 예상되는 법익 침해의 정도, 그 위반행위에 관하여 양벌규정을 마련한 취지 등은 물론 위반행위의 구체적인 모습과 그로 인하여 실제 야

기된 피해 또는 결과의 정도, 법인의 영업 규모 및 행위자에 대한 감독가능성 또는 구체적인 지휘감독 관계, 법인이 위반행위 방지를 위하여 실제 행한 조치 등을 전체적으로 종합하여 판단합니다(대법원 2010.2.25.선고 2009도5824 판결).

§IX. 안전보건교육의 수강

법 제8조(안전보건교육의 수강) ① 중대산업재해가 발생한 법인 또는 기관의 경영 책임자등은 대통령령으로 정하는 바에 따라 안전보건교육을 이수하여야 한다.

② 제1항의 안전보건교육을 정당한 사유 없이 이행하지 아니한 경우에는 5천만원 이하의 과태료를 부과한다.

③ 제2항에 따른 과태료는 대통령령으로 정하는 바에 따라 고용노동부장관이 부과·징수한다.

시행령 제6조(안전보건교육의 실시 등) ① 법 제8조제1항에 따른 안전보건교육(이하 "안전보건교육"이라 한다)은 총 20시간의 범위에서 고용노동부장관이 정하는 바에 따라 이수해야 한다.

② 안전보건교육에는 다음 각 호의 사항이 포함되어야 한다.

  1. 안전보건관리체계의 구축 등 안전·보건에 관한 경영 방안

  2. 중대산업재해의 원인 분석과 재발 방지 방안

③ 고용노동부장관은 「한국산업안전보건공단법」에 따른 한국산업안전보건공단 이나 「산업안전보건법」 제33조에 따라 등록된 안전보건교육기관(이하 "안전 보건교육기관등"이라 한다)에 안전보건교육을 의뢰하여 실시할 수 있다.

④ 고용노동부장관은 분기별로 중대산업재해가 발생한 법인 또는 기관을 대상 으로 안전보건교육을 이수해야 할 교육대상자를 확정하고 안전보건교육 실시일 30일 전까지 다음 각 호의 사항을 해당 교육대상자에게 통보해야 한다.

  1. 안전보건교육을 실시하는 안전보건교육기관등

  2. 교육일정

  3. 그 밖에 안전보건교육의 실시에 필요한 사항

⑤ 제4항에 따른 통보를 받은 교육대상자는 해당 교육일정에 참여할 수 없는 정당한 사유가 있는 경우에는 안전보건교육 실시일 7일 전까지 고용노동부장관 에게 안전보건교육의 연기를 한 번만 요청할 수 있다.

⑥ 고용노동부장관은 제5항에 따른 연기 요청을 받은 날부터 3일 이내에 연기 가능 여부를 교육대상자에게 통보해야 한다.

⑦ 안전보건교육을 연기하는 경우 교육일정 등의 통보에 관하여는 제4항을 준용한다.

⑧ 안전보건교육에 드는 비용은 안전보건교육기관등에서 수강하는 교육대상자가 부담한다.

⑨ 안전보건교육기관등은 안전보건교육을 실시한 경우에는 지체 없이 안전보건 교육 이수자 명단을 고용노동부장관에게 통보해야 한다.

⑩ 안전보건교육을 이수한 교육대상자는 필요한 경우 안전보건교육이수확인서를 발급해 줄 것을 고용노동부장관에게 요청할 수 있다.

⑪ 제10항에 따른 요청을 받은 고용노동부장관은 고용노동부장관이 정하는 바에 따라 안전보건교육이수확인서를 지체 없이 내주어야 한다.

【1】경영책임자등의 안전보건교육의 수강

1. 의의

① 중대산업재해가 발생하였다면 경영책임자등은 이로 인한 인명피해에 대한 경각심을 가지고 안전보건관리체계를 구축하고, 그 유해·위험 요인을 스스로 분석하여 재발방지 대책을 세울 수 있어야 하며, 이는 의무 위반 및 그에 따른 처벌 여부와 관계없이 해당 중대산업재해를 통해 나타난 모든 위험에 대하여 요구되는 것입니다.

② 그럼에도 불구하고 경영책임자등이 경각심을 갖지 못하고 이미 발생한 재해에 대해서도 대책 수립을 간과하여 동일한 유형의 재해조차 예방하지 못하는 등 문제가 있어 근본적 대책이 필요합니다.

③ 이에 따라 중대산업재해가 발생한 법인 또는 기관의 경영책임자등에 대해 안전보건교육을 이수하게 함으로써 중대

산업재해 예방에 관한 인식을 개선하고, 안전보건관리체계 구축 및 발생한 중대산업재해에 대한 원인 분석과 대책 수립 이행을 촉진하고자 하는 것입니다.

2. 안전보건교육 대상

① 중대산업재해가 발생한 '법인 또는 기관'의 경영책임자등은 안전보건교육을 이수하여야 합니다(개인사업주는 교육 이수 대상에 해당하지 않음).

② 경영책임자등이 법 제4조 및 법 제5조에 따른 의무를 위반하여 중대산업재해가 발생했는지 여부는 고려하지 않습니다.

③ 중대산업재해 발생사실 공표(법 제13조)는 '법 제4조에 따른 의무를 위반하여 발생한 중대산업재해'를 요건으로 하고 있으나, 안전 보건교육 수강은 '중대산업재해의 발생'만을 요건으로 규정하여서 중대산업재해 발생 사실만으로도 해당 법인 또는 기관의 경영책임자등은 안전보건교육을 이수해야 합니다.

3. 교육 시간

① 총 20시간 범위 내에서 고용노동부장관이 정하는 바에 따라 이수하여야 합니다.

② 안전 및 보건 확보의무 위반 여부를 요건으로 규정하고 있지 않아 의무 위반에 대한 제재적 성격이 아니라 중대산업재해 예방 강화 및 재발 방지 차원에서 부과되는 의무라는 점을 고려하여 20시간 이내로 규정하였습니다.

【참고】 산업안전보건법상 수강명령(제174조)

- 200시간 이하로 규정되어 있으며, 판사의 판결에 따라 결정됨
- 판사의 판결에 따라 결정되는 타 법례를 살펴보면 실제로는 40시간 ~ 80시간 범위 내에서 판결이 이루어지고 있음
- 산업안전보건법 제174조가 시행('20.1.16)된 이후, 아직 해당 조항에 근거한 수강 명령 병과사례는 없으나 동 조항 신설 이전 하급심 판결에서 40시간의 수강 명령을 부여한 바 있음

4. 교육 내용

안전보건교육에는 다음 각 사항이 포함됩니다.
- 안전보건관리체계의 구축 등 안전 보건에 관한 경영 방안
- 중대산업재해의 원인 분석과 재발 방지 방안

5. 시기 및 방법

① 한국산업안전보건공단법에 따른 한국산업안전보건공단이나 산업안전보건법 제33조에 따라 등록된 안전보건교육기관에 안전보건 교육을 의뢰하여 실시할 수 있습니다.

② 고용노동부장관은 분기별로 중대산업재해가 발생한 법인 또는 기관을 대상으로 안전보건교육을 이수해야 할 교육대상자를 확정하여야 합니다.

③ 교육대상자를 확정하기 전에 여러 건의 중대산업재해가 발생하였다면 이를 모두 포괄하여 하나의 분기에 교육을 이수하도록 하며, 안전보건교육 수강 중 또는 수강 후 다시 중대산업재해가 발생하였다면 해당 재해에 대해서는 종전에 수강한 안전보건교육과는 별도로 다른 분기에 교육을 이수하도록 합니다.

④ 안전보건교육 실시일 30일 전까지 다음 각 사항을 해당 교육대상자에게 통보하여야 합니다.
- 안전보건교육을 실시하는 안전보건교육기관 등
- 교육일정
- 그 밖에 안전보건교육의 실시에 필요한 사항
⑤ 안전보건교육대상자임을 통보받은 경영책임자등이 해당 교육 일정에 참여할 수 없는 정당한 사유가 있는 경우에는 교육실시일 7일 전까지 고용노동부장관에게 1회에 한하여 연기를 요청할 수 있습니다.
* 고용노동부 장관은 연기 요청을 받은 날부터 3일 이내에 연기 가능 여부를 교육대상자에게 통보하여야 함

6. 비용의 부담
안전보건교육의 당사자 부담 원칙에 따라 교육에 드는 비용은 교육대상자가 부담하여야 합니다.

7. 그 밖에 사항
① 안전보건교육기관등은 안전보건교육을 실시한 경우 지체 없이 안전보건교육 이수자 명단을 고용노동부장관에게 통보하여야 합니다.
② 안전보건교육을 이수한 교육대상자는 필요한 경우 안전보건교육 이수확인서 발급을 요청할 수 있고 고용노동부장관은 "안전보건교육 이수확인서'를 지체 없이 내주어야 합니다.

【2】 안전보건교육 미이수에 대한 과태료 부과

※ **시행령 제7조(과태료의 부과기준)** 법 제8조제2항에 따른 과태료의 부과기준은 별표 4와 같다.

[별표4] 과태료의 부과기준(제7조 관련)

1. 일반기준

　가. 위반행위의 횟수에 따른 과태료의 가중된 부과기준은 최근 1년간 같은 위반 행위로 과태료 부과처분을 받은 경우에 적용한다. 이 경우 기간의 계산은 위반 행위에 대해 과태료 부과처분을 받은 날과 그 처분 후 다시 같은 위반행위를 하여 적발된 날을 기준으로 한다.

　나. 가목에 따라 가중된 부과처분을 하는 경우 가중처분의 적용 차수는 그 위반행위전 부과처분 차수(가목에 따른 기간 내에 과태료 부과처분이 둘 이상 있었던 경우에는 높은 차수를 말한다)의 다음차수로 한다.

　다. 부과권자는 다음의 어느 하나에 해당하는 경우에는 제3호의 개별기준에 따른 과태료(제2호에 따라 과태료 감경기준이 적용되는 사업 또는 사업장의 경우에는 같은 호에 따른 감경기준에 따라 산출한 금액을 말한다)의 2분의 1 범위에서 그 금액을 줄여 부과할 수 있다. 다만, 과태료를 체납하고 있는 위반행위자에 대해서는 그렇지 않다.

　　1) 위반행위자가 자연재해·화재 등으로 재산에 현저한 손실을 입었거나 사업여건의 악화로 사업이 중대한 위기에 처하는 등의 사정이 있는 경우

　　2) 위반행위가 사소한 부주의나 오류로 인한 것으로 인정되는 경우

　　3) 위반행위자가 법 위반상태를 시정하거나 해소하기 위해 노력한것이 인정되는 경우

2. 사업·사업장의 규모나 공사 규모에 따른 과태료 감경기준

　상시 근로자 수가 50명 미만인 사업 또는 사업장이거나 공사금액이 50억원 미만인 건설공사의 사업 또는 사업장인 경우에는 제3호의 개별기준에도 불구하고 그 과태료의 2분의 1 범위에서 감경할 수 있다.

3. 개별기준

위반행위	근거 법조문	과태료		
		1차 위반	2차 위반	3차 이상 위반
법 제8조제1항을 위반하여 경영책임자등이 안전보건교육을 정당한 사유 없이 이행하지 않은 경우	법 제8조 제2항	1천 만원	3천 만원	5천 만원

■ 법 제8조제1항을 위반하여 경영책임자등이 안전보건교육을 정당한 사유 없이 이행하지 않은 경우 5천만원 이하의 과태료를 부과함
- 1차: 1천만원
- 2차: 3천만원
- 3차: 5천만원
① 위반 횟수에 따른 과태료 가중 부과는 최근 1년간* 같은 위반행위로 과태료 부과처분을 받은 경우에 적용합니다.
 * 위반행위로 과태료 부과처분 받은 날과 그 처분 후 다시 같은 위반행위로 적발된 날 기준으로 함
② 가중처분 적용 차수는 그 위반행위 전 부과처분 차수(가중처분 적용기간 내에 과태료 부과처분이 둘 이상 있었던 경우 높은 차수)의 다음 차수로 합니다.
 *【예】1년 내 종전 2차까지 과태료 부과 시 다음 차수인 3차를 부과

■ 과태료의 감경

① 사업 또는 사업장의 규모나 공사 규모에 따른 과태료 감경

상시 근로자 수가 50명 미만인 사업 또는 사업장이거나 공사 금액이 50억원 미만인 건설공사의 사업 또는 사업장인 경우에 과태료의 2분의 1 범위에서 감경이 가능합니다.

② 다음의 사유에 해당하는 경우에는 추가로 과태료의 2분의 1 범위에서 감경할 수 있습니다.

- 위반행위자가 자연재해 화재 등으로 재산에 현저한 손실을 입었거나 사업여건의 악화로 사업이 중대한 위기에 처하는 등의 사정이 있는 경우
- 위반행위가 사소한 부주의나 오류로 인한 것으로 인정되는 경우
- 위반행위자가 법 위반상태를 시정하거나 해소하기 위해 노력한 것이 인정되는 경우
- 위반행위의 정도 동기와 그 결과 등을 고려해 과태료 금액을 줄일 필요가 있다고 인정되는 경우

§Ⅹ. 사업주와 경영책임자등의 안전 및 보건 확보의무

법 제9조(사업주와 경영책임자등의 안전 및 보건 확보의무)

① 사업주 또는 경영책임자등은 사업주나 법인 또는 기관이 실질적으로 지배·운영·관리하는 사업 또는 사업장에서 생산·제조·판매·유통 중인 원료나 제조물의 설계, 제조, 관리상의 결함으로 인한 그 이용자 또는 그 밖의 사람의 생명, 신체의 안전을 위하여 다음 각 호에 따른 조치를 하여야 한다.

1. 재해예방에 필요한 인력·예산·점검 등 안전보건관리체계의 구축 및 그 이행에 관한 조치
2. 재해 발생 시 재발방지 대책의 수립 및 그 이행에 관한 조치
3. 중앙행정기관·지방자치단체가 관계 법령에 따라 개선, 시정 등을 명한 사항의 이행에 관한 조치
4. 안전·보건 관계 법령에 따른 의무이행에 필요한 관리상의 조치

② 사업주 또는 경영책임자등은 사업주나 법인 또는 기관이 실질적으로 지배·운영·관리하는 공중이용시설 또는 공중교통수단의 설계, 설치, 관리상의 결함으로 인한 그 이용자 또는 그 밖의 사람의 생명, 신체의 안전을 위하여 다음 각 호에 따른 조치를 하여야 한다.

1. 재해예방에 필요한 인력·예산·점검 등 안전보건관리체계의 구축 및 그 이행에 관한 조치
2. 재해 발생 시 재발방지 대책의 수립 및 그 이행에 관한 조치
3. 중앙행정기관·지방자치단체가 관계 법령에 따라 개선, 시정 등을 명한 사항의 이행에 관한 조치
4. 안전·보건 관계 법령에 따른 의무이행에 필요한 관리상의 조치

③ 사업주 또는 경영책임자등은 사업주나 법인 또는 기관이 공중이용시설 또는 공중교통수단과 관련하여 제3자에게 도급, 용역, 위탁 등을 행한 경우에는 그 이용자 또는 그 밖의 사람의 생명, 신체의 안전을 위하여 제2항의 조치를 하여야 한다. 다만, 사업주나 법인 또는 기관이 그 시설, 장비, 장소 등에 대하여 실질적으로 지배·운영·관리하는 책임이 있는 경우에 한정한다.

④ 제1항제1호·제4호 및 제2항제1호·제4호의 조치에 관한 구체적인 사항은 대통령령으로 정한다.

■ 원료·제조물 관련 안전보건관리체계의 구축 및 이행 조치

법 제9조제1항제1호에 따른 조치의 구체적인 사항은 다음 각호와 같습니다.

1. 다음 각 목의 사항을 이행하는 데 필요한 인력을 갖추어 중대시민재해 예방을 위한 업무를 수행하도록 할 것
   가. 법 제9조제1항제4호의 안전·보건 관계 법령에 따른 안전·보건 관리 업무의 수행
   나. 유해·위험요인의 점검과 위험징후 발생 시 대응
   다. 그 밖에 원료·제조물 관련 안전·보건 관리를 위해 환경부장관이 정하여 고시하는 사항
2. 다음 각 목의 사항을 이행하는 데 필요한 예산을 편성·집행할 것
   가. 법 제9조제1항제4호의 안전·보건 관계 법령에 따른 인력·시설 및 장비 등의 확보·유지
   나. 유해·위험요인의 점검과 위험징후 발생 시 대응
   다. 그 밖에 원료·제조물 관련 안전·보건 관리를 위해 환경부장관이 정하여 고시하는 사항
3. 별표 5에서 정하는 원료 또는 제조물로 인한 중대시민재해를 예방하기 위해 다음 각 목의 조치를 할 것
   가. 유해·위험요인의 주기적인 점검
   나. 제보나 위험징후의 감지 등을 통해 발견된 유해·위험요인을 확인한 결과 중대시민재해의 발생 우려가 있는 경우의 신고 및 조치
   다. 중대시민재해가 발생한 경우의 보고, 신고 및 조치
   라. 중대시민재해 원인조사에 따른 개선조치

4. 제3호 각 목의 조치를 포함한 업무처리절차의 마련. 다만, 「소상공인기본법」 제2조에 따른 소상공인의 경우는 제외한다.
5. 제1호 및 제2호의 사항을 반기 1회 이상 점검하고, 점검 결과에 따라 인력을 배치하거나 예산을 추가로 편성 · 집행 하도록 하는 등 중대시민재해 예방에 필요한 조치를 할 것

■ **원료 · 제조물 관련 안전 · 보건 관계 법령에 따른 의무이행에 필요한 관리상의 조치**

① 법 제9조제1항제4호에서 "안전 · 보건 관계 법령"이란 해 당 사업 또는 사업장에서 생산 · 제조 · 판매 · 유통 중인 원 료나 제조물에 적용되는 것으로서 그 원료나 제조물이 사 람의 생명 · 신체에 미칠 수 있는 유해 · 위험 요인을 예방 하고 안전하게 관리하는 데 관련되는 법령을 말합니다.
② 법 제9조제1항제4호에 따른 조치의 구체적인 사항은 다음 각 호와 같습니다.
1. 안전 · 보건 관계 법령에 따른 의무를 이행했는지를 반기 1 회 이상 점검(해당 안전 · 보건 관계 법령에 따라 중앙행정 기관의 장이 지정한 기관 등에 위탁하여 점검하는 경우를 포함한다. 이하 이 호에서 같다)하고, 직접 점검하지 않은 경우에는 점검이 끝난 후 지체 없이 점검 결과를 보고받을 것
2. 제1호에 따른 점검 또는 보고 결과 안전 · 보건 관계 법령 에 따른 의무가 이행되지 않은 사실이 확인되는 경우에는 인력을 배치하거나 예산을 추가로 편성 · 집행하도록 하는 등 해당 의무 이행에 필요한 조치를 할 것

3. 안전·보건 관계 법령에 따라 의무적으로 실시해야 하는 교육이 실시되는지를 반기 1회 이상 점검하고, 직접 점검하지 않은 경우에는 점검이 끝난 후 지체 없이 점검 결과를 보고받을 것
4. 제3호에 따른 점검 또는 보고 결과 실시되지 않은 교육에 대해서는 지체 없이 그 이행의 지시, 예산의 확보 등 교육 실시에 필요한 조치를 할 것

■ 공중이용시설·공중교통수단 관련 안전보건관리체계 구축 및 이행에 관한 조치

법 제9조제2항제1호에 따른 조치의 구체적인 사항은 다음 각 호와 같습니다.

1. 다음 각 목의 사항을 이행하는 데 필요한 인력을 갖추어 중대시민재해 예방을 위한 업무를 수행하도록 할 것
    가. 법 제9조제2항제4호의 안전·보건 관계 법령에 따른 안전관리 업무의 수행
    나. 제4호에 따라 수립된 안전계획의 이행
    다. 그 밖에 공중이용시설 또는 공중교통수단과 그 이용자나 그 밖의 사람의 안전에 관하여 국토교통부장관이 정하여 고시하는 사항
2. 다음 각 목의 사항을 이행하는 데 필요한 예산을 편성·집행할 것
    가. 법 제9조제2항제4호의 안전·보건 관계 법령에 따른 인력·시설 및 장비 등의 확보·유지와 안전점검 등의 실시
    나. 제4호에 따라 수립된 안전계획의 이행
    다. 그 밖에 공중이용시설 또는 공중교통수단과 그 이용자나 그 밖의 사람의 안전에 관하여 국토교통부장관이 정하여 고시하는 사항

3. 공중이용시설 또는 공중교통수단에 대한 법 제9조제2항제4호의 안전·보건 관계 법령에 따른 안전점검 등을 계획하여 수행되도록 할 것

4. 공중이용시설 또는 공중교통수단에 대해 연 1회 이상 다음 각 목의 내용이 포함된 안전계획을 수립하게 하고, 충실히 이행하도록 할 것. 다만, 공중이용시설에 대해 「시설물의 안전 및 유지관리에 관한 특별법」 제6조에 따라 시설물에 대한 안전 및 유지관리계획을 수립·시행하거나 공중이용시설 또는 공중교통수단에 대해 철도운영자가 「철도안전법」 제6조에 따라 연차별 시행계획을 수립·추진하는 경우로서 사업주 또는 경영책임자등이 그 수립 여부 및 내용을 직접 확인하거나 보고받은 경우에는 안전계획을 수립하여 이행한 것으로 본다.

   가. 공중이용시설 또는 공중교통수단의 안전과 유지관리를 위한 인력의 확보에 관한 사항

   나. 공중이용시설의 안전점검 또는 정밀안전진단의 실시와 공중교통수단의 점검·정비(점검·정비에 필요한 장비를 확보하는 것을 포함한다)에 관한 사항

   다. 공중이용시설 또는 공중교통수단의 보수·보강 등 유지관리에 관한 사항

5. 제1호부터 제4호까지에서 규정한 사항을 반기 1회 이상 점검하고, 직접 점검하지 않은 경우에는 점검이 끝난 후 지체 없이 점검 결과를 보고받을 것

6. 제5호에 따른 점검 또는 보고 결과에 따라 인력을 배치하거나 예산을 추가로 편성·집행하도록 하는 등 중대시민재해 예방에 필요한 조치를 할 것

7. 중대시민재해 예방을 위해 다음 각 목의 사항이 포함된 업무처리절차를 마련하여 이행할 것. 다만, 철도운영자가 「철도안전법」 제7조에 따라 비상대응계획을 포함한 철도안전관리체계를 수립하여 시행하거나 항공운송사업자가 「항공안전법」 제58조제2항에 따라 위기대응계획을 포함한 항공안전관리시스템을 마련하여 운용한 경우로서 사업주 또는 경영책임자등이 그 수립 여부 및 내용을 직접 점검하거나 점검 결과를 보고받은 경우에는 업무처리절차를 마련하여 이행한 것으로 본다.

가. 공중이용시설 또는 공중교통수단의 유해·위험요인의 확인·점검에 관한 사항

나. 공중이용시설 또는 공중교통수단의 유해·위험요인을 발견한 경우 해당 사항의 신고·조치요구, 이용 제한, 보수·보강 등 그 개선에 관한 사항

다. 중대시민재해가 발생한 경우 사상자 등에 대한 긴급구호조치, 공중이용시설 또는 공중교통수단에 대한 긴급안전점검, 위험표지 설치 등 추가 피해방지 조치, 관계 행정기관 등에 대한 신고와 원인조사에 따른 개선조치에 관한 사항

라. 공중교통수단 또는 「시설물의 안전 및 유지관리에 관한 특별법」 제7조제1호의 제1종시설물에서 비상상황이나 위급상황 발생 시 대피훈련에 관한 사항

8. 제3자에게 공중이용시설 또는 공중교통수단의 운영·관리 업무의 도급, 용역, 위탁 등을 하는 경우 공중이용시설 또는 공중교통수단과 그 이용자나 그 밖의 사람의 안전을 확보하기 위해 다음 각 목에 따른 기준과 절차를 마련하고, 그 기준과 절차에 따라 도급, 용역, 위탁 등이 이루어지는지를 연 1회 이상 점검하고, 직접 점검하지 않은 경우에는

점검이 끝난 후 지체 없이 점검 결과를 보고받을 것

　가. 중대시민재해 예방을 위한 조치능력 및 안전관리능력에 관한 평가기준·절차

　나. 도급, 용역, 위탁 등의 업무 수행 시 중대시민재해 예방을 위해 필요한 비용에 관한 기준

■ **공중이용시설·공중교통수단 관련 안전·보건 관계 법령에 따른 의무이행에 필요한 관리상의 조치**

① 법 제9조제2항제4호에서 "안전·보건 관계 법령"이란 해당 공중이용시설·공중교통수단에 적용되는 것으로서 이용자나 그 밖의 사람의 안전·보건을 확보하는 데 관련되는 법령을 말합니다.

② 법 제9조제2항제4호에 따른 조치의 구체적인 사항은 다음 각 호와 같습니다.

1. 안전·보건 관계 법령에 따른 의무를 이행했는지를 연 1회 이상 점검(해당 안전·보건 관계 법령에 따라 중앙행정기관의 장이 지정한 기관 등에 위탁하여 점검하는 경우를 포함한다. 이하 이 호에서 같다)하고, 직접 점검하지 않은 경우에는 점검이 끝난 후 지체 없이 점검 결과를 보고받을 것

2. 제1호에 따른 점검 또는 보고 결과 안전·보건 관계 법령에 따른 의무가 이행되지 않은 사실이 확인되는 경우에는 인력을 배치하거나 예산을 추가로 편성·집행하도록 하는 등 해당 의무 이행에 필요한 조치를 할 것

3. 안전·보건 관계 법령에 따라 공중이용시설의 안전을 관리하는 자나 공중교통수단의 시설 및 설비를 정비·점검하는

종사자가 의무적으로 이수해야 하는 교육을 이수했는지를 연 1회 이상 점검하고, 직접 점검하지 않은 경우에는 점검이 끝난 후 지체 없이 점검 결과를 보고받을 것

4. 제3호에 따른 점검 또는 보고 결과 실시되지 않은 교육에 대해서는 지체 없이 그 이행의 지시 등 교육 실시에 필요한 조치를 할 것

§Ⅺ. 중대시민재해 사업주와 경영책임자등의 처벌

> **법 제10조(중대시민재해 사업주와 경영책임자등의 처벌)**
> ① 제9조를 위반하여 제2조제3호가목의 중대시민재해에 이르게 한 사업주 또는 경영책임자등은 1년 이상의 징역 또는 10억원 이하의 벌금에 처한다. 이 경우 징역과 벌금을 병과할 수 있다.
> ② 제9조를 위반하여 제2조제3호나목 또는 다목의 중대시민재해에 이르게 한 사업주 또는 경영책임자등은 7년 이하의 징역 또는 1억원 이하의 벌금에 처한다.

§Ⅻ. 중대시민재해의 양벌규정

> **법 제11조(중대시민재해의 양벌규정)** 법인 또는 기관의 경영책임자등이 그 법인 또는 기관의 업무에 관하여 제10조에 해당하는 위반행위를 하면 그 행위자를 벌하는 외에 그 법인 또는 기관에게 다음 각 호의 구분에 따른 벌금형을 과(科)한다. 다만, 법인 또는 기관이 그 위반행위를 방지하기 위하여 해당 업무에 관하여 상당한 주의와 감독을 게을리하지 아니한 경우에는 그러하지 아니하다.
> 1. 제10조제1항의 경우: 50억원 이하의 벌금
> 2. 제10조제2항의 경우: 10억원 이하의 벌금

§ⅩⅢ. 중대시민재해의 양벌규정

> **법 제12조(형 확정 사실의 통보)** 법무부장관은 제6조, 제7조, 제10조 또는 제11조에 따른 범죄의 형이 확정되면 그 범죄사실을 관계 행정기관의 장에게 통보하여야 한다.

§XIV. 중대산업재해 발생사실 공표

법 제12조(형 확정 사실의 통보) 법무부장관은 제6조, 제7조, 제10조 또는 제11조에 따른 범죄의 형이 확정되면 그 범죄사실을 관계 행정기관의 장에게 통보하여야 한다.

법 제13조(중대산업재해 발생사실 공표)
① 고용노동부장관은 제4조에 따른 의무를 위반하여 발생한 중대산업재해에 대하여 사업장의 명칭, 발생 일시와 장소, 재해의 내용 및 원인 등 그 발생사실을 공표할 수 있다.
② 제1항에 따른 공표의 방법, 기준 및 절차 등은 대통령령으로 정한다.

시행령 제12조(중대산업재해 발생사실의 공표)
① 법 제13조제1항에 따른 공표(이하 이 조에서 "공표"라 한다)는 법 제4조에 따른 의무를 위반하여 발생한 중대산업재해로 법 제12조에 따라 범죄의 형이 확정되어 통보된 사업장을 대상으로 한다.
② 공표 내용은 다음 각 호의 사항으로 한다.
1. "중대산업재해 발생사실의 공표"라는 공표의 제목
2. 해당 사업장의 명칭
3. 중대산업재해가 발생한 일시·장소
4. 중대산업재해를 입은 사람의 수
5. 중대산업재해의 내용과 그 원인(사업주 또는 경영책임자등의 위반사항을 포함한다)
6. 해당 사업장에서 최근 5년 내 중대산업재해의 발생 여부
③ 고용노동부장관은 공표하기 전에 해당 사업장의 사업주 또는 경영책임자등에게 공표하려는 내용을 통지하고 30일 이상의 기간을 정하여 그에 대해 소명자료를 제출하게 하거나 의견을 진술할 수 있는 기회를 주어야 한다.
④ 공표는 관보, 고용노동부나 「한국산업안전보건공단법」에 따른 한국 산업안전보건공단의 홈페이지에 게시하는 방법으로 한다.

⑤ 제4항에 따라 홈페이지에 게시하는 방법으로 공표하는 경우 공표
기간은 1년으로 한다.

1. 의의

① "공표"란 행정법상 의무위반 또는 의무불이행이 있는 경
우, 행정기관이 그 의무위반자 또는 불이행자의 명단과 그
위반 또는 불이행한 사실을 국민에게 알려 여론의 압력을
통해 간접적으로 의무 이행을 확보하는 것을 의미합니다.

② 이는 그 위반사실에 대한 국민의 알 권리를 충족하는데 기
여하고 해당 기업에 대한 사회적 평가를 가능하게 하는 수
단입니다.

③ 중대재해처벌법은 경영책임자가 법 제4조에 따른 안전·보건
확보의무를 위반하여 발생한 중대산업재해에 대하여 그 발
생사실을 공표함으로써, 해당 경영책임자의 명예나 신용의
침해 위협을 통해 종사자에 대한 안전·보건 확보의무를 이
행하도록 간접적으로 강제하는 것에 그 목적이 있습니다.

2. 공표 대상

① '안전·보건 확보의무를 위반하여 발생한 중대산업재해'가
요건이므로 해당 범죄의 형이 확정되어야 하며*, 법 제12
조에 따라 범죄의 형이 확정되어 법무부장관으로부터 고용
노동부장관에게 그 범죄사실이 통보된 사업장을 대상으로
합니다(시행령 제12조제1항).

* (비교) 법 제8조에 따른 안전보건교육의 수강은 안전·보건 확보의
무의 위반 여부를 요건으로 하지 않음

② 한편, 산업안전보건법은 산업재해를 예방하기 위해 대통령령으로 정하는 사업장*의 근로자 산업재해 발생건수 재해율 또는 그 순위 등을 공표하도록 규정하고 있습니다(산업안전보건법 제10조).

* 사망재해자 연간 2명 이상 발생, 사망만인율이 규모별 같은 업종 평균 이상, 중대산업사고 발생, 산업재해 발생사실 은폐, 산업재해 발생 보고 최근 3년간 2회 이상 누락

③ 중대재해처벌법과 공표 대상과 내용 등이 상이하고 각 법률에 따른 공표 제도가 별도로 규정되어 있으므로, 중대산업재해 발생사실은 범죄의 형 확정 및 통보에 따라 별도의 절차를 거쳐 공표합니다.

3. 공표 내용

① 공표 내용은 다음 각 호의 사항으로 합니다.
- "중대산업재해 발생사실의 공표"라는 공표의 제목
- 해당 사업장의 명칭
- 중대산업재해가 발생한 일시 장소
- 중대산업재해를 입은 사람의 수
- 중대산업재해의 내용과 그 원인(사업주 또는 경영책임자등의 위반 사항을 포함)
- 해당 사업장에서 최근 2년 내 중대산업재해의 발생 여부

4. 공표 절차

고용노동부장관은 공표하기 전에 해당 사업장의 사업주 또는 경영 책임자등에게 공표하려는 내용을 통지하고, 30일 이상의

기간을 정하여 그에 대해 소명자료를 제출하게 하거나 의견을
진술할 수 있는 기회를 주어야 합니다.

5. 공표 방법
관보, 고용노동부나 '한국산업안전보건공단법'에 따른 한국산
업안전보건공단의 홈페이지에 게시하는 방법으로 하고, 공표
기간은 1년으로 합니다.

§XIV. 심리절차에 관한 특례

> **법 제14조(심리절차에 관한 특례)**
>
> ① 이 법 위반 여부에 관한 형사재판에서 법원은 직권으로「형사소송법」제294조의2에 따라 피해자 또는 그 법정대리인(피해자가 사망하거나 진술할 수 없는 경우에는 그 배우자·직계친족·형제자매를 포함한다)을 증인으로 신문할 수 있다.
>
> ② 이 법 위반 여부에 관한 형사재판에서 법원은 검사, 피고인 또는 변호인의 신청이 있는 경우 특별한 사정이 없으면 해당 분야의 전문가를 전문심리위원으로 지정하여 소송절차에 참여하게 하여야 한다.

■ 형사소송법 제294조의2

제294조의2(피해자등의 진술권)

① 법원은 범죄로 인한 피해자 또는 그 법정대리인(피해자가 사망한 경우에는 배우자·직계친족·형제자매를 포함한다. 이하 이 조에서 "피해자등"이라 한다)의 신청이 있는 때에는 그 피해자등을 증인으로 신문하여야 한다. 다만, 다음 각 호의 어느 하나에 해당하는 경우에는 그러하지 아니하다.

1. 삭제 <2007. 6. 1.>

2. 피해자등 이미 당해 사건에 관하여 공판절차에서 충분히 진술하여 다시 진술할 필요가 없다고 인정되는 경우

3. 피해자등의 진술로 인하여 공판절차가 현저하게 지연될 우려가 있는 경우

② 법원은 제1항에 따라 피해자등을 신문하는 경우 피해의 정도 및 결과, 피고인의 처벌에 관한 의견, 그 밖에 당해 사건에 관한 의견을 진술할 기회를 주어야 한다.

③ 법원은 동일한 범죄사실에서 제1항의 규정에 의한 신청인
   이 여러 명인 경우에는 진술할 자의 수를 제한할 수 있다.
④ 제1항의 규정에 의한 신청인이 출석통지를 받고도 정당한
   이유없이 출석하지 아니한 때에는 그 신청을 철회한 것으
   로 본다.

§ⅩⅤ. 손해배상의 책임

> **법 제15조(손해배상의 책임)**
>
> ① 사업주 또는 경영책임자등이 고의 또는 중대한 과실로 이 법에서 정한 의무를 위반하여 중대재해를 발생하게 한 경우 해당 사업주, 법인 또는 기관이 중대재해로 손해를 입은 사람에 대하여 그 손해액의 5배를 넘지 아니하는 범위에서 배상책임을 진다. 다만, 법인 또는 기관이 해당 업무에 관하여 상당한 주의와 감독을 게을리하지 아니한 경우에는 그러하지 아니하다.
>
> ② 법원은 제1항의 배상액을 정할 때에는 다음 각 호의 사항을 고려하여야 한다.
>
> 1. 고의 또는 중대한 과실의 정도
> 2. 이 법에서 정한 의무위반행위의 종류 및 내용
> 3. 이 법에서 정한 의무위반행위로 인하여 발생한 피해의 규모
> 4. 이 법에서 정한 의무위반행위로 인하여 사업주나 법인 또는 기관이 취득한 경제적 이익
> 5. 이 법에서 정한 의무위반행위의 기간 · 횟수 등
> 6. 사업주나 법인 또는 기관의 재산상태
> 7. 사업주나 법인 또는 기관의 피해구제 및 재발방지 노력의 정도

§XⅥ. 정부의 사업주 등에 대한 지원 및 보고

법 제16조(정부의 사업주 등에 대한 지원 및 보고)

① 정부는 중대재해를 예방하여 시민과 종사자의 안전과 건강을 확보하기 위하여 다음 각 호의 사항을 이행하여야 한다.

1. 중대재해의 종합적인 예방대책의 수립·시행과 발생원인 분석
2. 사업주, 법인 및 기관의 안전보건관리체계 구축을 위한 지원
3. 사업주, 법인 및 기관의 중대재해 예방을 위한 기술 지원 및 지도
4. 이 법의 목적 달성을 위한 교육 및 홍보의 시행

② 정부는 사업주, 법인 및 기관에 대하여 유해·위험 시설의 개선과 보호 장비의 구매, 종사자 건강진단 및 관리 등 중대재해 예방사업에 소요되는 비용의 전부 또는 일부를 예산의 범위에서 지원할 수 있다.

③ 정부는 제1항 및 제2항에 따른 중대재해 예방을 위한 조치 이행 등상황 및 중대재해 예방사업 지원 현황을 반기별로 국회 소관 상임위원회에 보고하여야 한다.

1. 정부의 중대재해 예방을 위한 조치

정부가 중대재해를 예방하여 시민과 종사자의 안전과 건강을 확보하기 위해 이행해야 할 다음과 같은 사항을 규정하고 있습니다.

- 중대재해의 종합적인 예방대책의 수립 시행과 발생원인 분석
- 사업주 법인 및 기관의 안전보건관리체계 구축을 위한 지원
- 사업주 법인 및 기관의 중대재해 예방을 위한 기술 지원 지도
- 이 법 목적 달성을 위한 교육 및 홍보의 시행

2. 정부의 사업주 등에 대한 지원

① 정부가 사업주, 법인 및 기관에 대해 중대재해 예방사업에 소요되는 비용의 전부 또는 일부를 예산으로 지원할 수 있는 근거를 규정하고 있습니다.

② 중대재해 예방사업의 예시로서 유해 위험 시설의 개선과 보호 장비의 구매, 종사자 건강진단 및 관리 등을 규정하고 있습니다.

③ 한편 산업안전보건법은 법의 목적을 달성하기 위한 정부의 책무*와 한국산업안전보건공단 등 기관에 행정적·재정적 지원을 할 수 있는 근거를 규정하고 있습니다(산업안전보건법 제4조).

* - 안전보건정책의 수립·집행
  - 산업재해 예방 지원·지도
  - 직장 내 괴롭힘 예방 조치기준 마련, 지도 및 지원
  - 사업주의 자율적인 안전보건경영체제 확립 지원
  - 안전보건 홍보·교육 등 안전문화 확산 추진
  - 안전보건 기술의 연구·개발 등
  - 산업재해 조사 및 통계 관리
  - 안전보건 관련 단체 지원 및 지도·감독
  - 노무제공자의 안전·건강 보호 증진

④ 아울러 산업재해 예방을 위한 지방자치단체의 책무*와 산업재해 예방 활동** 및 이에 대한 정부의 행정적 재정적 지원 근거를 규정합니다.

* 정부 정책에 적극 협조 및 관할 지역의 산업재해 예방을 위한 대책 수립·시행
** 산업재해 예방을 위한 자체 계획의 수립, 교육, 홍보 및 안전한 작업환경 조성을 지원하기 위한 사업장 지도 등 필요한 조치

⑤ 이에 따라 중대재해처벌법과 산업안전보건법에 따른 각종 지원 제도를 종합적으로 추진함으로써, 종전 산업안전보건법상 사업주뿐만 아니라 경영책임자등도 안전보건관리체계 등 산업재해를 근본적으로 예방할 수 있는 시스템을 만들 수 있도록 합니다.

3. 국회에 대한 보고

① 정부는 중대재해 예방을 위한 조치 이행 등 상황 및 중대재해 예방사업 지원 현황을 반기별로 국회 소관 상임위원회에 보고하여야 합니다. 보고 내용은,
- 중대재해 예방을 위한 조치 이행 등 상황
- 중대재해 예방사업 지원 현황임
② 보고 주기와 대상
반기별로 국회 소관 상임위원회에 보고해야 하므로, 고용노동부는 고용노동부 소관 사항에 대한 보고내용을 소관 상임위원회인 환경노동위원회에 보고하여야 합니다.
③ 시행일
법 제16조에 따른 정부의 사업주 등에 대한 지원 및 보고 규정은 공포한 날(2021년 1월 27일)부터 시행합니다(법 부칙 제1조제2항).

제2장

중대시민재해(다중이용시설)

제2장 중대시민재해(다중이용시설)

§Ⅰ. 목적 및 적용범위
【1】법 제정 목적

■ 중대재해처벌법 제1조

> **제1조(목적)** 이 법은 사업 또는 사업장, 공중이용시설 및 공중교통수단을 운영하거나 인체에 해로운 원료나 제조물을 취급하면서 안전·보건 조치의무를 위반하여 인명피해를 발생하게 한 사업주, 경영책임자, 공무원 및 법인의 처벌 등을 규정함으로써 중대재해를 예방하고 시민과 종사자의 생명과 신체를 보호함을 목적으로 한다.

① 「중대재해 처벌 등에 관한 법률(이하 "중대재해처벌법")」이 제정되기 전에도 사업장, 공중이용시설 및 공중교통수단, 원료·제조물 등에 적용되는 다양한 안전·보건 관계 법령이 존재하였고, 관련 제도 개편이 꾸준히 있었음에도 불구하고 중대재해는 반복적으로 발생하였습니다.

② 사업장, 공중이용시설 또는 공중교통수단 등에서 중대재해가 발생하지 않도록 하는 핵심적인 요소인 안전 인력, 안전 예산 등은 기업 또는 기관 차원에서 경영상의 판단에 따라 투입될 수 있으나, 종전 안전·보건 관계법령은 대부분 현장에서 이행되어야 하는 안전조치 또는 행위 위주로 규정하여, 중대재해 예방에 한계가 있있습니다.

③ 이러한 영업장, 시설, 사업장 등에 대한 인력과 예산 등 핵심요소의 배치를 결정하는 권한과 책임을 가진 사람(이하 "경영책임자등")에게 안전·보건 확보의무를 부과하고,

경영책임자등이 의무를 이행하지 않아 중대재해가 발생한 경우에 형사처벌을 부과할 수 있도록 규정함으로써, 중대재해 예방을 위해 안전을 관리하는 체계를 구축하도록 유도하기 위해 중대재해처벌법이 제정되었습니다.

【2】 법 적용범위

■ 중대재해처벌법 제3조

> 제2장 중대산업재해(제3조부터 제8조)
> 제3조(적용범위) 상시 근로자가 5명 미만인 사업 또는 사업장의 사업주(개인사업주에 한정한다. 이하 같다) 또는 경영책임자등에게는 이 장의 규정을 적용하지 아니한다.

① 공중이용시설의 사업주 또는 경영책임자 등은 법 제9조에 따른 안전 및 보건 확보의무(시민재해 예방조치 등)뿐 아니라 법 제4조에 따른 안전 및 보건 확보의무(산업재해 예방조치 등)도 함께 수행하여야 합니다. 다만, 법 제3조에 따라 공중이용시설을 운영하는 상시 근로자가 5명 미만인 사업주 또는 경영책임자등은 중대산업재해 예방조치를 제외합니다.

② 예를 들어, 소방서·안전체험관 등(연면적 3,000㎡ 이상 업무시설에 해당하는 경우에 한정)의 경우 공중이용시설에 해당되어 경영책임자등(시·도지사)은 해당시설을 이용하는 시민의 안전을 위해 중대시민재해 예방조치뿐 아니라 소속 직원의 안전·보건을 위한 중대산업재해 예방조치도 함께 하여야합니다.

- 법 제4조에 따른 '사업주와 경영책임자등의 안전 및 보건 확보의무(중대산업재해 예방조치 등)'의 구체적 사항은 제1장 「중대재해처벌법 해설(중대산업재해)」를 참조

■ **적용 사례**

① 종사자가 5명 미만(소상공인에 해당)인 공중이용시설에 해당되는 목욕장의 영업주는 중대산업재해 및 중대시민재해 예방조치에서 제외됩니다.

② 공중이용시설에 해당하는 영화상영관의 경영책임자등은 중대시민재해 예방조치를 실시하고, 상시근로자가 5명 이상인 경우에는 중대산업재해 예방조치도 실시해야 합니다.

③ 연면적 3,000㎡ 이상인 박물관을 운영하는 경영책임자등은 중대시민재해 예방조치를 실시하고, 해당 박물관의 종사자가 5명 이상인 경우에는 중대산업재해 예방조치도 실시해야 합니다.

【3】 법 적용대상

■ 중대재해처벌법 적용대상

□ **중대재해처벌법 제2조 제4호**

4. "공중이용시설"이란 다음 각 목의 시설 중 시설의 규모나 면적 등을 고려하여 대통령령으로 정하는 시설을 말한다. 다만, 「소상공인 보호 및 지원에 관한 법률」 제2조에 따른 소상공인의 사업 또는 사업장 및 이에 준하는 비영리시설과 「교육시설 등의 안전 및 유지관리 등에 관한 법률」 제2조제1호에 따른 교육시설은 제외한다.

　가. 「실내공기질 관리법」 제3조제1항의 시설(「다중이용업소의 안

전관리에 관한 특별법」 제2조제1항제1호에 따른 영업장은 제
외한다)

나. (생략)

다. 「다중이용업소의 안전관리에 관한 특별법」 제2조제1항제1호에
따른 영업장 중 해당 영업에 사용하는 바닥면적(「건축법」 제
84조에 따라 산정한 면적을 말한다)의 합계가 1천제곱미터 이
상인 것

라. (생략)

□ 중대재해처벌법 시행령

제3조(공중이용시설) 법 제2조제4호 각 목 외의 부분 본문에서 "대
통령령으로 정하는 시설"이란 다음 각 호의 시설을 말한다.

1. 법 제2조제4호가목의 시설 중 별표 2에서 정하는 시설
2. (생략)
3. 법 제2조제4호다목의 영업장
4. (생략)

① 「실내공기질법」에 따른 다중이용시설 중 공중이용시설에
해당하는 시설(법 시행령 별표 2에서 정하는 시설)에 적용
됩니다.

□ 중대재해처벌법 시행령 별표 2

법 제2조제4호가목의 시설 중 공중이용시설(제3조제1호 관련)

1. 모든 지하역사(출입통로·대합실·승강장 및 환승통로와 이에
딸린 시설을 포함한다)

2. 연면적 2천제곱미터 이상인 지하도상가(지상건물에 딸린 지하
층의 시설을 포함한다. 이하 같다). 이 경우 연속되어 있는 둘
이상의 지하도상가의 연면적 합계가 2천 제곱미터 이상인 경우
를 포함한다.

3. 철도역사의 시설 중 연면적 2천제곱미터 이상인 대합실

4. 「여객자동차 운수사업법」 제2조제5호의 여객자동차터미널 중 연면적 2천제곱미터 이상인 대합실
5. 「항만법」 제2조제5호의 항만시설 중 연면적 5천제곱미터 이 상인 대합실
6. 「공항시설법」 제2조제7호의 공항시설 중 연면적 1천5백제곱미터 이상인 여객터미널
7. 「도서관법」 제2조제1호의 도서관 중 연면적 3천제곱미터 이 상인 것
8. 「박물관 및 미술관 진흥법」 제2조제1호 및 제2호의 박물관 및 미술관 중 연면적 3천제곱미터 이상인 것
9. 「의료법」 제3조제2항의 의료기관 중 연면적 2천제곱미터 이상이거나 병상 수 100개 이상인 것
10. 「노인복지법」 제34조제1항제1호의 노인요양시설 중 연면적 1천제곱미터 이상인 것
11. 「영유아보육법」 제2조제3호의 어린이집 중 연면적 430제곱미터 이상인 것
12. 「어린이놀이시설 안전관리법」 제2조제2호의 어린이놀이시설 중 연면적 430제곱미터 이상인 실내 어린이놀이시설
13. 「유통산업발전법」 제2조제3호의 대규모점포. 다만, 「전통시장 및 상점가 육성을 위한 특별법」 제2조제1호의 전통시장은 제외한다.
14. 「장사 등에 관한 법률」 제29조에 따른 장례식장 중 지하에 위치한 시설로서 연면적 1천제곱미터 이상인 것
15. 「전시산업발전법」 제2조제4호의 전시시설 중 옥내시설로서 연면적 2천제곱미터 이상인 것
16. 「건축법」 제2조제2항제14호의 업무시설 중 연면적 3천제곱미터 이상인 것. 다만, 「건축법 시행령」 별표 1 제14호나목2)의 오피스텔은 제외한다.
17. 「건축법」 제2조제2항에 따라 구분된 용도 중 둘 이상의 용도에 사용되는 건축물로서 연면적 2천제곱미터 이상인 것. 다

만, 「건축법 시행령」 별표 1 제2호의 공동주택 또는 같은 표 제14호나목2)의 오피스텔이 포함된 경우는 제외한다.

18. 「공연법」 제2조제4호의 공연장 중 객석 수 1천석 이상인 실내 공연장

19. 「체육시설의 설치·이용에 관한 법률」 제2조제1호의 체육시설 중 관람석 수 1천석 이상인 실내 체육시설

※ 비고

둘 이상의 건축물로 이루어진 시설의 연면적은 개별 건축물의 연면적을 모두 합산한 면적으로 한다.

② 다만, 소상공인의 사업 또는 사업장 및 이에 준하는 비영리시설과 「교육시설 등의 안전 및 유지관리 등에 관한 법률」 제2조제1호에 따른 교육시설*은 제외합니다.

* 「유아교육법」 제2조제2호에 따른 유치원, 「초·중등교육법」 제2조에 따른 학교, 「고등교육법」 제2조에 따른 학교, 「평생교육법」 제31조제2항 및 제4항에 따른 학력·학위가 인정되는 평생교육시설, 다른 법률에 따라 설치된 각급 학교 등

③ 「다중이용업소법」에 따른 다중이용업(全 업종) 중 공중이용시설에 해당하는 영업장(영업장의 바닥면적의 합계가 1,000㎡ 이상이고, 「소상공인」에 해당하지 않는 영업장)에 적용됩니다.

■ 다중이용업 범위

□ 다중이용업소법 시행령 제2조

제2조(다중이용업) 「다중이용업소의 안전관리에 관한 특별법」(이하 "법"이라 한다) 제2조제1항제1호에서 "대통령령으로 정하는 영업"이란 다음 각 호의 어느 하나에 해당하는 영업을 말한다.

1. 「식품위생법 시행령」 제21조제8호에 따른 식품접객업 중 다음 각 목의 어느 하나에 해당하는 것

가. 휴게음식점영업·제과점영업 또는 일반음식점영업으로서 영업장으로 사용하는 바닥면적(「건축법 시행령」 제119조제1항제3호에 따라 산정한 면적을 말한다. 이하 같다)의 합계가 100제곱미터(영업장이 지하층에 설치된 경우에는 그 영업장의 바닥면적 합계가 66제곱미터) 이상인 것. 다만, 영업장(내부계단으로 연결된 복층구조의 영업장을 제외한다)이 다음의 어느 하나에 해당하는 층에 설치되고 그 영업장의 주된 출입구가 건축물 외부의 지면과 직접 연결되는 곳에서 하는 영업을 제외한다.

1) 지상 1층

2) 지상과 직접 접하는 층

나. 단란주점영업과 유흥주점영업

2. 「영화 및 비디오물의 진흥에 관한 법률」 제2조제10호, 같은 조 제16호가목·나목 및 라목에 따른 영화상영관·비디오물감상실업·비디오물소극장업 및 복합영상물제공업

3. 「학원의 설립·운영 및 과외교습에 관한 법률」 제2조제1호에 따른 학원(이하 "학원"이라 한다)으로서 다음 각 목의 어느 하나에 해당하는 것

가. 「화재예방, 소방시설 설치·유지 및 안전관리에 관한 법률 시행령」 별표 4에 따라 산정된 수용인원(이하 "수용인원"이 한다)이 300명 이상인 것

나. 수용인원 100명 이상 300명 미만으로서 다음의 어느 하나에 해당하는 것. 다만, 학원으로 사용하는 부분과 다른 용도로 사용하는 부분(학원의 운영권자를 달리하는 학원과 학원을 포함한다)이 「건축법 시행령」 제46조에 따른 방화구획으로 나누어진 경우는 제외한다.

(1) 하나의 건축물에 학원과 기숙사가 함께 있는 학원

(2) 하나의 건축물에 학원이 둘 이상 있는 경우로서 학원의 수용인원이 300명 이상인 학원

(3) 하나의 건축물에 제1호, 제2호, 제4호부터 제7호까지, 제7호의2부터 제7호의5까지 및 제8호의 다중이용업 중 어느

하나 이상의 다중이용업과 학원이 함께 있는 경우

4. 목욕장업으로서 다음 각 목에 해당하는 것

　가. 하나의 영업장에서 「공중위생관리법」 제2조제1항제3호가목에 따른 목욕장업 중 맥반석·황토·옥 등을 직접 또는 간접가열 하여 발생하는 열기나 원적외선 등을 이용하여 땀을 배출하게 할 수 있는 시설 및 설비를 갖춘 것으로서 수용인원(물로 목욕 을 할 수 있는 시설부분의 수용인원은 제외한다)이 100명 이 상인 것

　나. 「공중위생관리법」 제2조제1항제3호나목의 시설 및 설비를 갖춘 목욕장업

5. 「게임산업진흥에 관한 법률」 제2조제6호·제6호의2·제7호 및 제8호의 게임제공업·인터넷컴퓨터게임 시설제공업 및 복합유통게 임제공업. 다만, 게임제공업 및 인터넷컴퓨터게임시설제공업의 경 우에는 영업장(내부계단으로 연결된 복층구조의 영업장은 제외한 다)이 다음 각 목의 어느 하나에 해당하는 층에 설치되고 그 영 업장의 주된 출입구가 건축물 외부의 지면과 직접 연결된 구조에 해당하는 경우는 제외한다.

　가. 지상 1층

　나. 지상과 직접 접하는 층

6. 「음악산업진흥에 관한 법률」 제2조제13호에 따른 노래연습장업

7. 「모자보건법」 제2조제10호에 따른 산후조리업

7의2. 고시원업[구획된 실(室) 안에 학습자가 공부할 수 있는 시설 을 갖추고 숙박 또는 숙식을 제공하는 형태의 영업]

7의3. 「사격 및 사격장 안전관리에 관한 법률 시행령」 제2조제1 항 및 별표 1에 따른 권총사격장(실내사격장에 한정하며, 같 은 조 제1항에 따른 종합사격장에 설치된 경우를 포함한다)

7의4. 「체육시설의 설치·이용에 관한 법률」 제10조제1항제2호 에 따른 가상체험 체육시설업(실내에 1개 이상의 별도의 구획 된 실을 만들어 골프 종목의 운동이 가능한 시설을 경영하는 영업으로 한정한다)

7의5. 「의료법」 제82조제4항에 따른 안마시술소

8. 법 제15조제2항에 따른 화재위험평가결과 위험유발지수가 제11조제1항에 해당하거나 화재발생시 인명피해가 발생할 우려가 높은 불특정다수인이 출입하는 영업으로서 행정안전부령으로 정하는 영업. 이 경우 소방청장은 관계 중앙행정기관의 장과 미리 협의하여야 한다.

☐ **다중이용업소법 시행규칙 제2조**

제2조(다중이용업) 「다중이용업소의 안전관리에 관한 특별법 시행령」(이하 "영"이라 한다) 제2조제8호에서 "행정안전부령으로 정하는 영업"이란 다음 각 호의 어느 하나에 해당하는 영업을 말한다.

1. 전화방업·화상대화방업 : 구획된 실(室) 안에 전화기·텔레 비전·모니터 또는 카메라 등 상대방과 대화할수 있는 시설을 갖춘 형태의 영업

2. 수면방업 : 구획된 실(室) 안에 침대·간이침대 그 밖에 휴식을 취할 수 있는 시설을 갖춘 형태의 영업

3. 콜라텍업 : 손님이 춤을 추는 시설 등을 갖춘 형태의 영업으로서 주류판매가 허용되지 아니하는 영업

■ **질의 응답**

▶**질문** 일반음식점으로 영업장으로 사용하는 바닥면적의 합계 1,000㎡ 이상인 경우에 중대재해처벌법 적용대상인지요?

▶**답변** 중대재해처벌법 적용대상에 해당됩니다. 다만, 「소상공인 보호 및 지원에 관한 법률」 제2조에 따른 소상공인에 해당 될 경우 적용대상에서 제외됩니다. 또한, 소상공인 해당여부는 「중소기업현황정보시스템(smi nfo.mss.go.kr)」을 통해 쉽게 확인[중소기업확인서(소상공인) 발급 가능] 할 수 있습니다.

▶**질문** 영업·시설 등으로 사용하는 바닥면적의 합계는 어떻게 확인하는지요?

▶**답변** 해당 영업·시설 등으로 사용하는 바닥면적의 합계는"다중이용업소 안전시설 등 완비증명서" 또는 "영업 허가·신고·등록증, 사업자등록증, 건축물 대장 등"에 기재된 면적으로 확인이 가능합니다.

【4】 법 적용 시점

■ **중대재해처벌법 부칙 제1조**

제1조(시행일) ① 이 법은 공포 후 1년이 경과한 날부터 시행한다. 다만, 이 법 시행 당시 개인사업자 또는 상시 근로자가 50명 미만인 사업 또는 사업장(건설업의 경우에는 공사금액 50억원 미만의 공사)에 대해서는 공포 후 3년이 경과한 날부터 시행한다.
② 제1항에도 불구하고 제16조는 공포한 날부터 시행한다.

① 중대재해처벌법 시행에 따른 의무부과 및 처벌규정은 2022년 1월 27일부터 적용됩니다.

② 영업·시설 등을 운영하는 개인사업자 또는 상시 근로자*가 50명 미만인 영업·시설 등을 운영하는 법인(기관)의 경우에는 공포 후 3년이 경과한 날(2024년 1월 27일)부터 시행합니다.

* 사업 또는 사업장의 상시 근로자란 「근로기준법」상 근로자를 말함. 해당 사업장에 계속 근무하는 근로자뿐만 아니 라 그때그때의 필요에 의하여 사용하는 일용근로자를 포함.

③ 개인사업주에 대해서는 부칙 제1조 단서에 따라 상시 근로자 수에 관계없이 2024년 1월 27일부터 법이 적용됩니다. 다만, 영업·시설 등을 운영하는 법인(기관)이 2022년 1월 27일부터 2024년 1월 26일까지의 기간 동안에 상시 근로자가 50명 이상이 되는 날부터 법이 적용됩니다.

④ 상시근로자가 50인 이상인 법인의 경우에도 중대시민재해가 발생한 날에 상시근로자가 50명 미만이 된 경우에는 법 제10조(중대시민재해 사업주와 경영책임자등의 처벌)의 적용이 2024년 1월 26일까지 유예됩니다.

※ '근로자(근로기준법 제2조제1항제1호)'란 직업의 종류와 관계없이 임금을 목적으로 사업이나 사업장에 근로를 제공하는 사람을 말하며, 고용계약인지, 도급계약인지 관계없이 그 실질에 있어 근로자가 사업 또는 사업장에 임금을 목적으로 종속적인 관계에서 사용자에게 근로를 제공하였는지 여부에 따라 판단하여야 함. 또한, 근로자 외에 도급, 용역,위탁 등 계약의 형식에 관계없이 그 사업의 수행을 위하여 대가를 목적으로 노무를 제공하는 자를 포함함

⑤ 상시 근로자 수 산정방법은 「근로기준법 시행령」 제7조의 2를 준용합니다.

■ 질의 응답

▶**질문** 법인이 영업장 면적 1,300㎡인 나이트클럽(유흥주점)을 운영함. 영업장에서 일하는 사람(상시근로자)이 45명인데, 이 경우 법 적용이 어떻게 되나요?

▶**답변** 중대재해처벌법 적용대상 영업장에는 해당되나, 법 시행에 따른 의무부과 및 처벌규정은 2024년 1월 27일부터 적용됩니다.

▶**질문** 영업장 면적이 2,000㎡인 영화 상영관을 운영합니다. 영업장에서 일하는 사람(상시근로자)은 60명인데, 이 경우 법 적용이 어떻게 되나요?

▶**답변** 중대재해처벌법 적용대상 영업장에는 해당되며, 법 시행에 따른 의무부과 및 처벌규정이 바로 적용(2022년 1월 27일부터)됩니다.

▶**질문** 법 시행(2022년 1월 27일) 당시에는 상시근로자가 50인 미만이었으나, 추가 채용을 통해 50인 이상이 됩니다. 유예기간 (2024년 1월 26일) 전에 화재로 인해 중대시민재해가 발생한 경우에 법 적용이 어떻게 되나요?

▶**답변** 중대시민재해가 발생한 날의 상시근로자가 50인 이상인 경우에는 법 적용대상이 되며, 상시근로자가 50인 미만인 경우에는 법 적용이 유예됩니다.

※ 원칙적으로 해당 시설·영업장에서 근로를 제공하는 사람을 상시근로자로 볼 수 있음. 다만, 공중이용시설의 규모·유형·형태 등을 고려하여 소관 부처 및 지자체의 유권해석에 따라 상시근로자 산정 범위는 달라 질 수 있음

§Ⅱ. 용어의 정의 및 해석
【1】 중대시민재해

■ 중대재해처벌법 제2조

제2조(정의) 이 법에서 사용하는 용어의 뜻은 다음과 같다.
3. "중대시민재해"란 특정 원료 또는 제조물, 공중이용시설 또는 공중교통수단의 설계, 제조, 설치, 관리상의 결함을 원인으로 하여 발생한 재해로서 다음 각 목의 어느 하나에 해당하는 결과를 야기한 재해를 말한다. 다만, 중대산업재해에 해당하는 재해는 제외한다.
가. 사망자가 1명 이상 발생
나. 동일한 사고로 2개월 이상 치료가 필요한 부상자가 10명 이상 발생
다. 동일한 원인으로 3개월 이상 치료가 필요한 질병자가 10명 이상 발생

① 중대시민재해는 특정·원료 또는 제조물, 공중이용시설 또는 공중교통수단의 설계, 제조, 설치, 관리상의 결함으로 인해 발생한 재해입니다.

② 따라서, 법률 및 시행령에서 규정한 공중이용시설 외의 시설, 차량, 물체, 공작물 등을 원인으로 하여 발생한 재해는 재해 범위나 규모가 중대시민재해의 조건에 해당하더라도 중대시민재해가 아닙니다.

③ 이용자의 부주의가 원인이 된 사고 또는 「재난 및 안전관리 기본법」 제3조제1호가목의 자연재난(태풍, 홍수, 호우, 강풍, 풍랑, 해일, 대설, 낙뢰, 가뭄, 폭염, 지진 등)으로 인한 사고 등 공중이용시설을 운영하는 경영책임자 또는 기업의 관리범위를 벗어나는 사항이 중대재해를 발생하게

한 사고 원인인 경우는 일반적으로 중대시민재해에 해당하지 않습니다.

■ **질의 응답**

> ▶**질문** 대형 노래방을 운영하는 영업주입니다. 이용객끼리 다툼으로 사망자 1명이 발생하였는데, 이 경우에도 중대시민재해에 해당되나요?
>
> ▶**답변** 영업장 시설의 하자 또는 결함이 아닌 이용객끼리 다툼으로 사망자가 발생한 경우는 중대시민재해에 해당하지 않습니다.
>
> ▶**질문** 미술관(연면적 3,000㎡ 이상)을 운영하고 있는 회사로 이번 집중호우로 건물의 일부가 파손되었습니다. 파손된 상태로 유지하다가 유리창 등이 떨어져 관람객 1명이 사망하는 사고가 발생하였는데, 이 경우에도 중대시민재해에 해당되나요?
>
> ▶**답변** 파손원인이 자연재해로 인한 것이라도 이것을 그대로 방치하다가 사고가 발생한 경우에는 중대시민재해에 해당됩니다

④ 중대시민재해 재해자의 범위는 '공중이용시설 및 공중교통수단의 이용자 또는 그 밖의 사람'으로 폭넓게 해석할 수 있습니다. 다만, 중대산업재해(종사자에게 발생하는 사망·상해사고)에 해당하는 재해는 중대시민재해에서 제외하도록 규정합니다(법 제2조제3호).

⑤ (사망자 1명 이상 발생) 다른 요건을 규정하고 있지 않으므로, 공중이용시설 또는 공중교통수단의 설계, 제조, 설치, 관리상의 결함이 그 이용자 또는 그 밖의 사람을 1명 이상 사망*하게 한 경우 중대시민재해에 해당합니다.

* 사망은 부상 또는 질병이 발생한 날부터 일정한 시간이 경과한 이후에 발생하는 경우가 있을 수 있는 바, 이 경우 중대시민재해

는 '종사자의 사망 시'에 발생한 것으로 보아야 함. 다만, 이 경우 종사자의 사망은 당초 부상 또는 질병과 직접적인 인과관계가 있는 경우에 한함.

⑥ (동일한 사고*로 2개월 이상 치료가 필요한 부상자 10명 이상 발생) 하나의 사고 또는 장소적·시간적으로 근접성을 갖는 일련의 과정에서 발생한 사고로 인하여 2개월 이상 치료**가 필요한 부상자가 10명 이상 발생한 경우를 말합니다.

* 사고가 발생하게 된 원인이 같은 경우라도 시간적·장소적 근접성이 없는 경우 각각의 사고가 별개의 사고에 해당할 뿐 '동일한 사고'에 해당하지 않음.

** 해당 부상과 부상으로 인한 합병증 등에 대한 직접적 치료 행위가 2개월 이상 필요한 경우를 의미하며, 재활에 필요한 기간 등은 원칙적으로 포함하지 않으며, 치료기간이 최초 진단일에는 2개월 미만이었으나, 치료과정에서 기간이 늘어남으로 인해, 2개월 이상 치료가 필요한 부상자가 10명 이상 발생하게 된 경우 그 시점에서 중대시민재해가 발생한 것으로 판단함.

⑦ (동일한 원인으로 3개월 이상 치료가 필요한 질병자 10명 이상 발생) 하나의 사업주, 법인·기관에서 관리·통제하는 재해요인 중 같은 원인으로 인하여 3개월 이상 치료*가 필요한 질병자가 10명 이상 발생한 경우를 말합니다.

* 해당 질병과 질병으로 인한 합병증 등에 대한 직접적 치료 행위가 3개월 이상 필요한 경우를 의미하며, 재활에 필요한 기간 등은 원칙적으로 포함하지 않음.

【2】 사업주 및 경영책임자등

■ 중대재해처벌법 제2조

제2조(정의) 이 법에서 사용하는 용어의 뜻은 다음과 같다.

> 8. "사업주"란 자신의 사업을 영위하는 자, 타인의 노무를 제공받아
> 사업을 하는 자를 말한다.
> 9. "경영책임자등"이란 다음 각 목의 어느 하나에 해당하는 자를 말
> 한다.
> 가. 사업을 대표하고 사업을 총괄하는 권한과 책임이 있는 사람
> 또는 이에 준하여 안전보건에 관한 업무를 담당하는 사람
> 나. 중앙행정기관의 장, 지방자치단체의 장, 「지방공기업법」에 따
> 른 지방공기업의 장, 「공공기관의 운영에 관한 법률」 제4조부
> 터 제6조까지의 규정에 따라 지정된 공공기관의 장

① (사업주) 자신의 사업을 영위하는 자, 타인의 노무를 제공
받아 사업을 하는 자를 말합니다. 이 때 '자신의 사업을
영위하는 자'란 타인의 노무를 제공받음이 없이 자신의 사
업을 영위하는 자를 말하므로, 중대재해처벌법에 따른 사
업주는 "근로자를 사용하여 사업을 하는 자"로 한정하고
있는 산업안전보건법에 따른 사업주보다 넓은 개념입니다.

② (경영책임자등_일반) 사업을 대표하고 사업을 총괄하는 권
한과 책임이 있는 사람 또는 이에 준하여 안전보건에 관한
업무를 담당하는 사람을 말합니다.

- '사업을 대표하고 사업을 총괄하는 권한과 책임이 있는 사
람'이란 대외적으로 해당 사업을 대표하고, 대내적으로 해당
사업의 사무를 총괄하여 집행하는 사람을 말하며, 통상적으
로 기업의 경우에는 원칙적으로 상법상의 대표이사*를 말함

* 상법 제389조(대표이사) ① 회사는 이사회의 결의로 회사를 대표
할 이사를 선정하여야 한다.

- 다만, 형식상의 직위 명칭에 관계없이 '실질적으로' 사업을
대표하고 전체 사업을 총괄하는 권한과 책임이 있는 사람

이 안전·보건 확보의무 이행에 관한 최종적인 의사결정권을 가진다고 볼 수 있는 경우에는 그가 경영책임자에 해당할 수 있음.

- 따라서 해당 사업에서의 직무, 책임과 권한, 기업의 의사결정 구조 등을 종합적으로 고려하여 최종적으로 경영책임자에 해당하는지를 판단하여야 함.

③ (경영책임자등_공공부문) 중앙행정기관의 장, 지방자치단체의 장, 「지방공기업법」에 따른 지방공기업의 장, 「공공기관의 운영에 관한 법률」 제4조부터 제6조까지의 규정에 따라 지정된 공공기관의 장을 말합니다.

- '중앙행정기관의 장'은 정부조직법 제2조제2항에 따라 설치된 부·처·청과 방송통신위원회, 공정거래위원회, 국민권익위원회, 금융위원회, 개인정보보호위원회, 원자력안전위원회등 행정기관의 '장'을 의미함

- 정부조직법에서 '중앙행정기관'으로 포괄하지 않는 대법원, 국회 등 헌법기관의 경우에는 중대재해처벌법 제2조제9호 가목에 따라 경영책임자를 판단하여야 함

- '지방자치단체의 장'은 지방자치법 제2조제1항의 특별시,광역시, 특별자치시, 도, 특별자치도 및 시, 군, 구의 '장'을 의미함

- '공공기관'의 경우 지방공기업법에 따른 지방공기업의 장, 공공기관의 운영에 관한 법률 제4조부터 제6조까지의 규정에 따라 지정된 공공기관의 장이 경영책임자에 해당함

④ (이에 준하여 안전보건에 관한 업무를 담당하는 사람) 사업 또는 사업장 전반의 안전 및 보건에 관한 조직·인력·예

산 등에 관하여 총괄하여 권한과 책임이 있는 사람으로서 대표이사 등 최고경영책임자에 준하여 전적인 권한과 책임을 가지는 등 최종 결정권을 가진 사람을 의미합니다.

※ "이에 준하여 안전보건에 관한 업무를 담당하는 사람"이 선임되어 있다는 사실 만으로 사업을 대표하고 사업을 총괄하는 권한과 책임이 있는 사람의 의무가 면제된다고 볼 수 없음

【3】 실질적으로 지배·운영 관리

① 중대재해처벌법은 사업주나 법인 또는 기관이 실질적으로 지배·운영·관리하는 공중이용시설에서 중대재해가 발생하지 않도록 사업주나 경영책임자등에 안전 및 보건 확보의무를 부여합니다.

② 사업주, 법인 또는 기관이 공중이용시설에 대해 소유권, 점유권, 임차권 등 장소, 시설, 설비에 대한 권리를 가지고 있거나, 공중이용시설의 유해·위험요인을 통제할 수 있거나, 보수·보강을 실시하여 안전하게 관리해야 하는 의무를 가지는 경우 등을 일반적으로 실질적인 지배·운영·관리하는 경우로 봅니다.

【4】 사업주 또는 경영책임자등의 안전 및 보건 확보 의무

■ 중대재해처벌법 제9조제2항

② 사업주 또는 경영책임자등은 사업주나 법인 또는 기관이 실질적으로 지배 · 운영 · 관리하는 공중이용시설 또는 공중교통수단의 설계,

설치, 관리상의 결함으로 인한 그 이용자 또는 그밖의 사람의 생
명, 신체의 안전을 위하여 다음 각 호에 따른 조치를 하여야 한다.
1. 재해예방에 필요한 인력·예산·점검 등 안전보건관리체계의
   구축 및 그 이행에 관한 조치
2. 재해 발생 시 재발방지 대책의 수립 및 그 이행에 관한 조치
3. 중앙행정기관·지방자치단체가 관계 법령에 따라 개선, 시정
   등을 명한 사항의 이행에 관한 조치
4. 안전·보건 관계 법령에 따른 의무이행에 필요한 관리상의 조치

① 중대재해 예방을 위해 사업주와 경영책임자등이 지키도록
  한 사항으로, 대부분 현장에서 이행되어야 하는 안전조치,
  재발방지대책 수립 등이 원활히 진행되도록 '관리상의 조
  치'를 할 것을 규정한 것입니다.

② 종전 안전법령이 대부분 '현장에서 이행되어야 하는 안전
  조치 또는 행위'를 직접 규정한 것과는 다르게, 인력과 예
  산 등 핵심요소의 배치를 결정하는 권한과 책임을 가진 사
  람이 중대재해 예방을 위한 사항을 반영하여 기업 또는 기
  관을 경영하도록 하려는 취지입니다.

③ 특히, '재해예방에 필요한 인력·예산·점검 등 안전보건관리
  체계의 구축 및 이행에 관한 조치'와 '안전·보건 관계법령
  에 따른 의무 이행에 필요한 관리상의 조치'는 경영책임자
  의 주요 의무사항입니다.

【5】 "안전·보건 관계법령"의 범위

■ 중대재해처벌법 시행령 제11조제1항

> 제11조(공중이용시설·공중교통수단 관련 안전·보건 관계 법령에 따른 의무이행에 필요한 관리상의 조치) ① 법 제9조제2항제4호에서 "안전·보건 관계 법령"이란 해당 공중이용시설·공중교통수단에 적용되는 것으로서 이용자나 그 밖의 사람의 안전·보건을 확보하는 데 관련되는 법령을 말한다.

① "안전·보건 관계 법령"은 다중이용업소법, 소방시설법*, 초고층재난관리법, 개별 영업·시설 등 관련 법률(식품위생법, 도서관법, 여객자동차 운수사업법, 항만법, 건축법 등)등입니다.

* 「소방시설법」이 「화재예방법」, 「소방시설법」으로 분리됨에 따라 「화재예방법」 시행 시(2022. 12. 1.) 안전보건 관계 법령에 포함됨

- 다중이용업소법에 따른 영업주 정기점검, 안전시설등* 설치·유지 등 의무와 소방시설법에 따른 소방안전관리자를 선임, 관계인의 소방시설등 설치·유지 및 안전관리, 자체점검 등 안전관련 규정, 초고층재난관리법에 따른 총괄재난관리자 선임, 초기대응대 구성 등을 준수해야 하며,

* 소방시설, 비상구, 영업장 내부 피난통로, 그 밖의 안전시   설로서 대통령령으로 정하는 것

- 개별 영업·시설 등 관련 법률*의 안전·보건 관련 규정도 준수해야 함

* (예시) 「공연법」제11조제1항에 따라 재해대처계획 수립, 제11조의3에 따른 안전관리조직 구성

■ 참고(안전·보건 관계법령의 기준)

> ① 공중이용시설의 안전 확보를 목적으로 하는 법률, ② 대상을 이용하는 국민의 안전을 위해 의무를 부과하는 법률, ③ 공중이용시설을 구성하는 구조체, 시설, 설비, 부품 등의 안전에 대하여 안전점검, 보수·보강 등을 규정하는 법률, ④ 이용자의 안전을 위해 관리자, 종사자가 관련 교육을 이수토록 규정하는 법률

② 공중이용시설에 중대시민재해가 발생하는 경우 수사기관과 관계부처 등에서 "안전·보건 관계 법령" 이행여부와 안전 확보 노력을 확인할 예정입니다.

【6】 중대재해처벌법에 따른 처벌

■ 중대재해처벌법 제10조

> 제10조(중대시민재해 사업주와 경영책임자등의 처벌)
> ① 제9조를 위반하여 제2조제3호가목의 중대시민재해에 이르게 한 사업주 또는 경영책임자등은 1년 이상의 징역 또는 10억원 이하의 벌금에 처한다. 이 경우 징역과 벌금을 병과할 수 있다.
> ② 제9조를 위반하여 제2조제3호나목 또는 다목의 중대시민재해에 이르게 한 사업주 또는 경영책임자등은 7년 이하의 징역 또는 1억원 이하의 벌금에 처한다.

① 법 제9조에서 "안전·보건 관계 법령에 따른 의무 이행에 필요한 관리상의 조치"가 포함되어 있습니다.
② 예를 들어, 다중이용업소법에 따른 안전관리 의무(안전시설 등 설치·유지, 소방안전교육 이수 등)를 위반한 경우, 다중이용업소법 또는 소방시설법에 따른 소방특별조사에 따른

조치명령을 위반, 개별 영업 또는 시설 관련 법률(식품위생법, 공연법, 노인복지법 등)의 안전·보건관련 규정을 위반하여 중대시민재해 발생한 경우 처벌받을 수 있습니다.

③ 중대시민재해의 발생원인이 법 제9조에서 정하는 의무사항을 이행하지 않거나 직접적으로 관련있는 경우로 한정됩니다. 다만, 중대시민재해가 발생하여도 사업주 또는 경영책임자가 법 제9조에서 정하는 의무사항을 충실히 수행한 경우에는 처벌 받지 않습니다.

■ 처벌규정 적용(예시)

① (예시 1) 대형 나이트클럽에 화재가 발생하여 중대시민재해가 발생한 경우에 인명피해가 늘어난 이유가 안전시설 등이 제대로 작동하지 않은 경우라면 법 제9조를 위반한 것으로 볼 수 있음.

② (예시 2) 목욕장업의 경우 공중위생관리법 제4조제7항에 따라 '감염병 환자 기타 함께 출입을 시켜서는 안되는 자'의 범위를 정하고 있음. 이를 위반하여 출입시켜 중대시민재해가 발생한 경우에는 법 제9조를 위반한 것으로 볼 수 있음.

③ (예시 3) 대형미술관(연면적 3,000㎡ 이상)을 운영하고 있는 경영책임자등에게 안전관리자가 소방펌프 고장으로 스프링클러설비 등 소방시설이 작동되지 않는다고 보고했으나, 경영책임자등은 비용 문제로 방치함. 미술관에서 화재로 인해 중대시민재해가 발생하고, 다수인명피해의 원인이 소방시설 미작동인 경우에 법 제9조를 위반한 것임.

■ 법 처벌 사례(가상)

① 사고개요

영업장의 면적이 1,000㎡ 이상의 A 유흥주점으로 종사자가 50인 이상이며, 영업주가 소상공인에도 해당하지 않는 영업 장임. 해당 영업장에서 화재가 발생하였음에도 스프링클러설비, 화재경보기 등 소방시설이 작동하지 않았고, 비상구(주된 출입구 외)가 폐쇄되어 대피하지 못한 이용객 5명이 사망함

② 중대재해처벌법 적용 여부 : 중대시민재해 범위, 원인, 재해규모를 만족

- 해당 영업장은 법 제2조제4호에 따른 공중이용시설임

- 화재가 발생한 직접적인 사유는 알 수 없으나, 인명피해 주요원인으로 소방시설이 작동하지 않았고, 비상구 폐쇄로 이용객이 대피하지 못하는 상황 발생

- 재해규모 사망자 1명 이상 발생

③ 의무 및 위반사항

- (다중이용업소법) 제9조에 따른 비상구 설치·유지 의무와 제14조에 따른 소방시설의 유지관리 의무를 해야 함.

  → (조사 내용) 다중이용업주의 정기점검도 부실하게 하였으며, 자체점검 결과에 따라 소방시설을 개선해야 하는 사항도 비용 문제로 방치함. 비상구 설치·유지 의무를 위반하여 폐쇄하여 관리함으로써 화재시 인명피해를 유발함(소방·경찰 등 조사결과)

- (중대재해처벌법) A 유흥주점의 영업주는 안전시설 등에 대한 정기점검을 수행하거나 수행되도록 조치했어야 하고, 소

방시설에 대한 자체점검시 불량사항이 발생한 경우 개선해야 했으며, 이러한 사항이잘 이행되고 있는지 반기 1회 이상 점검하고, 개선을 지시해야 함(시행령 제10조제3·5·6호)

→ (조사 내용) A 유흥주점의 영업주는 안전시설 등에 대한 정기점검을 거짓 또는 부실하게 하였으며, 소방시설의 자체점검 결과에 따른 불량사항도 방치하고 있었음. 건물의 소방안전관리자가 계속하여 소방시설의 보수·수리 등 조치할 것을 요구하였으나 영업주는 비용 문제로 계속 방치함. 비상구를 폐쇄하여 창고로 활용하고 있는 것을 종사자에게 보고 받았으나 어떠한 조치도 하지 않는 등 안전관리를 부실 하게 하였고, 이러한 사유로 화재시 소방시설이 제대로 작동하지 않았을 뿐 아니라 이용객이 비상구로 대피할 수 없는 상황 등이 인명피해의 주요 요인으로 조사됨(경찰 등)

- A 영업주(개인 또는 법인)에는 다중이용업소법 위반사항(안전시설등 설치유지 의무 위반)에 대해 300만원 이하의 과태료, 소방시설법 위반사항(자체점검 결과를 거짓으로 보고)로 00만원 이하의 과태료가 부과될 수 있음

- A 영업주(개인)에는 중대재해법 위반사항(안전점검 수행 관리조치 미이행, 개선조치 미지시)으로 중대시민재해가 발생한 것에 대해 1년 이상의 징역 또는 10억원 이하의 벌금이 부과될 수 있음

§Ⅲ. 중대재해 예방을 위한 주요 의무사항

공중이용시설의 사업주, 법인(기관)은 이 책을 참조하여 법 제
9조제2항에 따른 안전보건관리체계 구축 및 이행에 관한 조치
를 하되, 각 항목별로 구체적인 사항은 해당 영업·시설 등의
규모와 유형에 따라 다를 수 있습니다.

① 안전보건관리체계 구축 및 이행에 관한 조치(법 제9조제2
　 항제1호)

1. 필요한 안전인력 확보
2. 필요한 안전예산 편성·집행
3. 안전점검 계획수립·수행
4. 안전계획수립·이행

* 점검 반기 1회 이상 → 조치 인력 배치, 예산 편성·집행 검토

5. 재해예방 업무처리절차 마련·이행
6. 도급·용역·위탁 기준과 절차 마련·이행→ 점검 연 1회 이상

② 재해 발생 시 재발방지 대책의 수립 및그 이행에 관한 조
　 치(법 제9조제2항제2호)

③ 중앙행정기관·지자체가 관계 법령에 따라 개선, 시정 등을
　 명한 사항의 이행에 관한 조치(법 제9조제2항제3호)

④ 관계 법령에 따른 의무이행 필요 조치(법 제9조제2항제4호)

7. 관계 법령 의무 이행점검 (위탁점검포함)→ 점검 연 1회
　 이상→ 미이행시 조치 인력을 배치하거나 예산을 추가로
　 편성·집행

8. 안전관리자/종사자 교육 이수→ 점검 연 1회 이상→ 미이
　 수시 조치 교육 실시 필요 조치

【1】 필요한 안전인력 확보

■ 중대재해처벌법 시행령 제10조 제1호

> 1. 다음 각 목의 사항을 이행하는 데 필요한 인력을 갖추어 중대시
>   민재해 예방을 위한 업무를 수행하도록 할 것
>   가. 법 제9조제2항제4호의 안전·보건 관계 법령에 따른 안전관리
>   업무의 수행
>   나. 제4호에 따라 수립된 안전계획의 이행
>   다. 그 밖에 공중이용시설 또는 공중교통수단과 그 이용자나 그
>   밖의 사람의 안전에 관하여 국토교통부장관이 정하여 고시하는
>   사항

① 사업주 또는 경영책임자는 중대재해 예방을 위해 필요한
   업무*를 수행하는 인력을 확보해야 합니다.

* 안전점검, 안전관리, 안전조치, 보수보강 등 안전관리 업무 (예시
  : 다중이용업소법 제11조에 따른 정기점검, 소방시설법 제25조에
  따른 자체점검, 공연법 제11조에 따른 재해예방조치, 영업 또는
  시설 관련 법률의 안전관련 규정 등)

② 다만, 안전인력의 수를 직접 규정하기보다는 수행해야 하
   는 안전업무를 규정하고, 해당 업무를 수행하는 인력을 꼭
   추가 확보하라는 의미는 아닙니다.

- 안전·보건 관계 법령에 따른 인력을 확보했거나 영업장의
  종사자를 활용하여 충분히 업무 수행이 가능할 경우, 추가
  인력을 확보하지 않아도 해당 의무를 이행한 것으로 볼 수
  있음.

③ 사업주 또는 경영책임자는 인력확보에 관한 사항을 반기 1
   회 이상 점검하고, 직접 점검하지 않은 경우*에는 점검이
   끝난 후 지체 없이 점검 결과를 보고받아야 합니다.

* 영업장을 실질적으로 관리하는 사람이 경영책임자가 아니라 지배인, 점주, 관리소장 등인 경우에는 경영책임자는 점검 결과를 별도로 보고 받아야 함.

④ 또한, 점검 또는 보고 결과에 따라 추가 인력을 배치하거나 인력에게 부여된 업무를 충실히 수행하도록 하는 등 중대시민재해 예방에 필요한 조치를 해야 합니다.

【2】 필요한 안전예산 편성·집행

■ 중대재해처벌법 시행령 제10조 제2호

> 2. 다음 각 목의 사항을 이행하는 데 필요한 예산을 편성·집행할 것
>   가. 법 제9조제2항제4호의 안전·보건 관계 법령에 따른 인력·시설 및 장비 등의 확보·유지와 안전점검 등의 실시
>   나. 제4호에 따라 수립된 안전계획의 이행
>   다. 그 밖에 공중이용시설 또는 공중교통수단과 그 이용자나 그 밖의 사람의 안전에 관하여 국토교통부장관이 정하여 고시하는 사항

① 중대재해 예방을 위해 꼭 필요하다고 인정되는 업무*에 대하여는, 사업주 또는 경영책임자가 이를 수행하는 예산을 편성하여 집행하도록 의무사항을 규정합니다.

* 안전점검, 안전관리, 안전조치, 보수보강 등 안전관리 업무 (예시 : 다중이용업소법 제11조에 따른 정기점검, 소방시설법 제25조에 따른 자체점검, 공연법 제11조의2에 따른 안전관리비용 계상 등 영업 또는 시설관련 법률의 안전관련규정 등)

② 다만, 공중이용시설의 유형과 규모가 다양하고 이를 운영하는 기업 또는 기관의 상황과 여건도 다를 수 있는 점을 감안하여, 편성해야 할 안전예산의 규모를 직접 규정하기보다는 예산을 투입할 안전업무를 규정합니다.

- 안전·보건 관계 법령에 따른 인력·시설 및 장비 등을 이미 확보·유지한 경우에 중대재해처벌법에 따라 추가로 예산을 편성하라는 의미는 아님.

③ 사업주 또는 경영책임자 등은 예산 편성·배치에 관한 사항을 반기 1회 이상 점검하고, 직접 점검하지 않은 경우에는 점검이 끝난 후 지체 없이 점검결과를 보고받아야 합니다.

④ 또한, 점검 또는 보고 결과에 따라 예산을 추가로 편성하거나 계획된 용도대로 집행하도록 하는 등 필요한 조치를 해야 합니다.

【3】 안전점검 계획 수립·시행

■ 중대재해처벌법 시행령 제10조제3호

> 3. 공중이용시설 또는 공중교통수단에 대한 법 제9조제2항제4호의 안전·보건 관계 법령에 따른 안전점검 등을 계획하여 수행되도록 할 것

① 안전점검이란 경험과 기술을 갖춘 자가 육안이나 점검기구 등으로 검사하여 공중이용시설에 내재되어 있는 유해·위험 요인을 조사하는 행위를 말합니다.

② 사업주 또는 경영책임자 등은 안전·보건 관계법령에 따른 안전점검이 수행될 수 있도록 하여 운영 대상의 안전상태를 확인하고, 재해를 유발할 수 있는 요소를 사전에 파악하고 관리할 수 있도록 해야 합니다.

③ 사업주 또는 경영책임자등은 안전점검의 계획 수립 및 수행에 관한 사항을 반기 1회 이상 점검하고, 직접 점검하지

않은 경우에는 점검이 끝난 후 지체 없이 점검 결과를 보고받아야 합니다. 또한, 점검 또는 보고 결과에 따라 안전점검 이행을 지시하는 등 중대시민재해 예방에 필요한 조치를 해야 합니다.

■ 안전·보건 관계 법령에 따른 안전점검 예시

관계 법령	관련 조항 및 의무	점검주기	
다중 이용 업소법	제11조	정기점검	- 매분기별 1회 이상 점검 ※ 소방시설법에 따른 자체점검을 실시한 그 분기에는 점검 미 실시 - 소방시설관리업자에게 위탁도 가능
소방 시설	제25조	자체점검	- 작동기능점검 : 연1회(대부분 대상물) - 종합정밀점검 : 연1회(해당 대상물에 한정) ※ 종합정밀점검 대상인 경우에도 작동기능점검을 하여야 함. - 소방시설관리업자에게 위탁도 가능

※ 영업 또는 시설 관련 법률에서 안전·보건관련 점검 규정이 있는 경우는 그에 따라 업무를 수행해야 함.

【4】 안전계획 수립·이행

■ 중대재해처벌법 시행령 제10조제4호

4. 공중이용시설 또는 공중교통수단에 대해 연 1회 이상 다음 각 목의 내용이 포함된 안전계획을 수립하게 하고, 충실히 이행하도록 할 것. 다만, 공중이용시설에 대해 「시설물의 안전 및 유지관리에

관한 특별법」 제6조에 따라 시설물에 대한 안전 및 유지관리계획을 수립·시행하거나 공중이용시설 또는 공중교통수단에 대해 철도운영자가 「철도안전법」 제6조에 따라 연차별 시행계획을 수립·추진하는 경우로서 사업주 또는 경영책임자등이 그 수립 여부 및 내용을 직접 확인하거나 보고받은 경우에는 안전계획을 수립하여 이행한 것으로 본다.

가. 공중이용시설 또는 공중교통수단의 안전과 유지관리를 위한 인력의 확보에 관한 사항

나. 공중이용시설의 안전점검 또는 정밀안전진단의 실시와 공중교통수단의 점검·정비(점검·정비에 필요한 장비를 확보하는 것을 포함한다)에 관한 사항

다. 공중이용시설 또는 공중교통수단의 보수·보강 등 유지관리에 관한 사항

① 안전계획은 공중이용시설의 건축물 현황, 기업 또는 기관에서 그 운영·관리에 투입하는 안전 예산·인력, 대상에 대한 안전점검 및 유지관리 계획 등을 포함하여야 작성하여야 합니다.

② 개별법률*에 따라 안전계획서를 수립·시행하는 경우에 법 시행령 제10조제4호 가목부터 다목까지의 사항을 포함하는 경우에는 별도의 안전계획 수립 없이도 각 문서를 직접 확인하거나 보고받음으로써 해당 의무를 갈음할 수 있습니다.

 * (예시) 소방시설법상 특정소방대상물마다 작성하여야 하는 소방계획서를 수립·시행, 관련 법률(식품위생법, 공연법 등)에 따라 안전계획서를 수립하는 경우 등

③ 다만, 개별법률에 따라 작성하는 안전계획서에 법 시행령 제10조제4호 가목부터 다목까지의 사항을 포함하지 않는 경우에는 추가 수립이 필요합니다.

※ (참고) 소방계획서는 인력의 확보(자위소방대·초기대응체계구성 및 운영, 소방안전관리자 선임), 안전점검에 관한 사항(자체점검, 화재예방 및 홍보, 화기취급감독), 보수·보강 등유지관리(일상적 안전관리, 피해복구)를 포함하고 있음

■ 안전계획서 작성 예시

① 기존의 안전계획서가 법 시행령 제10조제4호 가목부터 다목까지의 사항을 포함 : 해당 계획서로 갈음(단, 소방계획서의 경우 화재뿐만 아니라 붕괴, 폭발 등 안전사고에 대응하는 것으로 수립해야 하며, 필요한 인력·안전예산 확보도 포함할 것)
- (예시1) 건축물 전체가 공중이용시설인 경우 : 해당(소방)계획서* 재해예방 작성
* 한국소방안전원 누리집(www.kfsi.or.kr)에 접속하여 소방정보센터→각종서식→ 소방계획서
- (예시2) 건축물 일부가 공중이용시설인 경우 : 서식을 참고하여 작성
② 기존의 안전관련 계획서가 법 시행령 제10조제4호 가목부터 다목까지의 사항을 포함하지 않는 경우 : 해당 계획서 + 추가작성

---

④ 사업주 또는 경영책임자 등은 연 1회 이상 안전계획이 수립하도록 하여 계획에 포함된 내용이 충실히 이행되도록 하고, 반기 1회 이상 안전계획의 이행에 관한 사항을 점검하고, 직접 점검하지 않은 경우에는 점검이 끝난 후 지체없이 점검결과를 보고받아야 합니다.

⑤ 또한, 점검 또는 보고 결과에 따라 안전계획에 포함된 사항의 이행을 지시하는 등 중대시민재해 예방에 필요한 조치를 해야 합니다.

■ 질의 응답

▶질문 지하도 상가를 관리하는 회사입니다. 현재 지하도상가는 초고
     층재난관리법 적용을 받고 있어서, 연 1회 이상 재난예방 및
     피해경감계획서를 작성토록 하고 있습니다. 이 경우에도 별도
     의 안전계획서를 수립해야 하나요?

▶답변 개별법률에 따라 안전관련 계획을 수립하는 경우에 중대재해
     처벌법 시행령 제10조제4호 가목부터 다목까지의 사항을 포
     함하는 경우에는 별도의 계획을 수립할 필요는 없습니다.

▶질문 안전계획서를 작성하지 않은 경우에 처벌받나요?

▶답변 안전계획서 미작성에 따른 별도의 처벌규정은 없습니다. 다
     만, 해당 영업·시설 등에서 중대시민재해가 발생하는 경우에
     수사기관 등에서 안전계획서 작성여부를 확인하게 될 것이며,
     미작성에 따른 의무 위반에 대해서는 사법기관에서 최종판단
     시 참고할 수 있습니다.

【5】 중대시민재해 예방 업무처리 절차 마련·이행

■ 중대재해처벌법 시행령 제10조 제7호

7. 중대시민재해 예방을 위해 다음 각 목의 사항이 포함된 업무처리
   절차를 마련하여 이행할 것. 다만, 철도운영자가 「철도안전법」 제
   7조에 따라 비상대응계획을 포함한 철도안전관리체계를 수립하여
   시행하거나 항공운송사업자가 「항공안전법」 제58조제2항에 따라
   위 기대응계획을 포함한 항공안전관리시스템을 마련하여 운용한
   경우로서 사업주 또는 경영책임자등이 그 수립 여부 및 내용을
   직접 점검하거나 점검 결과를 보고받은 경우에는 업무처리절차를
   마련하여 이행한 것으로 본다.
   가. 공중이용시설 또는 공중교통수단의 유해 · 위험요인의 확인 · 점
       검에 관한 사항
   나. 공중이용시설 또는 공중교통수단의 유해 · 위험요인을 발견한

경우 해당 사항의 신고 · 조치요구, 이용 제한, 보수 · 보강 등 그 개선에 관한 사항

다. 중대시민재해가 발생한 경우 사상자 등에 대한 긴급구호조치, 공중이용시설 또는 공중교통수단에 대한 긴급안전점검, 위험표지 설치 등 추가 피해방지 조치, 관계 행정기관 등에 대한 신고와 원인조사에 따른 개선조치에 관한 사항

라. 공중교통수단 또는「시설물의 안전 및 유지관리에 관한 특별법」제7조제1호의 제1종시설물에서 비상상황이나 위급상황 발생 시 대피훈련에 관한 사항

① 경영책임자 등이 기업 또는 기관 차원에서 중대재해를 일으킬 수 있는 유해·위험 요인을 파악하고, 발생 시 현장에서 담당자들이 잘 대응할 수 있도록 절차 또는 매뉴얼 등을 마련토록 합니다.

② 이는 경영책임자 등이 공중이용시설의 유해·위험요인을 직접 확인하거나 보수·보강 등 조치를 직접 수행하라는 의미보다는, 절차 마련을 위한 관리상의 조치를 이행하라는 취지입니다.

③ 수립된 안전계획서를 활용하되, 법 시행령 제10조제7호 가목부터 라목까지의 사항에 대한 업무처리 절차를 마련해야 합니다.

④ 경영책임자 등은 마련된 업무처리 절차(메뉴얼 등)를 안전담당자 또는 종사자 등이 숙지하여 중대시민재해 발생시 대응할 수 있도록 조치해야 합니다.

【6】 도급·용역·위탁 기준과 절차 마련·이행

■ 중대재해처벌법 시행령 제10조제8호

8. 제3자에게 공중이용시설 또는 공중교통수단의 운영·관리 업무의 도급, 용역, 위탁 등을 하는 경우 공중이용시설 또는 공중교통수단과 그 이용자나 그 밖의 사람의 안전을 확보하기 위해 다음 각 목에 따른 기준과 절차를 마련하고, 그 기준과 절차에 따라 도급, 용역, 위탁 등이 이루어지는지를 연 1회 이상 점검하고, 직접 점검하지 않은 경우에는 점검이 끝난 후 지체 없이 점검 결과를 보고받을 것
   가. 중대시민재해 예방을 위한 조치능력 및 안전관리능력에 관한 평가기준·절차
   나. 도급, 용역, 위탁 등의 업무 수행 시 중대시민재해 예방을 위해 필요한 비용에 관한 기준

① 개인사업주나 법인 또는 기관이 제3자에게 공중이용시설의 운영·관리 업무를 도급, 용역, 위탁 등을 한 경우, 경영책임자는 아래 두 사항을 마련하도록 합니다.
- 수탁기관이 중대시민재해 예방을 위한 조치능력과 안전관리 능력을 확보하고 있는지를 평가하는 기준과 절차
- 수탁기관이 도급, 용역, 위탁 등의 업무를 수행할 때 중대 시민재해 예방을 위해 필요한 비용을 산정하는 기준
- 경영책임자 등은 연 1회 이상 이 기준과 절차가 원활히 준수되고 있는지를 점검하여야 함
② 도급·용역·위탁 등을 받은 자의 재해예방을 위한 조치 능력과 안전관리역량은 수탁기관의 안전·보건관리체계 구축 현황과 최근 3년 이내 중대사고 발생이력 등으로 평가할 수 있습니다.

- 다양한 요소로 능력을 평가할 수 있으며, 안전조직·인력, 안전관리규정·지침·매뉴얼, 재해대응체계, 교육·훈련 등을 근거로 수탁기관 평가 가능

【7】 관계법령에 따른 의무 이행점검(위탁점검 포함)

■ 중대재해처벌법 시행령 제11조제2항

② 법 제9조제2항제4호에 따른 조치의 구체적인 사항은 다음 각 호와 같다.
  1. 안전 · 보건 관계 법령에 따른 의무를 이행했는지를 연 1회 이상점검(해당 안전 · 보건 관계 법령에 따라 중앙행정기관의 장이 지정한 기관 등에 위탁하여 점검하는 경우를 포함한다. 이하 이 호에서 같다)하고, 직접 점검하지 않은 경우에는 점검이 끝난 후 지체 없이 점검 결과를 보고받을 것
  2. 제1호에 따른 점검 또는 보고 결과 안전 · 보건 관계 법령에 따른 의무가 이행되지 않은 사실이 확인되는 경우에는 인력을 배치하거나 예산을 추가로 편성 · 집행하도록 하는 등 해당 의무 이행에 필요한 조치를 할 것

① 사업주 또는 경영책임자등은 공중이용시설의 안전·보건 관계법령 상 의무가 이행되도록 연 1회 이상 그 이행여부를 점검해야 합니다.
② 의무가 이행되지 않은 사실이 확인되는 경우 경영책임자등이 인력 배치나 예산 추가 편성·집행 등 이행을 위한 추가 조치를 하여야 합니다.
③ 안전·보건 관계 법령 상 의무의 미이행 그 자체만으로는 바로 중대재해처벌법령 상 의무를 미이행한 것으로 보는 것은 아니며, 시행령에서 정한 구체적인 '관리상의 조치'가

적절하게 이루어졌는지를 살펴 중대재해처벌법령상의 의무를 이행하였는지 판단하게 됩니다.

④ 공중이용시설의 안전·보건 관계법령*은 다중이용업소법, 소방시설법, 영업·시설 등의 관련 법률(안전·보건 관련 규정만 해당)입니다.

* 「실내공기질관리법」은 법 적용대상이 되는 시설을 나열하고 있으며, 해당시설 관련 법률의 안전관리 규정을 준수해야 함.

⑤ 공중이용시설의 구조안전, 이용안전, 화재안전 등이 아닌 효율적인 이용, 원활한 교통흐름, 경제적인 가치를 고려한 성능개선 등 부가적인 목적을 가진 법령은 일반적으로는 안전·보건 관계법령에 해당하지 않습니다.

⑥ 또한, 공중이용시설을 구성하는 요소 외에, 안전 외 목적을 위해 부가로 설치된 부대시설, 공작물 등에 대하여 규정하는 법령도 일반적으로 해당하지 않습니다.

【8】안전관리자/종사자 교육이수

■ 중대재해처벌법 시행령 제11조제2항

---

② 법 제9조제2항제4호에 따른 조치의 구체적인 사항은 다음 각 호와 같다.

1. ~ 2. (생략)

3. 안전 · 보건 관계 법령에 따라 공중이용시설의 안전을 관리하는 자나 공중교통수단의 시설 및 설비를 정비 · 점검하는 종사자가 의무적으로 이수해야 하는 교육을 이수했는지를 연 1회 이상 점검하고, 직접 점검하지 않은 경우에는 점검이 끝난 후 지체 없이 점검 결과를 보고받을 것

4. 제3호에 따른 점검 또는 보고 결과 실시되지 않은 교육에 대해서는 지체 없이 그 이행의 지시 등 교육 실시에 필요한 조치를 할 것

---

① 사업주 또는 경영책임자등은 공중이용시설의 이용자 또는 그 밖의 사람의 안전 및 보건 확보를 위해 종사자가 안전·보건 관계법령 상 교육이 이수 되도록 연 1회 이상 그 이수여부를 점검해야 합니다.

□ **교육 이수 관련 법령예시**

① 다중이용업소법 제8조제1항에 따라 영업주와 종사자 1인은 소방청장, 소방본부장 또는 소방서장이 실시하는 소방안전교육을 받아야 함
② 소방시설법 제20조제6항제2호에 따라 관계인은 자위소방대(自衛消防隊) 및 초기대응체계의 구성·운영·교육을 실시해야 함
③ 소방시설법 제22조제1항에 따라 특정소방대상물의 관계인은 그 장소에 상시 근무하거나 거주하는 사람에게 소화·통보·피난 등의 훈련과 소방안전관리에 필요한 교육을 하여야 함. 이 경우 피난훈련은 그 소방대상물에 출입하는 사람을 안전한 장소로 대피시키고 유도하는 훈련을 포함하여야 함

② 교육이 이수되지 않은 사실이 확인되는 경우 경영책임자등이 인력 배치나 예산 추가 편성·집행 등교육 이수를 위한 추가 조치를 해야 합니다.

③ 안전·보건 관계 법령 상 안전교육의 미이행 그 자체만으로는 바로 중대재해처벌법령 상 의무를 미이행한 것으로 보는 것은 아니며, 시행령에서 정한 구체적인 '관리상의 조치'가 적절하게 이루어졌는지를 살펴 중대재해처벌법령 상의 의무를 이행하였는지 판단하게 됩니다.

제3장
중대시민재해(원료·제조물)

제3장 중대시민재해(원료·제조물)

§1. 원료·제조물 관련 중대시민재해의 정의

【1】 원료·제조물 관련 중대시민재해의 정의

1. 중대시민재해의 정의

① 특정 원료 또는 제조물의 설계, 제조, 관리상의 결함을 원인으로 하여 발생한 재해로서 다음 결과 중 하나를 야기한 경우를 말합니다(법 제2조제3호).

- 사망자 1명 이상 발생
- 동일한 사고로 2개월 이상 치료가 필요한 부상자 10명 이상 발생
- 동일한 원인으로 3개월 이상 치료가 필요한 질병자 10명 이상 발생

② 사업주 또는 경영책임자가 중대재해처벌법상 안전·보건확보의무(법 제9조)를 위반하여 중대시민재해가 발생한 경우 중대재해처벌법상 형사처벌의 대상이 됩니다(법 제10조).

③ 사고결과에 따라 형사처벌 정도가 달라지며(법 제10조 및 제11조), 형사처벌 외에도 민사상 손해배상 책임이 가중됩니다(법 제15조).

2. 중대시민재해의 범위

① 【중대산업재해의 제외】 중대재해처벌법은 중대재해를 중대산업재해와 중대시민재해로 구별하면서, 중대시민재해에서 중대산업재해를 제외하고 있습니다(법 제2조제3호).

② 【장소적 범위】 중대재해처벌법은 사업주나 법인 또는 기관

이 실질적으로 지배·운영·관리하는 사업 또는 사업장에서 생산·제조·판매·유통 중인 원료나 제조물의 설계, 제조, 관리상의 결함으로 중대재해가 발생하지 않도록 사업주나 경영책임자등에 안전 및 보건 확보의무를 부여하고 있으며 사업주, 법인 또는 기관의 사업 또는 사업장이 다음에 해당하는 경우 일반적으로 실질적인 지배·운영·관리하는 경우로 볼 수 있습니다.

- 소유권, 점유권, 임차권 등 장소, 시설, 설비에 대한 권리를 가지고 있는 경우
- 사업 또는 사업장의 생산·제조·판매·유통 중인 원료나 제조물로 인한 유해·위험요인을 통제할 수 있는 경우
- 보수·보강을 실시하여 안전하게 관리해야 하는 의무를 가지는 경우 등

3. 중대시민재해 사례 예시

아래 사례는 중대재해처벌법 제정 전 제조물의 결함으로 사망·상해사고가 발생한 사례로서 당시 중대재해처벌법의 존재를 가정하여 법을 적용하면 다음과 같이 판단될 수 있습니다.

■ 사건명(1) : 변압 변류기 폭발사건

① 사실관계

- 변압변류기 내부에서 가열된 절연유가 쏟아져 甲과 乙을 덮쳐 전신에 중화상을 입고 甲은 화상으로 인한 패혈증 및 폐부전증 등으로 사망한 사건
- 대법원은 원심판결을 파기하고 사건을 서울고등법원에 환송함

으로써 피고회사의 제조물책임에 있어서 제품의 하자를 인함
- 내구년한 전에 발생한 절연파괴는 위와 같은 절연열화를 최
  소화하는 방법을 취하지 않은 구조 내지 제조상의 결함이
  있는 것으로 추정함
- 사업장 내에서 발생한 사고이나, 제조사의 사업장이 아닌
  곳에서 제조된 물건을 구입하여 사업장 내에서 사용 중 발
  생한 사고로 제조물에 의한 사고로 볼 수 있음
② 피해 규모 : 사망 1명, 중화상 1명
③ 중대재해법 적용
  위와 같은 제조상의 결함이 사업주 또는 경영책임자의 안
  전·보건확보 의무 위반*으로 발생한 것이라면 중대재해처
  벌법상 처벌대상임
* (예) 유해·위험요인 점검 인력이 없었거나 있었더라도 적정업무를
  수행하기에 인력 등이 부족했던 것을 사업주 등이 확인하거나 보
  고받고도 아무런 조치를 취하지 않은 경우 등

■ 사건명(2) : 가습기 살균제 사건
① 사실관계
  미생물 번식과 물때 발생을 예방하기 위해 가습기 내의 물
  에 첨가한 가습기살균제로 인해 산모, 영유아 등이 폐손상
  등으로 사망하거나 폐질환 등 건강상 피해를 입은 사건임
- 2012년 2월 폐손상 환자 사례와 같은 조직병리 소견이 동
  물에서 관철됨에 따라 가습기 살균제와 폐손상과의 인과관
  계를 최종확인
② 피해 규모
  2021년 10월 31일 기준 피해 신청자 수는 총 7,598명으

로 사망자는 1,724명(영유아 290명 포함)

③ 중대재해법 적용

위와 같은 제조물의 설계상 또는 제조상의 결함이 사업주 등의 안전보건확보* 의무위반으로 인한 것이었다면 중대재해처벌법에 따라 처벌될 가능성이 있음

* (예) 위와 같은 유해·위험요인을 주기적으로 점검하고 해당위험요인 발견시 조치와 관련된 업무처리절차가 마련되어 있지 않았고, 이와 같은 사실을 사업주 등이 확인하였음에도 불구하고 아무런 조치를 취하지 않은 경우

■ 사건명(3) : 구미 불산가스 누출 사건

① 사실관계

- 2012년 9월 ○○주식회사 구미 공장에서 탱크 컨테이너의 생산 설비로 불화수소를 이송하기 위하여 밸브를 연결하는 작업 중 불화수소가 누출

- 현장에서 작업 중이던 4명의 근로자와 펌프수리업체 직원 1명이 사망

- 탱크 컨테이너에서 계속 누출된 불화수소는 인근 사업장과 지역주민, 사고를 수습하던 관계자들에게도 영향을 주어 사망 5명, 입원치료 12명, 건강검진 7,162명, 농작물 237.9ha, 가축 3,209두, 차량 1,138대 등의 피해 발생

② 피해규모

사망 5명, 중상해 12명, 경상해 7162명

※ 주민 : 병원진료 7,162건

③ 중대재해법 적용

위와 같은 원료의 관리상 결함이 사업주 등의 안전보건확

보* 의무위반으로 인한 것이었다면 중대재해처벌법에 따라 처벌될 가능성이 있음

* (예) 위와 같은 관리상의 결함이 안전·보건 관계 법령에 따른 의무불이행으로 발생한 것이었고, 사업주 등은 점검 결과 이러한 사실을 알게 되었음에도 불구하고 의무이행을 위한 조치를 취하지 않은 경우

■ 사건명(4) : 거제 백병원 집단환자 발생사건

① 사실관계

- 2002년 10월 ○○제약 근이완제 '갈라민주'를 맞고 1명 사망 등 집단 쇼크사고를 일으킨 사건
- 식약처의 조사결과 ○○제약 근육이완제 갈라민주(H005)에서 혐기성인 "엔테로박터크로아케"균과 호기성인 "코리네박테리움세로시스"균, "바실루스세레우스"균이 검출됐다고 발표하였음
- 특히 ○○제약 주사제 멸균기 등 생산설비가 전반적으로 노후했으며, 제조관리 책임자가 없는 상태에서 제조지시서의 임의 발행, 생산담당자의 공정 불량품을 재생하는 등 GMP 규정을 준수하지 않음으로써 발생된 인위적 사고라고 밝혔음
- 8개월 동안 제조관리약사가 근무하지 않은 것으로 확인됨에 따라 전 품목 생산 중단조치를 내림

② 중대재해법 적용

위와 같은 제조물의 제조상 결함이 사업주 등의 안전보건확보* 의무위반으로 인한 것이었다면 중대재해처벌법에 따라 처벌될 가능성이 있음

* (예) 위와 같은 제조상 결함이 안전·보건 관계 법령에 따른의무불

이행(인력 배치 요건 불이행)으로 발생한 것이었고, 사업주 등은 점검결과 이러한 사실을 알게 되었음에도 불구하고 의무이행을 위한 조치를 취하지 않은 경우

【2】 책임의 주체인 경영책임자등의 범위

1. 책임의 주체

① 【사업주】 자신의 사업을 영위하는 자, 타인의 노무를 제공받아 사업을 하는 자(법 제2조 제8호)를 말하며, 이때 자신의 사업을 영위하는 자란 타인의 노무를 제공받음이 없이 자신의 사업을 하는 자로 한정하고 있는 산업안전보건법에 따른 사업주 보다 넓은 개념입니다.

② 【경영책임자】 사업을 대표·총괄하는 책임이 있는 사람 또는 이에 준하여 안전·보건에 관한 업무를 담당하는 사람(법 제2조 제9호 가목)으로서 통상적인 경우 기업의 "대표이사"를 의미하지만, 대표이사가 아니더라도 실질적으로 사업을 대표하고 안전·보건 확보의무 이행에 최종적 결정권을 가진 자가 있는 경우 그 자가 경영책임자에 해당할 수 있습니다(중앙행정기관, 지방자치단체, 공공기관, 지방공기업의 장 포함).

2. 적용범위와 시행시기

① 50명 이상인 사업 또는 사업장
(건설업의 경우 공사금액 50억원 이상의 공사) - 2022년 1월 27일부터

② 개인사업자 또는 상시 근로자가 50명 미만인 사업 또는

사업장

(건설업의 경우에는 공사금액 50억원 미만의 공사) -
2024년 1월 27일부터(법 부칙 제1조 제1항)

【주의】 상시 근로자가 5명 미만인 사업 또는 사업장의 사업주
(개인사업주 한정) 또는 경영책임자에게는 중대산업재해와 관
련된 규정이 적용되지 않지만, 중대시민재해에 있어서는 이와
같은 적용 예외가 없습니다.

【3】 중대시민재해 발생 시 처벌

① 안전·보건확보 의무 불이행으로 중대시민재해가 발생하면
   경영책임자등은 형사처벌됩니다(법 제10조).
- 사망자 1명 이상 발생 : 1년 이상 징역, 10억원 이하 벌금
- 동일한 사고로 2개월 이상 치료가 필요한 부상자가 10명이
  상 발생 : 7년 이하 징역, 1억원 이하 벌금
- 동일한 원인으로 3개월 이상 치료가 필요한 질병자가 10명
  이상 발생 : 7년 이하 징역, 1억원 이하 벌금
② 민사책임의 가중 : 징벌적 손해배상(5배)
   고의 또는 중과실로 중대시민재해를 발생하게 한 경우 사
   업주등은 중대시민재해로 손해를 입은 사람에 대하여 그
   손해액의 5배를 넘지 아니하는 범위에서 배상책임을 부담
   하게 됩니다(법 제15조).
※ 사업주 또는 경영책임자는 중대재해처벌법상 "안전·보건확보의무"
   를 이행하지 않음으로써 중대시민재해를 발생시킨 경우에만 형사
   처벌의 대상임
③ 양벌규정 : 경영책임자등 외 법인 또는 기관도 처벌

법인 또는 기관의 경영책임자등이 그 법인 또는 기관의 업무에 관하여 그 행위자를 벌하는 외에 그 법인 또는 기관도 벌금형의 처벌을 받습니다(법 제11조).
- 사망자 1명 이상 발생 : 50억 이하 벌금
- 기타 중대시민재해 : 10억 이하 벌금

【4】 중대재해처벌법의 구조

중대재해처벌법은 중대재해를 중대산업재해와 중대시민재해로 구별하고, 특히 원료 및 제조물과 관련된 중대시민재해 예방을 위해 사업주 또는 경영책임자등에게 안전보건확보의무를 부담시키고 있으며, 안전보건확보의무 중 안전보건관리체계 구축 및 조치의무와 안전보건 관계 법령에 따른 의무이행에 필요한 관리상의 조치에 대해서는 중대재해처벌법 시행령에서 상세히 정하고 있습니다.

§2. 원료·제조물 정의
【1】 원료·제조물의 의미

① 중대시민재해는 원료·제조물의 설계, 제조, 관리상의 결함으로 발생하는 재해입니다.

② 원료 : 법적인 정의는 없지만 제조에 투입되는 것을 말하며, 일반적으로 "어떤 물건을 만드는데 들어가는 재료"라는 의미로 사용됩니다.

③ 제조물 : 제조되거나 가공된 동산을 말하며, 다른 동산이나 부동산의 일부도 포함합니다.

※ 제조물책임법 제2조

"제조물"이란 제조되거나 가공된 동산(다른 동산이나 부동산의 일부를 구성하는 경우를 포함한다)을 말한다.

"…제조물은 원재료에 설계·가공 등의 행위를 가하여 새로운 물품으로 제조 또는 가공된 동산으로서 상업적 유통에 제공되는 것을 말하고…" **(대법원 2013. 7. 12. 선고 판결)**

【2】 원료·제조물의 범위

1. 모든 원료·제조물

① 그 범위를 법에서 정하지 않고 있어 기본적으로 모든 원료·제조물을 대상으로 볼 수 있으며, 제조물의 속성상 인체유해성이 없는 경우(승강기, 자동차 등)도 있으나, 이러한 것도 관리상 결함이 있는 경우 유해·위험이 존재하므로 중대시민재해 예방을 위한 조치를 취해야 합니다.

② 나아가 상식적으로 본래 해롭지 않은 원료·제조물이라도 결과적으로 중대시민재해를 발생시킬 수 있는 정도의 인체유해성이 발생할 가능성이 있다면 이를 예방하기 위한 안

전·보건 확보의무를 이행해야 합니다.

2. 원료·제조물의 생산·제조·판매·유통

① 중대재해처벌법은 생산·제조·판매·유통 과정의 원료·제조물에 적용되므로, 사업자의 모든 영업과정이 포함되며, 이 과정에서 이용되는 원료·제조물이 적용대상이 됩니다.

② 이용자의 부주의로 인한 사고 또는 「재난 및 안전관리 기본법」 제3조 제1호 가목의 자연재난으로 인한 사고 등은 원료 및 제조물을 생산·제조·판매·유통하는 기업 또는 기관의 관리범위를 벗어나는 것이므로, 이러한 사고·재난은 중대시민재해에 해당하지 않습니다.

§3. 경영책임자등의 안전·보건 확보 의무
1. 안전보건관리체계 구축 및 이행에 관한 조치

① "경영책임자등은 유해·위험요인 점검 및 대응을 포함한 안전·보건 관리 인력을 갖추고 업무를 수행하도록 해야 하며, 해당 인력의 확보·유지 및 안전관리를 위한 시설·장비의 확보와 유지를 위한 예산을 집행하고 편성할 것"

② "중대재해처벌법 시행령 [별표5]에 해당하는 원료·제조물을 취급하는 때에는 유해·위험요인의 주기적인 점검 및 대응 등이 포함된 업무처리절차를 사전에 마련하고 이에 따라 조치할 것"

③ 안전·보건 관계 법령은 아래의 요소를 모두 가지고 있는 것을 말합니다.

※ 중대재해처벌법 시행령 제9조제1항 안전·보건 관계 법령의 의미
- 생산·제조·판매·유통 중인 원료·제조물에 적용될 것
- 사람의 생명·신체에 미칠 수 있는 유해·위험 요인과 관련된 것
- 위의 유해·위험 요인의 예방 및 안전관리에 관한 것

2. 안전·보건 관계 법령에 따른 의무이행에 필요한 조치

① 경영책임자등은 안전·보건 관계 법령에 따른 의무이행 여부 점검 및 사후조치, 교육실시 점검 및 사후조치 의무를 부담합니다.

② 【점검에 따른 조치의무】 경영책임자는 안전·보건 관계 법령에 따른 의무이행과 의무교육 실시에 대해 반기 1회 이상 점검하고 불이행 사실 발견 시 이에 대해 조치해야 합니다.

③【점검의무】경영책임자는 사업상 취급하는 원료·제조물의 안전·보건 관계 법령에 따른 법령상 의무의 이행 여부를 반기 1회 이상 점검해야 합니다.

④【교육실시 점검의무】경영책임자는 안전·보건 관계 법령에 따른 의무교육 실시 여부를 반기 1회 이상 점검해야 합니다.

■ 안전·보건 관계 법령상 의무교육 예시

구 분	내 용
약사법 상 약사, 한의사의 연수교육(동법 제15조)	약사 및 한약사의 자질 향상을 위하여 필요한 연수교육 매년 6시간 이상
마약류관리법 상 원료물질수 출입업자등의 교육 (동법 제50조)	마약류 또는 원료물질 관리에 관한 교육 허가 또는 지정을 받은 후 1년 내 1회 2시간
화장품법 상 책임판매관리자 및 맞춤형 화장품제조관리사의 교육(동법 제5조)	화장품의 안전성 확보 및 품질관리에 관한 교육 최초교육 : 종사한 날부 6개월 내 보수교육 : 최초교육을 받은 날 기준 매년 1회
농약관리법 상 제조업자 등에 대한 교육 (동법 제23조 제3항)	안전사용기준과 취급제한기준에 대한 교육 매년, 교육시간 6시간 이상
건강기능식품법 상 영업자 및종업원의 교육(동법 제13조)	건강기능식품의 안전성 확보 및 품질관리, 건강기능식품의 표시·광고 등에 관한 교육 매년, 2시간
의료기기법 상 품질책임자 교육 (동법 제6조의2)	국민건강의 위해를 방지하기 위하여 필요한 교육 1년에 8시간 이상

3. 재해발생시 재발방지 대책수립 및 이행에 관한 조치

"경영책임자등은 재해발생시 사고원인을 조사하고 재발방지를 위한 법령상 의무를 이행하고 대책을 마련할 것"

■ **재발방지 대책의 수립 및 그 이행을 위한 계획서 구성 표준안**

구분	내용	상세 내용
I	사고개요	사고유형, 현황, 현장정보, 사고정보, 피해상황
II	조사내용	조사방법, 조사활동 상황 문서점검, 현장조사 내용
III	사고원인 분석 및 결론	(필요시) 시험실시, 기타 자문 등을 통한 원인 분석 결과 ※ 사고의 과학적 원인과 업무 절차상의 원인 모두 포함
IV	재발방지 대책	자체 방지대책, 명령에 따른 이행조치 계획 및 결과 보고
V	향후조치	필요한 경우 추가 조사 계획 등

4. 중앙행정기관 등의 개선, 시정명령 사항의 이행에 관한 조치

"경영책임자등은 관계 행정기관 등이 명령한 사항의 이행에 필요한 조치를 취할 것"

■ 관계 행정기관의 명령사항 이행조치 계획 및 결과 보고서 구성 표준안

구분	내 용	상세 내용
I	명령사항 확인	개선, 시정명령의 구체적인 내용을 확인했는가?
		개선, 시정명령의 구체적인 내용의 확인 후 명확하지 않은 내용을 관계 행정기관에 문의했는가?
		개선, 시정명령의 구체적인 내용의 확인 후 해당 내용을 관련 담당자 등과 공유했는가?
II	이행조치 계획서 마련	이행조치를 위한 계획서를 마련했는가?
III	이행조치 실시	이행계획에 따라 이행조치를 실시했는가?
IV	이행조치 결과정리 및 보고	이행조치 후 그 결과를 문서로 정리했는가? 이행조치 후 그 결과를 문서로 정리한 것을 관계 행정기관에 보고했는가?

§4. 안전보건관리 체계 구축
【1】 안전보건관리체계의 구축방법

사업자는 사업과 관련된 안전·보건 관계 법령에 따른 안전·보건확보 의무를 이행해야 하며, 관련 법령에 해당 규정이 없더라도 사업자의 판단에 따라 취급 하는 원료·제조물로 인한 유해·위험 요인을 감소할 수 있는 안전보건관리체계를 구축해야 합니다.

【2】 안전보건 인력배치 및 업무부여
1. 안전보건 인력배치 및 업무부여

① "사업주 및 경영책임자는 다음의 업무를 수행할 인력을 갖추고 중대재해예방을 위한 업무를 부여할 것"
② 중대재해처벌법 시행령 제8조 제1호
1. 안전·보건 관계 법령에 따른 안전·보건 관리 업무의 수행
2. 유해·위험요인의 점검과 위험징후 발생 시 대응
3. 기타 환경부장관이 고시하는 사항

2. 관계 법령에 따른 안전·보건 관리 업무

① 안전·보건 관계 법령에 관련 인력 요건이 있다면 그 요건을 충족한 인력을 갖추고 해당 인력이 안전·보건 업무를 적절하게 수행할 수 있도록 해야 합니다.
② 【관계 법령에 내용이 없는 경우】관계 법령에 안전·보건인력 배치 및 업무부여와 관련된 규정이 없는 경우 아래 3.의 유해·위험요인 점검 및 대응을 위한 인력을 갖추고 업무를 부여하는 조치를 하면 됩니다.

③【안전·보건 업무】유해·위험 요인 점검 및 대응, 시설 및 장비 관리, 품질관리, 안전 교육, 관련 서류작성 및 보관 등이 이에 해당합니다.

※ 반드시 새로운 인력을 갖추어야 하는 것은 아니며, 기존안전·보건 인력의 활용도 가능 하지만, 적절한 업무수행을 위한 조직규모와 자격을 갖추어야 함

3. 유해·위험요인의 점검 및 징후발생 시 대응 업무

① 경영책임자등은 유해·위험요인의 점검과 위험징후 발생 시 대응을 위한 인력을 갖추어 중대시민재해 예방을 위한 업무를 수행하도록 해야 합니다.

②【유해·위험요인 점검 및 대응을 위한 인력의 배치와 업무 부여】

- 유해·위험요인이 발견 또는 신고 접수된 경우 긴급안전점검, 긴급안전조치, 정비·보수·보강 등 개선을 위한 업무
- 시설의 기능 유지, 안전 관련 시설 및 설비의 설치 업무
- 중대시민재해 발생에 대비한 재해대응 절차도, 이용자를 위한 비상대피지도 등의 제작·개선을 위한 업무
- 중대시민재해 발생 시 원인 개선을 위한 종사자 교육 또는 이용자 안내 조치 등의 업무
- 안전관리에 필요한 물품·보호구 및 장비 구입 등의 업무

※ 반드시 새로운 인력을 갖추어야 하는 것은 아니며, 기존 안전·보건 인력의 활용도 가능하지만, 적절한 업무수행을 위한 조직규모와 자격을 갖추어야 함

4. 환경부 장관이 고시하는 사항

(2022년 1월 27일 환경부고시 제2022-26호)

> **제3조(인력 확보)** 사업주와 경영책임자등은 다음 각 호의 사항을 이 행하는 데 필요한 인력을 확보한다.
> 1. 법 제9조제1항제4호의 안전·보건 관계 법령에 따른 안전·보건 관리 업무
> 2. 원료, 제조물의 생산·제조시 안전점검, 안전진단, 성능시험, 성능 평가, 품질검사, 안전정보 알림, 품질관리체계 운영, 유해·위험요 인 신고접수 및 처리 등 유해·위험요인 점검업무
> 3. 원료, 제조물의 보관·유통시 보관·진열 위생관리, 제품표시 확인, 부패·변질·유통기한 관리, 안전정보 알림, 안전운송, 유해·위험요인 신고접수 및 처리 등 유해·위험요인 점검업무
> 4. 유해·위험요인이 발견 또는 신고 접수된 경우 제2호 또는 제3호 에 따른 긴급안전점검을 실시하고 사업주 또는 경영책임자등에게 보고하고, 조치가 필요한 경우 해당 원료 및 제조물의 파기, 수 거, 판매중지 또는 관련 시설 등의 정비, 보수, 보강 등 긴급안전 조치 및 조치결과통보 업무
> 5. 법 제9조제1항제4호의 안전·보건 관계 법령에 따른 안전보건교 육, 직무교육, 관리자교육, 판매자교육, 기술교육, 위생관리교육 등 의무교육

5. 인력배치 및 업무부여 시 고려사항

① 인력배치 및 업무부여의 기준

사업형태, 규모 등 개별 기업의 상황에 맞는 인력을 갖추 고 업무를 부여해야 하며, 이를 위해서는 다음을 고려할 필요가 있습니다.

② [인력배치 및 업무부여시 고려사항]

- 가능한 범위에서 안전·보건 관련 업무와 관련된 자격을 갖

추고 충분한 경험이 있는 자를 우선적으로 배치
- 근무위치는 대상이 되는 사업장 등과 인접하도록 함으로써 실질적인 업무수행이 가능하도록 할 것
- 적절한 업무를 수행할 수 있도록 충분한 업무시간을 확보하고 그 외 업무를 과도하게 부여하지 않을 것

【3】 안전보건 예산 편성 및 집행

경영책임자는 다음 사항을 이행하는데 필요한 예산을 편성하고 집행해야 합니다.

※ **중대재해처벌법 시행령 제8조 제2호**
1. 안전·보건 관계 법령에 따른 인력·시설 및 장비 등의 확보·유   지
2. 유해·위험요인의 점검과 위험징후 발생 시 대응
3. 기타 환경부장관이 고시하는 사항
---

1. 관계 법령에 따른 인력·시설 및 장비 등의 확보·유지를 위한 예산

① 안전·보건 관계 법령상 관련 인력, 시설 및 장비 등을 갖추고 이를 유지하기 위한 예산을 편성하고 집행했는지 여부를 경영책임자등이 확인하고 조치할 의무를 부담합니다.
② 관계 법령에 따른 필요예산은 인건비, 시설·장비 확보·유지 관리비, 안전 점검 비용, 기타비용으로 편성할 수 있습니다.

■ 관계 법령에 따른 예산편성

① (인건비) 원료·제조물 안전관리 업무/시설·설비 유지보수 업무 수행인력의 인건비

② (시설·장비확보·유지관리비) 원료·제조물 취급시설 등의 안전과 정비·점검을 위한 신규 시설 및 장비 확보비용, 기존 시설 및 장비의 보수 등을 위한 비용

③ (안전점검비용) 정기안전점검, 정밀안전진단, 긴급안전점검 등의 비용(위탁시 위탁비용으로 별도 기재)

④ (기타비용) 재해발생 및 우려시 안전조치비, 계획수립, 안전교육, 관련 서류작성 및 보관 등의 행정비용

■ 관계 법령에 내용이 없는 경우

관계 법령에 인력, 시설 및 장비 등과 관련된 규정이 없는 경우 아래 2.의 유해·위험요인 점검 및 대응을 위한 예산을 편성하고 집행할 의무를 부담합니다.

■ 주요 안전·보건 관계 법령상 필요 예산

구 분	예 산
고압가스법	- (제조/저장/판매) 시설/기술 기준 준수 및 유지 예산 - (수입) 시설/기술 기준 준수 및 유지 예산 - (운반) 운반차량 기준 준수 및 유지 예산
농약관리법	- (제조/수입/판매) 시설 및 장비 요건 준수 및 유지 예산
마약류 관리법	- (제조/수입/판매) 시설기준 준수 및 유지 예산
비료관리법	- 생산시설 기준 준수 및 유지 예산
화학제품 안전법	- (제조/수입) 제조 및 보관 시설 기준 준수 및 유지 예산
식품위생법	- (제조/가공/운반/판매/보존) 시설 기준 준수 및 유지 예산 - (급식) 시설기준 준수 및 유지 예산

약사법	- (약국) 시설기준 준수 및 유지 예산 - (제조/수입) 기준 준수 및 유지 예산
의료기기법	- (제조/수입) 시설과 제조 · 수입 및 품질관리 체계 유지 예산
화약류 단속법	- (판매) 시설기준 준수 및 유지 예산
화학물질 관리법	- (취급) 취급기준, 취급시설기준 준수 및 유지 예산 - (운반) 운반장비 및 시설기준 준수 및 유지예산

2. 유해·위험요인의 점검과 위험징후 발생 시 대응 예산

① 경영책임자등은 안전·보건 관계 법령상 규정의 유무와 관계없이 유해·위험요인의 점검 및 위험징후 발생 시 대응을 위한 인력, 시설, 장비, 시스템 운영 등에 필요한 예산을 편성하고 집행할 의무를 부담합니다.

② 유해·위험요인 점검 및 대응을 위한 예산

1. 유해·위험요인의 점검 및 대응을 위한 인력 및 조직을 갖추고 업무를 부여하기 위한 비용(인건비 등)

2. 유해·위험요인이 발견 또는 신고 접수된 경우 긴급안전점검, 긴급안전조치, 정비·보수·보강 등 개선을 위한 비용

3. 시설의 기능 유지, 안전 관련 시설 및 설비의 설치 비용

4. 중대시민재해 발생에 대비한 재해대응 절차도, 이용자를 위한 비상대피지도 등의 제작·개선 비용

5. 중대시민재해 발생 시 원인 개선을 위한 종사자 교육 또는 이용자 안내 조치 비용

6. 안전관리에 필요한 물품·보호구 및 장비 구입 비용

③ 안전·보건 관계 법령에 유해·위험요인의 점검 및 대응 업

무가 법정되어 있을 경우 위 예산은 "1. 관계 법령에 따른 인력·시설 및 장비 등의 확보·유지를 위한 예산"과 중복될 수 있는데, 이 경우 유해·위험요인 점검을 위한 별도의 예산을 편성하고 집행해야 하는 것은 아닙니다.

3. 환경부 장관이 고시하는 사항

(2022년 1월 27일 환경부고시 제2022-26호)

> **제4조(예산 편성·집행)** 사업주와 경영책임자등은 다음 각 호의 사항을 이행하는 데 필요한 예산을 편성·집행한다.
> 1. 법 제9조제1항제4호의 안전·보건 관계 법령에 따른 인력·시설 및 장비 등의 확보·유지
> 2. 유해·위험요인의 점검을 위한 인력·시설 및 장비 등의 확보·유지
> 3. 유해·위험요인이 발견 또는 신고 접수된 경우 긴급안전점검 및 조치가 필요한 경우 긴급안전조치
> 4. 법 제9조제1항제4호의 안전·보건 관계 법령에 따른 안전보건교육, 직무교육, 관리자교육, 판매자교육, 기술교육, 위생관리교육 등 의무교육

【4】 업무처리절차 마련 및 조치 의무

① "경영책임자는 다음의 사항을 포함하는 업무처리절차를 마련하고 그에 따른 조치를 할 것"

② 중대재해처벌법 시행령 제8조 제3호, 제4호

1. 유해·위험요인의 주기적인 점검

2. 제보나 위험징후의 감지 등을 통해 발견된 유해·위험요인을 확인한 결과 중대시민재해의 발생 우려가 있는 경우의 신고 및 조치

3. 중대시민재해가 발생한 경우의 보고, 신고 및 조치

4. 중대시민재해 원인조사에 따른 개선조치

■ **업무처리절차 마련 및 조치 의무 대상**

① 아래 특정 원료·제조물을 취급하는 경우에 업무처리절차를 마련해야 합니다.

② 중대재해처벌법 시행령 [별표5]의 원료·제조물

법 률	원료 또는 제조물
고압가스법	독성가스(제28조제2항제13호)
농약관리법	농약, 천연식물보호제, 원제 및 농약활용기자재(제2조제1호, 제1호의2, 제3호 및 제3호의2)
마약류 관리법	마약류(제2조제1호)
비료관리법	보통비료 및 부산물비료(제2조제2호 및 제3호)
화학제품 안전법	살생물물질 및 살생물제품(제3조제7호 및 제8호)
식품위생법	식품, 식품첨가물, 기구 및 용기 · 포장(제2조제1호, 제2호, 제4호 및 제5호)
약사법	의약품, 의약외품, 동물용 의약품 · 의약외품(제2조제4호 및 제7호, 제85조제1항)
원자력 안전법	방사성물질(제2조제5호)
의료기기법	의료기기(제2조제1항)
총포화약법	의료기기(제2조제1항)
화학물질 관리법	유해화학물질(제2조제7호)
기타	위 원료·제조물에 준하는 것으로 관계 중앙행정기관의 장이 지정·고시하는 생명·신체에 유해한 원료·제조물

■ 소상공인 제외

소상공인*은 업무처리절차를 마련할 필요가 없습니다.. 그러나 업무처리절차를 사전에 마련할 의무가 없는 것일 뿐 상기 안전·보건확보의무를 이행할 의무를 부담합니다.

> * 소상공인 : 소상공인기본법 제2조에 따른 소상공인 → ①상시 근로자 10명 미만, ②업종별 상시 근로자 수가 소상공인기본법시행령에서 정하는 기준에 해당할 것

1. 유해·위험요인의 주기적 점검

① [별표5]의 원료·제조물을 취급하는 경영책임자 등은 유해· 위험요인의 주기적 점검을 위한 "업무처리절차"를 사전에 마련해야 하며, 유해·위험요인을 파악할 때 업종, 규모등 사업장 실정에 따라 적절한 방법을 사용해야 합니다.

② 안전·보건 관계 법령에 이에 관한 내용이 규정되어 있는 경우 아래의 내용을 고려하여 그 의무이행을 위한 절차를 마련하면 되는 것이고, 추가적인 의무를 부담하는 것이 아닙니다.

③ 【유해·위험요인 점검 방법】유해·위험요인의 점검은 아래를 고려하여 진행하되, 특별한 사정이 없으면 순회점검 방법을 포함하는 것이 권장됩니다.

■ 유해·위험요인 점검 방법

- 사업장 순회점검에 의한 방법
- 청취조사에 의한 방법
- 안전보건 자료에 의한 방법
- 안전보건 체크리스트에 의한 방법
- 그 밖에 사업장의 특성에 적합한 방법

④ 주요 안전·보건 관계 법령상 유해·위험요인 점검절차나 방법의 예는 아래와 같습니다.

- (화학물질관리법) 화학사고예방관리계획서 이행의무(제23조의2제1항) → 자체 점검계획(안전계획 내) → 안전관리 목표 및 방향성에 대한 주기적인 검토·보완 및 개선 계획, 설비·장치의 안전관리 계획 및 점검계획, (화학사고예방관리계획서작성고시)에 따른 이행

- (고압가스법) 안전관리규정 작성의무(제11조) → 탱크운반, 자율검사를 위한 검사장비 보유 및 자율검사요원의 관리에 관한 사항(시행규칙 [별표15]) → 안전관리규정의 이행

- (건강기능식품법) 자가품질검사의무(제21조) → 주기적 자가품질검사(시행 규칙 [별표7]) / 원재료 검사 확인의무(제21조의2) → 건강기능식품 기준 및 규정 고시, 건강기능식품 원재료 진위검사에 관한 고시에 따른 원재료 검사 이행

- (광산안전법) 성능검사(제9조), 안전규정제정(제11조) → 광산안전사항 점검(근로자 준수사항, 화약사용 사항, 전기·기계설비 안전, 광해방지 등) 이행

- (농약관리법) 자체검사업무(제24조제2항), 판매관리업무(제23조), 농약등의 안전사용기준 등의 준수 의무

2. 유해·위험요인의 주기적 점검, 신고 및 조치 업무처리절차

① 경영책임자등은 유해·위험요인을 주기적으로 점검하도록 하고, 확인결과 중대시민재해의 발생 우려가 있거나, 신고가 있는 경우 응급조치 시행, 관계 행정기관에 신고 절차 등 업무처리절차를 마련해야 합니다.

② 업무처리절차의 특별한 형식은 없으나, 유해·위험요인의 발굴, 유해·위험요인의 신고, 유해·위험요인의 확인에 따른 조치를 포함하여, 다음의 업무처리절차 표준(안) 예시를 기업 또는 기관의 특성에 따라 수정하여 활용할 수 있습니다.

■ 업무처리절차 표준(안) 예시
① 사업장 일반현황

상호(명칭)		업종	취급하는 원료 제조물 종류	안전보건 담당자	
연락처	사업장, 안전보건 담당자, 사무실 등				
주소(사업장)					

② 유해·위험요인 목록 및 안전장치

- 사업장에서 생산, 제조, 판매, 유통하는 원료/제조물 관련 유 위험요인 목록
- 안전장치 · 장비 목록 및 배치도

③ 유해 · 위험요인 점검

내 용	추진일정	추진절차	예산확보 여부	미확보시 조치계획
(점검대상 /내용 등)	점검주기, 수시 점검 요건 및 준비사항 등	결과보고, 피드백 절차 등		

④ 유해 · 위험요인의 신고 및 확인에 따른 조치

- 내부 대응 비상 연락체계 및 비상 대응조직 상세, 신고접수 및 조치방안 등
- 외부 대응 관계기관의 신속한 보고 및 신고 절차

⑤ 중대시민재해 발생 시 보고, 신고 및 조치 계획

- 사고 발생 시 비상 연락체계(신고, 전파절차 등) 및 가동중지에 관한 절차 등
- 응급조치계획(가동중지, 회수, 응급구호조치 등)

⑥ 원인조사 및 개선조치

- 사고원인조사 및 재발방지계획
- 단기 및 중장기 사고복구 계획

■ 유해·위험요인의 발굴

경영책임자등은 안전보건 담당자로 하여금 주기적인 점검 등을 통해 유해·위험요인을 발굴할 수 있도록 업무처리절차를 마련할 의무를 부담하며, 안전보건 담당자가 이와 같은 절차를 이행하고 있는지 점검하고 조치할 의무를 부담합니다.

■ 유해·위험요인의 신고

① 경영책임자등은 안전보건 담당자 및 현장 작업자의 참여*를 기반으로 유해·위험 요인을 발굴할 수 있도록 해야 하며, 이를 위해서 "누구나" 신고할 수 있는 절차가 공식적·공개적이어야 합니다.

* 하청업체, 파견업체, 공급·판매업체 및 고객도 유해·위험요인을 발굴하거나, 알게 된 경우 해당 요인을 관련 사업자에게 신고·제보할 수 있도록 해야 함

② 신고자는 공익신고자보호법에 따라 보호받을 수 있습니다. 또한 누구든지 공익신고자등에게 공익신고 등을 이유로 불이익조치를 할 수 없습니다(동법 제15조). 불이익조치가

있다면 경우에 따라 3년 이하의 징역 또는 3천만원 이하의 벌금이나2년 이하의 징역 또는 2천만원 이하의 처벌을 받게 됩니다(동법 제30조).

■ **유해·위험요인의 확인에 따른 조치**

① 유해·위험요인의 발굴, 신고 또는 조치요구 시, 안전보건 담당자 등은 유해·위험 요인을 확인하고, 경미한 경우 자체 개선을 실시합니다.

② 만약 신고에 의한 확인하는 경우 신고자에게도 조치결과를 알려주어야 합니다. 유해·위험요인이 심각한 경우, 안전보건 담당자는 경영책임자에게 보고하고, 경영책임자는 이를 보완할 수 있는 조치를 지시하고 결과를 확인해야 합니다.

③ 경영책임자등은 유해·위험요인 점검 결과를 관계 행정기관에 보고해야 합니다.

[유해·위험요인 점검 결과 보고사항]
- 원료·제조물의 유해성·위해성에 관한 정보
- 원료·제조물의 확인된 정보와 다른 새로운 정보

---

④ 【징후발생과 대응】안전보건 담당자가 위험징후 대응업무를 이행할 수 있으며, 위험 징후에 대한 대응인력이 갖추어져 있어야 할 뿐만 아니라 이에 대한 업무가 공식적으로 부여되어 있어야 합니다.

⑤ 위험징후가 발생한 때에는 생산·제조·판매·유통되고 있는 원료·제조물에 대하여 다음 사항을 고려한 긴급대응방안을 마련하고 필요한 조치를 취할 수 있어야 합니다.

> **[긴급대응방안의 내용]**
> 해당 원료·제조물의 종류 해당 원료·제조물 등으로 인하여 인체에 미
> 치는 위해의 종류 및 정도 판매 등의 금지가 필요한 경우 이에 관한
> 사항 해당 원료·제조물의 이용자 등에 대한 긴급대응요령 등의 교육·
> 홍보에 관한 사항 관계 행정기관 또는 지방자치단체에 대한 보고절차

⑥ 위험징후 대응 업무를 담당하는 인력은 위 사항을 포함한
   대응방안을 마련하고 실행할 수 있는 역량*을 갖추어야 합
   니다.

* 이러한 역량은 아래에서 설명할 교육실시 및 점검·조치의   무
   와 관련이 있음. 업무담당자들의 역량강화는 주어진 교육   의무
   의 성실한 수행에서 시작됨

⑦ 【제조·생산의 중지】 유해·위험 요인이 제거되지 않고, 안전
   ·보건 확보 수준이 전반적으로 미흡할 경우 원칙적으로 전
   면 생산·제조의 중지가 필요합니다.

* 안전보건 담당자 등이 유해·위험요인이 확인된 현장에 출동하여
   생산·제조의 중지를 명령하는 등의 절차

⑧ 【가동중단】 원료·제조물을 생산·제조하는 자는 위해방지를
   위한 응급조치와 신고 외에도 중대시민재해 발생 가능성의
   중대성·시급성이 인정되는 경우 취급시설의 가동을 중단해
   야 합니다.

⑨ 【판매업자】 판매업자의 경우 위 조치에 추가하여 보관 진
   열된 원료·제조물 등의 회수, 유통중단 등을 위한 조치를
   취해야 합니다.

3. 중대시민재해 발생시 보고·신고 및 조치

① 중대시민재해가 발생하면 안전보건 담당자는 경찰서, 소방

서에 신고하고, 관계 행정기관에 상황을 보고하며, 재해자에 대하여 긴급구호조치, 긴급안전조치 등을 시행해야 합니다. 또한 중대시민재해 발생 상황을 경영책임자등에게 보고해야 합니다.

[중대시민재해 발생시 신고사항]

1. 사고 발생 시간 및 장소
2. 사고내용 및 사고원인 사고 피해 현황
- 피해확산 현황, 현장 응급조치 현황, 대피 현황 등
3. 신고자 및 사업장 책임자 연락처(성명, 전화번호)

---

② 경영책임자등은 안전관리 담당자의 대응상황 및 조치사항을 보고받고 필요시 추가 피해방지 조치를 지시하며, 상황 종료 후 피해 원인조사 및 개선대책 등 재발방지대책 마련을 지시해야 합니다. 이에 따라 안전관리 담당자는 경영책임자등의 지시사항을 이행하고, 조치 결과를 경영책임자등과 관계 행정기관에 보고할 수 있어야 합니다.

§5. 질의응답 사례

▶**질문** "원료 및 제조물"의 범위는 무엇인가요?

▶**답변** 중대재해처벌법은 원료 및 제조물의 범위를 제한하거나 하위법령에 위임하지 않습니다.

기본적으로 인체에 해로운 원료·제조물이 포함되며, 유해성을 기본적 속성으로 하지 않는 경우에도 생산·제조·판매·유통단계에서 설계, 제조, 관리상 결함이 있다면 동법의 적용대상이 됩니다.

▶**질문** 중대재해처벌법상 "사업주 및 경영책임자등"의 구체적인 의미는 무엇인가요?

▶**답변** ① 법령상 사업주는 "자신의 사업을 영위하는 자, 타인의 노무를 제공받아 사업을 하는 자"를 의미하는데, 이는 타인의 노무를 제공받을 것을 요건으로 하지 않으므로 "근로자를 사용하여 사업을 하는 자"를 사업주로 보는 산업안전보건법의 정의 보다 넓은 것입니다

② 나아가 자신의 사업을 영위하는 자가 사업의 수행을 위하여 수급인과 계약을 체결하였다면, 이때 수급인이 스스로 노무를 제공하는 경우뿐만 아니라 비록 수급인은 노무를 제공하지 않지만 수급인의 종사자가 노무를 제공하는 경우에 해당하면 '자신의 사업을 영위하는 자'는 소속 근로자가 없는 경우에도 중대재해처벌법의 사업주에 해당합니다.

③ 중대재해처벌법은 사업의 대표자이자 경영의 총괄책임자에게 종사자의 중대재해를 예방하도록 안전 및 보건 확보의무를 부여하고 있습니다.

④ 중대재해처벌법은 '경영책임자등'을 (1)사업을 대표하고 사업을 총괄하는 권한과 책임이 있는 사람 또는 이에 준하여 안전보건에 관한 업무를 담당하는 사람 또는 (2)중앙행정기관의 장, 지방자치단체의 장, 「지방공기업법」에 따른 지방공기업의 장, 공공기관의 운영에 관한 법률 제4조부터 제6조까지의 규정에 따라 지정된 공공기관의 장으로 정의하고 있는데, 각각의 내용은 다음과 같습니다.

[중대재해처벌법] 제2조제9호 '경영책임자등'

- [사업을 대표하고 사업을 총괄하는 권한과 책임이 있는 사람] 대 외적으로 해당 사업을 대표하고, 대내적으로 해당 사업의 사무를 총괄하여 집행하는 사람 → 통상적으로 기업의 경우에는 원칙적으 로 상법상의 대표이사, 중앙행정기관이나 공공기관의 경우에는 해 당 기관의 장을 의미함.

※ 다만, 형식상의 직위 명칭에 관계없이 '실질적으로' 사업을 대표하고 전체 사업을 총괄하는 권한과 책임이 있는 사람이 안전·보건 확보의무 이행에 관 한 최종적인 의사결정권을 가진다고 볼 수 있는 경우에는 그가 경영책임자에 해당할 수 있음. 따라서 해당 사업에서의 ①직무, ②책임과 권한, ③기업의 의사결정구조 등을 종합적으로 고려하여 최종적으로 경영책임자에 해당하는 지를 판단해야 함. 그러므로 공장장, 현장소장 등 개별 작업장 또는 사업장 의 실무상 책임자 또는 대표자와는 구별되어야 함

- [이에 준하여 안전보건에 관한 업무를 담당하는 사람] 사업 또 는 사업장 전반의 안전 및 보건에 관한 조직·인력·예산 등에 관 하여 총괄하여 권한과 책임이 있는 사람으로서 대표이사 등 최고 경영책임자에 준하여 전적인 권한과 책임을 가지는 등 최종 결정 권을 가진 사람을 의미함

※ 따라서 안전보건 업무를 전담하는 최고책임자라 하더라도 사업 경영대표자 등으로부터 사업 또는 사업장 전반의 안전·보건에 관한 조직, 인력, 예산에 관한 총괄 관리 및 최종 의사결정권을 위임받은 경우로 평가될 수 있는 경우가 아니 라면 "이에 준하여 안전보건에 관한 업무를 담당하는 사람"으로 볼 수 없음

▶**질문** 경영책임자등은 어떠한 기준으로 특정될 수 있나요?

▶**답변** ① 중대재해처벌법상 의무와 책임의 귀속 주체는 사업을 대표하 고 사업을 총괄하는 권한과 책임이 있는 자입니다. 따라서 사 업을 대표하고 사업을 총괄하는 권한과 책임이 있는 자 외에 안전 및 보건에 관한 업무를 담당하면서 그에 관한 최종적인 의사결정권을 행사할 수 있는 사람이 있다면, 그 역시 중대재 해처벌법 상 경영책임자등에 해당할 수 있습니다.

② 안전보건확보의무(제9조)에서 "사업주 또는 경영책임자"라는 표현은 양자택일의 선택적 의미가 아니며, 안전보건확보의무

이행의 주체는 양자 모두이고 의무 불이행의 책임도 모두 부담할 수 있다는 의미입니다.

③ 경영책임자가 여러 명인 경우 개별 사안마다 안전 및 보건 확보의무 불이행에 관한 최종적 의사결정권의 행사나 그 결정에 관여한 정도를 구체적으로 고려하여 형사책임이 부과되어야 할 것입니다.

---

(1) 사업대표 및 총괄관리가 공동으로 이루어지는 경우(공동대표이사 등)

- 사업을 대표하고 사업을 총괄하는 권한과 책임이 있는 사람이 2명 이상 있다면 2명 모두 경영책임자가 될 수 있으며, 안 및 보건 확보의무도 역시 공동으로 부여된 것으로 볼 수도 있음
- 특히 복수의 대표이사가 있는 경우 회사 내에서의 ①직무 ②책임과 권한 ③기업의 의사결정 구조 등을 종합적으로 고려하여 실질적으로 해당 사업에서 최종 경영 책임자가 누구인지를 판단할 수 있을 것임

(2) 하나의 법인이 복수의 사업부분을 가지고 사업부분 마다 책임자가 다른 경우

- 하나의 법인에 두 개 이상의 사업이 있고 각각의 사업을 대표하고 총괄하는 권한과 책임이 있는 자가 있고, 각 사업 부문이 독립성을 가지고 분리되어 있어 별개의 사업으로서 평가될 수 있는 경우에는 각 사업을 대표하고 총괄하는 권한과 책임이 있는 사람이 해당 사업 부문의 경영책임자에 해당할 수 있음

(3) 여러 개의 사업부분이 있으면서, 법인 전체를 대표하고 사업 전체를 총괄하는 대표자가 있는 경우

- 사업 부문별 대표가 각 사업부문의 조직, 인력, 예산 등 경영의 독립성을 가지고 별개의 사업으로서 운영되는 경우에 원칙적으로는 각 사업 부문별 대표가 경영책임자에 해당함
- 그러나 여러 사업 부문들을 총괄하는 차원에서 해당 사업 부문의 경영상의 중요한 의사결정을 총괄대표가 하거나 부문별대표와 공동으로 하는 경우에는 법인 내에서의 직위나 직무, 해당 사업 부문에서 실질적인 권한 행사 등 기업의 의사결정구조에 따른 영향력 등을 종합적으로 고려하여 사업을 총괄하는 대표가 경영책임자에 해당하는지 여부를 판단하여야 할 것임

▶**질문** 자동차, 승강기 등도 제작 상 결함이 있는 경우 중대시민 재해의 원인이 되는 원료 또는 제조물로 볼 수 있을까요?

▶**답변** 자동차, 승강기 등은 그 속성에 인체유해성이 포함되어 있지 않지만, 위에서 언급한 바와 같이 설계, 제조, 관리에 있어 사업주 등이 안전보건 확보의무를 준수하지 않아 결함이 발생한다면 중대시민재해로 이어질 수 있으므로, 「중대재해처벌법」의 적용대상인 원료 ·제조물에 해당합니다.

▶**질문** 의료기기를 구입하여 사용하는 병원이 의료기기의 관리에 주의의무를 다하지 못하여 중대시민재해가 발생한 경우에도 중대재해처벌법에 따른 처벌이 가능한가요?

▶**답변** 중대재해처벌법은 원료·제조물의 생산·제조·판매·유통 중의 결함으로 중대시민재해가 발생한 경우 안전보건확보의무 이행 여부에 따라 사업주 등을 처벌합니다.

최종 사용자인 병원이 "구입"하여 사용하는 것은 생산·제조·판매·유통 과정 이후의 과정이므로, 동법의 적용대상이 되지 않으며 중대재해처벌법외 민사상 손해배상책임 등의 청구가 가능합니다.

▶**질문** "안전·보건 관계 법령"의 범위는 무엇인가요?

▶**답변** "안전·보건 관계 법령"의 개념은 동법 시행령에서 정하고 있습니다. 생산·제조·판매·유통 중인 원료나 제조물에 적용되는 것으로서 그 원료나 제조물이 사람의 생명·신체에 미칠 수있는 유해·위험 요인을 예방하고 안전하게 관리하는 데 관련되는 법령을 말합니다. 다만, 법령은 법령을 직접 열거하지 않고 있습니다. 따라서 사람의 생명 또는 신체의 유해·위험 예방 및 안전관리와 관련된 규정을 담고 있거나 그러한 취지의 법령은 모두 포함됩니다.

▶**질문** 개별 안전·보건 관계 법령상 계획서 작성 등의 의무를 수행함으로써 중대재해처벌법상 업무처리절차를 마련하는 것으로 인정될까요?

▶**답변** 중대재해처벌법은 개별 안전·보건 관계 법령상 의무 준수를 기본

으로 하며, 사업주에게 그와 같은 의무이행 현황을 파악하고 부족한 경우 보완할 의무를 부여하고 있습니다.

개별 법령에 따라 중대재해처벌법이 요청하는 모든 사항을 담고 있는 경우도 있으나 그렇지 않은 경우도 있습니다. 따라서 사업주는 개별 법령에 따른 의무이행 후 중대재해처벌법이 요구하는 유해·위험요인 점검 및 대응을 위한 인력, 업무, 예산 등이 적절한지를 검토하고 부족한 경우 보완조치를 취해야 합니다.

▶**질문** 중대재해처벌법상 유해·위험요인 점검 및 대응과 관련된 의무는 개별 법령상의 위험점검 및 대응의무와 다른 것인가요?

▶**질문** 개별 안전·보건 법령에 유해·위험요인 점검 및 대응 규정이 있는 경우, 그 취지는 중대재해처벌법과 다르지 않습니다. 그러나 중대재해처벌법은 "사업주"로 하여금 그러한 점검과 대응을 위한 인력, 예산, 업무처리절차의 마련을 점검하고 조치할 의무를 부여하는 것입니다. 또한 개별 법령의 사정에 따라 유해·위험요인의 점검과 관련된 규정이 없는 경우도 존재합니다. 이때에도 중대재해처벌법에 따라 유해·위험요인의 점검을 위한 인력, 예산, 업무처리절차를 마련해야 합니다.

▶**질문** 유해·위험요인 점검 및 대응 등을 위해 전담조직을 구성해야 하나요?

▶**답변** 반드시 전담조직을 구성해야 하는 것은 아닙니다. 산업안전보건법 및 개별 안전·보건법령 혹은 기타 다른 법령에 따라 동법 시행 전 구성된 조직을 활용할 수 있으며, 조직구성에 있어서도 신규인력의 채용이 아닌 이미 채용된 자에게 업무를 부여하는 방식도 가능합니다.

다만, 단순한 인력배치 및 업무부여가 중대재해처벌법상 의무는 아닙니다. 사업주는 해당 인력의 배치와 업무부여가 적절한지 여부를 점검하고 부족한 경우 인력을 충원하거나 업무부여를 수정하고 이를 위한 예산편성 및 집행의무를 부담하는 것이므로, 이를 위한 인력 및 업무부여가 적절하게 유지되어야 합니다.

▶**질문** 관계 법령상 의무이행 사항의 점검은 반드시 직접 실시해야 하는 것인가요?

▶**답변** 위탁점검도 가능합니다. 해당 안전·보건 관계 법령에 따라 중앙행정기관의 장이 지정한 기관 등에 위탁하여 점검하는 경우도 점검에 해당합니다. 다만, 직접 점검하지 않는 경우 점검 후 지체 없이 점검 결과를 보고 받아야 합니다.

▶**질문** 개별 관계 법령에는 법정의무 교육을 두고 있지 않은데도 중대재해처벌법에 따라 교육을 실시해야 하는지요?

▶**답변** 그렇지 않습니다. 기존의 안전·보건 법령에 따른 교육실시 등을 점검하는 것이므로 중대재해처벌법상 새로운 교육실시 의무가 부여되는 것은 아니며, 개별 법령에 따른 교육실시를 점검하고 미흡한 경우 조치할 의무를 사업주 또는 경영책임자에게 부여하고 있는 것입니다.

사업주는 관계 법령에 따른 의무이행 상황을 점검하고, 그 이행에 미흡하다고 판단되는 경우 예산추가, 인력배치 등 의무이행에 충분하도록 사업 환경을 개선할 의무를 부담합니다.

▶**질문** 중대시민재해에서 중대산업재해는 제외된다고 하는데, 중대산업재해는 어떤 것인가요?

▶**답변** ① 중대산업재해는 다음과 같이 정의하고 있습니다.

중대재해처벌법 제2조

"중대산업재해"란 「산업안전보건법」 제2조제1호에 따른 산업재해 중 다음 각 항목의 어느 하나에 해당하는 결과를 야기한 재해를 말한다.
가. 사망자가 1명 이상 발생 나. 동일한 사고로 6개월 이상 치료가 필요한 부상자가 2명 이상 발생 다. 동일한 유해요인으로 급성중독 등 대통령령으로 정하는 직업성 질병자가 1년 이내에 3명 이상 발생

산업안전보건법 상 산업재해는 다음을 의미함

[산업안전보건법 제2조] "산업재해란 노무를 제공하는 사람이 업무에 관계되는 건설물·설비·원재료·가스·증기·분진 등에 의하거나 작업 또

는 그 밖의 업무로 인하여 사망 또는 부상하거나 질병에 걸리는 것을 말한다.”

② 【작업장 내 근로자 외의 사망 등】 다만, 사업장에서 발생한 사망 또는 부상의 사고라도 노무를 제공하거나 업무를 수행하는 사람에 대한 것이 아니라면 중대시민재해에 해당할 수 있습니다.

예) 제조공장에 방문한 견학자가 사망하거나 부상을 당하는 경우

▶**질문.** 사업주나 법인이 직접 운영 또는 관리하는 작업장이 아닌 실질적으로 지배·운영·관리하는 사업 또는 사업장의 의미는 무엇인가요?

▶**답변.** ① 원료·제조물로 인한 중대시민재해에 대해 중대재해처벌법은 실질적으로 지배·운영·관리하는 사업 또는 사업장을 적용범위로 합니다. 그러나 법률에서 “실질적인 지배·운영·관리”의 의미를 정하고 있지는 않습니다. 다만, 유사한 개념이 산업안전보건법에 규정되어 있어 이를 참고할 수 있습니다.

산업안전보건법 제10조제2항 ‘도급인의 사업장’

- 도급인이 제공하거나 지정한 경우로서 도급인이 지배·관리하는 대통령령으로 정하는 장소(위험장소)를 포함함
- [도급인이 지배·관리하는 장소] 도급인이 해당 장소의 유해·위험 요인을 인지하고 이를 관리·개선하는 등 통제할 수 있는 장소(개정 산업안전보건법 시행(2020.1.16.)에 따른 도급시 산업재해예방 운영지침)
- 또한 대법원은 위와 같이 산업안전보건법이 개정되기 전 사업주(도급인)의 의무에 대해 다음과 같이 판시한 바 있음

(대법원 2010. 6. 24. 선고 2010도2615 판결, 대법원 2016. 3. 24. 선고 2015도8621 판결 등)

“사업의 전체적인 진행과정을 총괄하고 조율할 능력이 있는 사업주에게 그가 관리하는 작업장에서 발생할 수 있는 산업재해를 예방하기 위한 조치를 하여야 할 의무가 있다”

【소결】"실질적으로 지배·운영·관리하는지"는, '사업주 또는 경영책임자 등이 해당 사업장에서 이루어지는 사업의 전체적인 진행과정을 총괄하고 조율하며 작업환경 및 유해·위험요인 등을 관리, 통제할 수 있는지'를 기준으로 판단할 수 있음.

② 【사업 또는 사업장의 범위】 결국 "실질적으로 지배·운영·관리하는지"는, '사업주 또는 경영책임자등이 해당 사업장에서 이루어지는 사업의 전체적인 진행과정을 총괄하고 조율하며 작업환경 및 유해·위험요인 등을 관리, 통제할 수 있는지'를 기준으로 판단할 수 있습니다.

▶**질문** 원료 및 제조물의 판매·유통 과정에서의 결함으로 발생한 중대시민재해도 이 법의 적용을 받는 것인가요? 그렇다면 온라인판매중개업자 등도 적용대상이 되나요?

▶**답변** ① 중대재해처벌법은 생산·제조·판매·유통 과정의 원료·제조물에 적용되므로, 사업자의 모든 영업과정이 포함됨. 따라서 이 과정에서 이용되는 원료·제조물이 적용대상이 됩니다.

중대재해처벌법 제2조 "…설계, 제조, 관리상의 결함을 원인으로 하여…"
중대재해처벌법 제9조 "생산·제조·판매·유통 중인 원료나 제조물의……"

② (생산·제조) 생산·제조과정에서 사용되는 원료와 원료로 만들어지는 제조물과 관련된 것이므로 위탁생산 과정도 포함됩니다.
③ (판매·유통) 제품을 판매 및 유통하는 자이므로 수입판매업자·판매중개업자* 등이 모두 포함합니다.
* 온라인플랫폼사업자 등도 판매중개업자에 포함될 수 있음. 현재 다양한 법령에서 판매중개업자에게도 안전 확보를 위한 의무를 부과하고 있음

▶**질문** 원료나 제조물의 설계, 제조, 관리상의 결함은 어떠한 경우를 의미하나요?

▶**답변** ① 사업주 등은 중대시민재해의 예방을 위해 생산·제조·판매·유통 중인 원료나 제조물의 설계, 제조, 관리상의 결함으로 인한 이용자 또는 그 밖의 사람의 생명, 신체의 안전을 위하여 안전·보건확보 의무를 부담합니다(법 제9조 제1항).

     * 따라서 이러한 의무를 위반하여 원료나 제조물의 설계, 제조, 관리상의 결함이 발생하고 이를 원인으로 사망 또는 상해사고 등이 발생한 경우 중대재해처벌법상 처벌될 수 있음

     ② 그렇다면 "원료·제조물의 설계, 제조, 관리상의 결함"의 의미가 중요한데, 민사책임에 관한 특별법이지만 제조물책임법 상 이에 관한 내용이 정의되어 있으며, 관련 판례도 존재합니다.

【제조상의 결함】

제조물책임법은 "제조상의 결함"을 다음과 같이 정의함

제조물책임법 제2조제2호가목 제조상의 결함 " 제조상의 결함"이란 제조업자가 제조물에 대하여 제조상·가공상의 주의의무를 이행하였는지에 관계없이 제조물이 원래 의도한 설계와 다르게 제조·가공됨으로써 안전하지 못하게 된 경우를 말한다.

---

     ③ 판례는 위 규정을 바탕으로 제조자에게 기대 가능한 범위 내에서 안전성을 갖춘 제품을 제조할 책임이 있다고 인정합니다.

(대법원 1992. 11. 24. 선고 92다18139 판결)

"변압변류기 폭발 사건"

"물품을 제조하여 판매하는 제조자는 그 제품의 구조, 품질, 성능 등에 있어서 현대의 기술수준과 경제성에 비추어 기대 가능한 범위 내의 안전성과 내구성을 갖춘 제품을 제조하여야 할 책임이 있고…"

"변압변류기의 점진적인 절연열화를 최소화할 수 있는 방법이 있고 그러한 방법으로 절연열화를 최소화한 경우에 최소한의 내

구년한이 기사용기간을 초과한다면, 내구년한 전에 발생한 절연
파괴는 위와 같은 절연열화를 최소화하는 방법을 취하지 않은
구조 내지 제조상의 결함이 있는 것으로 추정할 수 있고…"

④ 【설계상의 결함】 제조물책임법은 "설계상의 결함"을 다음과 같
이 정의합니다.
[제조물책임법 제2조제2호나목] 설계상의 결함 "설계상의 결
함"이란 제조업자가 합리적인 대체설계(代替設計)를 채용하였더
라면 피해나 위험을 줄이거나 피할 수 있었음에도 대체설계를
채용하지 아니하여 해당 제조물이 안전하지 못하게 된 경우를
말한다.
⑤ 판례는 위 규정을 바탕으로 제조자가 합리적인 대체설계를 채
용하였더라면 피해나 위험을 줄이거나 피할 수 있었음에도 대체
설계를 채용하지 아니하여 제조물이 안전하지 못하게 된 경우를
"설계상의 결함"으로 판단합니다.

(대법원 2014. 4. 10., 선고, 2011다22092, 판결)
"담배소송 사건"
"제조자가 합리적인 대체설계를 채용하였더라면 피해나 위험을
줄이거나 피할 수 있었음에도 대체설계를 채용하지 아니하여 제
조물이 안전하지 못하게 된 경우를 말하는 이른바 설계상의 결
함이라 한다"
"국가 등이 니코틴이나 타르를 완전히 제거할 수 있는 방법이
있다 하더라도 이를 채용하지 않은 것 자체를 설계상 결함이라
고 볼 수 없고…"

(대법원 2013. 7. 12., 선고, 2006다17553, 판결)
"고엽제 사건"
"제조업자가 이러한 고도의 위험방지의무를 위반한 채 생명 ·
신체에 위해를 발생시킬 위험이 있는 화학제품을 설계하여 그대

로 제조·판매한 경우에는 특별한 사정이 없는 한 그 화학제품에는 사회통념상 통상적으로 기대되는 안전성이 결여된 설계상의 결함이 존재한다고 봄이 상당하다"

"甲 등 베트남전 참전 군인들이 乙 외국법인 등에 의해 제조되어 베트남전에서 살포된 고엽제 때문에 염소성 여드름 등 각종 질병이 발생하였다며 乙 법인 등을 상대로 제조물책임 등에 따른 손해배상을 구한 사안에서, 참전 군인들 중 일부가 고엽제의 TCDD에 노출되어 특이성 질환인 염소성 여드름이 발생하는 손해를 입었다고 인정한 사례"

▶**질문** 중대시민재해 재발방지를 위한 대책수립과 이행에 관한 예는 어떤 것이 있나요?

▶답변 ① 본문에서 설명한 바와 같이 면밀한 사고조사를 바탕으로 재발 방지를 위한 대책을 수립해야 하며, 관계 행정기관의 명령이 있는 경우 적극적으로 협조할 의무가 있습니다.

② 【협조의무】 재발 방지를 위하여 원료·제조물 및 관련 용기 등의 회수 등 조치가 필요하다고 권고 또는 건의되는 경우 이를 수행하고 협조할 의무를 부담합니다.

(예) 고압가스법 제18조 제3항

산업통상자원부장관은 다음 각 호의 어느 하나에 해당하는 경우 제2항에 따른 수집검사를 하지 아니하고 그 용기 등의 제조자 또는 수입자에게 회수 등을 명할 수 있다.

  1. 제26조의2제2항에 따라 가스사고조사위원회가 유사한 사고의 재발 방지를 위하여 용기 등에 대한 회수 등의 조치가 필요하다고 권고 또는 건의하는 경우

  2. 유통 중인 용기등에서 공공의 안전에 위해를 일으킬 수 있는 명백하고 중대한 결함이 발견되어 긴급하게 용기등에 대한 회수등의 조치가 필요한 경우

▶**질문** 중앙행정기관·지방자치단체가 관계 법령에 따라 개선, 시정 등을 명한 사항의 이행에 관한 조치에 관한 예는 어떤 것이 있나요?

▶**답변** ① 안전·보건 관계 법령에 관련된 규정이 있는 경우 구체적인 조치계획과 결과보고의 내용을 포함하고 있으므로 이에 따라 이행조치를 하면 됩니다.

(예) 화학제품안전법 제37조 회수명령

환경부장관은 제품을 제조·수입·판매 또는 유통한 자에게 생활화학제품 또는 살생물제의 회수, 폐기 등의 필요한 조치를 명할 수 있음

가. 수입금지, 미승인 제품, 미신고, 표시기준 위반

나. 정당한 사유 없이 품질관리 기준 미준수에 대한 시정명령 불이행 시
  - 조치명령을 받은 자는 조치계획서를 유역환경청장 또는 지방환경청장에게 제출
  - 조치명령을 받은 자는 조치결과를 유역환경청장 또는 지방환경청장에게 제출

---

② 개별 관계 법령에 관련 규정이 없는 경우라면 다음의 사항을 고려하여 조치계획과 결과보고서를 구성할 수 있습니다.

【조치계획서/조치결과보고서】 사업주 또는 경영책임자는 이와 같은 이행을 위해 다음의 사항을 고려하여 조치계획서 등을 마련하고, 이행 후 결과를 보고해야 합니다.

[조치계획서의 제출] 조치계획서 고려사항

- 해당 물질, 제품의 명칭, 제조량, 수입량, 판매량, 거래업체명 등
- 조치계획량(계획서 제출 당시의 유통량 등을 고려하여 산출)
- 조치명령 이행에 소요되는 예상시간
- 조치명령 이행의 장소 및 구체적 이행방법
- 조치사실의 공표 방법

[조치결과보고서의 제출] 조치결과보고서 고려사항

- 해당 물질, 제품(제조물)의 명칭, 제조량·수입량, 판매량, 조치량 및 미조치량 등이 포함된 조치실적

- 미조치량 등의 명세 및 향후 조치계획
- 재발방지를 위한 대책

▶**질문** 안전·보건 확보 의무를 구분하고 그에 따른 인력을 개별적으로 고용해야 하는지요?

▶**답변** ① 반드시 업무별로 인력을 구분하여 채용하거나 기존 인력 외 새로운 인력을 채용해야 하는 것은 아닙니다. (1)타 법령에 따른 기존 안전보건인력을 활용할 수 있으며, (2)그 외 자체적으로 인력 및 조직을 두고 있는 경우의 활용도 가능합니다. 더불어 아래의 유해·위험요인 점검 업무를 함께 수행하는 것도 가능합니다. 다만, 이러한 경우에 업무수행이 충분히 가능하도록 적정한 인력배치와 업무수행이 이루어져야 합니다.

② 즉 중대재해처벌법 시행 전 사업장에 기존 안전·보건 인력과 조직을 두고 있던 경우 해당 인력과 조직을 활용할 수 있습니다. 다만, 사업주나 경영책임자는 안전·보건 관련 인력과 조직이 관련 업무를 적절하게 수행하고 있는지 확인하고 부족한 경우 이에 대한 조치를 취해야 합니다.

▶**질문** 안전·보건 관계 법령에 따라 안전·보건 관리 업무를 수행할 인력을 갖추고 업무를 수행하도록 조치하는 것은 구체적으로 어떤 의미인가요?

▶**답변** ① 【개별 안전·보건 관계 법령과의 관계】 개별 안전·보건 법령에 안전·보건 관리를 위한 인력기준이 있는 경우 이를 준수해야 하는 것은 중대재해처벌법과 관계없이 사업주가 이행해야 하는 것이므로, 중대재해처벌법상 의무를 이행하기 위해서는 인력을 갖추었는지 확인하고 그들이 안전·보건과 관련된 업무를 수행하는지 여부도 확인·점검해야 합니다. 이러한 의무이행은 문서화하여 기록할 필요가 있습니다.

> **[예] 살생물제품 제조업자에 대한 안전관리 기준 중 인력기준**
> - 제품의 제조과정에서 사람 및 환경의 안전을 관리하기 위하여 제품의 제조에 관한 충분한 지식과 경험을 갖춘 책임자를 지정 할 것

- 원료, 자재, 제품의 보관 및 유지·관리 업무를 수행하는 담당자를 지정할 것
- 제품의 품질을 유지·관리하기 위한 시험·검사를 수행하는 담당자를 지정할 것

② 만약 사업과 관련된 개별 안전·보건 법령에 안전·보건 관리를 위한 인력기준이 없다고 하여도 중대재해처벌법에 따라 인력을 갖추어야 합니다. 그 이유는 "유해·위험요인을 점검"하기 위한 인력을 갖추어야 할 의무가 사업자에게 있기 때문입니다.

▶질문 위험징후 발생시 대응과 관련한 안전·보건 관계 법령상의 규정은 어떠한 것이 있나요?

▶답변 ① 일부 안전·보건 관계 법령은 위험점검 후 징후를 발견했을 때 대응조치 중 하나로 관계 행정기관에 보고·신고하는 의무규정을 두고 있습니다.

【참고1】 건강기능식품 영업자(약국개설자 및 수입식품 등 수입·판매업자 포함)는 건강 기능식품으로 인하여 발생 하였다고 의심되는 바람직하지 아니하고 의도되지 아니한 징후를 알게 된 경우 식품의약품안전처장에게 보고하여야 함(건강기능식품법 제10조의2 제1항).
【참고2】 누구든지 재난의 발생이나 재난이 발생할 징후를 발견하였을 때에는 즉시 그 사실을 시장·군수·구청장·긴급구조기관, 그 밖의 관계 행정기관에 신고해야 함(재난안전기본법 제19조제1항).

② 또한 판매중단, 가동중단 등의 명령에 따르도록 규정하고 있는 경우도 있습니다.

화학물질관리법 제43조 제1항
화학사고가 발생하거나 발생할 우려가 있으면 해당 화학물질을 취급하는 자는 즉시 화학사고예방관리계획서에 따라 위해방제에 필요한 응급조치를 하여야 한다. 다만, 화학사고의 중대성·시급성이 인정되는

경우에는 취급시설의 가동을 중단하여야 한다.

발생우려 → 응급조치 → 취급시설 가동중단

석면안전관리법 제11조 제7항
환경부장관은 승인을 받지 아니하고 수입하거나 생산한 석면함유가능물질 또는 석면허용 기준을 초과한 석면함유가능물질이 판매 또는 판매를 목적으로 보관·진열(이하 "유통" 이라 한다)된 경우에는 대통령령으로 정하는 바에 따라 해당 석면함유가능물질을 수입·생산한 자나 유통한 자에게 회수 또는 유통금지를 명하거나 관계 행정기관의 장에게 회수 또는 유통금지를 명하도록 요청할 수 있다.
(시행령 제16조) 회수 또는 유통금지 명령을 이행한 자는 그 이행사항을 환경부령으로 정하는 바에 따라 환경부장관 및 관계 행정기관의 장에게 제출하여야 한다.

농약등 및 원제의 취급제한기준 제2조 제4항
원제취급자는 원제가 유출되어 사람의 건강 및 가축의 피해 또는 환경상의 피해가 발생하거나 발생할 우려가 있을 때에는 제2호의 자체 방제계획에 의한 위해방지에 필요한 응급조치를 하고, 가까운 유관기관(관할지방자치단체, 지방환경관서, 경찰관서, 소방관서, 지방노동관서, 보건소·상수원 취수장 등)에 신고하여야 한다.
원제취급자 : 생산·수입·판매·보관·저장·운반 또는 사용하는 자

③ 발견한 위험징후가 중대시민재해로 이어지지 않도록 위와 같은 사항을 포함한 필요한 대응조치를 취해야 합니다. 모든 안전·보건 관계 법령에 유해·위험요인 점검과 징후 발생 시 대응에 관한 규정을 두고 있는 것은 아니므로, 개별 법령상 규정을 참고하여 위험징후에 대응해야 합니다.

▶**질문** 중대시민재해 발생 시 취해야 할 조치는 어떠한 것들이 있나요?
▶**답변** ① 【긴급조치의무】 사업주 등은 위해 방지에 필요한 응급조치를 우선 실시하고, 생산·제조 사업자는 취급시설의 가동을 중단

해야 하며, 판매·유통업자는 즉시 해당 원료·제조물의 판매
및 유통을 중지하고 이미 판매되거나 유통된 원료·제조물을
회수하고 폐기하는 등의 조치를 취해야 합니다.

② 【신고의무】 사고발생 즉시 관할 지방자치단체, 지방환경관서,
국가경찰관서, 소방관서 등에 그 사실을 신고해야 합니다. 신고
내용에는 다음의 사항이 포함되어야 합니다.

[중대시민재해 발생시 신고사항]

- 생산, 제조, 판매, 유통업자
- 사고 발생 시간 및 장소
- 사고내용 및 사고원인 사고 피해현황
- 신고자 및 사업장 책임자 연락처(성명, 전화번호)

---

③ 더불어 화재현장 또는 구조·구급이 필요한 사고현장을 발견한
사람은 그 현장의 상황을 소방서 등(119)에 지체 없이 알려야
합니다(소방기본법 제19조),

④ 【협조의무】 원료·제조물의 생산·제조·판매·유통업자는 다음 상
황에 대해서 그 내용을 알 수 있거나 유관기관이 상황확인을
요청하는 경우 이에 응해야 합니다.

[중대시민재해 발생시 협조사항]

- 생산, 제조, 판매, 유통업자
- 사고 원인 원료·제조물의 확산 현황
- 사고 현장의 응급조치 현황
- 근로자 및 지역 주민의 대피 현황 등

▶**질문** 유해·위험요인의 점검이 어떠한 사항을 점검으로써 가능한지 개
별 안전·보건 관계 법령상 내용을 통해 알 수 있을까요?

▶**답변** 인체에 유해한 주요 원료·제조물에 있어서 유해·위험요인의 점검
사항은 다음과 같습니다.

[유해화학물질의 점검사항]

- 제조, 수입, 판매, 보관, 저장, 사용업 모두 해당
- 유해화학물질 목록 및 유해성 정보 확인
- 공정안전정보, 안전장치 현황 확인 – 안전관리계획 점검

[살생물물질 및 제품의 점검사항]

- 생산·제조 및 수입업자
- 살생물물질 및 제품의 위해성 정보
- 살생물제품 제조, 보관시설, 안전관리 기준의 준수 여부 확인

[농약 및 원제의 점검사항]

- (제조, 원제업, 수입업) 시설 및 장비 기준의 준수 여부
- (판매업) 시설기준 준수 여부

  의약, 식료품, 사료와 구별하여 진열, 판매하고 있는가?

  사람의 거주장소, 의약, 식료품 또는 사료 보관장소와 분리되어 있는가?

  환풍, 차광시설과 잠금장치가 완비되어 있는가?

  바닥이 방수처리 되어 있는가?

▶**질문** 유해·위험요인 점검 및 대응을 업무수행 시 고려해야 할 사항은 어떠한 것들이 있을까요?

▶**질문** ① 【유해·위험요인 점검 및 대응을 업무수행 시 고려사항】 기본적으로 개별 안전·보건 관계 법령에 따라 위해·위험요인 업무를 수행하도록 하되, 다음의 사항을 고려하여 적절한 업무를 구성합니다.

　② 유해·위험요인의 점검을 위한 고려사항

　　- [사전준비] 유해·위험요인의 점검 계획 수립*, 점검범위 설정, 점검에 필요한 자료의 수집

　　* 점검계획의 수립 등은 중대재해처벌법시행령 [별표5]의 원료·제조물에 해당하는 경우에만 필수적이며, 기타의 경우 참고사항으로 활용 가능.

　　- [위험요인 파악] 사업장 순회점검, 안전보건 체크리스트 활용, 사업장 내·외부 유해·위험요인 파악

- [위험성 추정] 유해·위험요인이 사람의 사망 또는 상해로 이어질 가능성 및 중대성의 크기를 추정하고 위험의 크기를 산정
- [위험성 결정] 유해·위험 요인별 위험성추정 결과와 사업장 내 허용 가능한 위험성 크기를 비교하고 추정된 위험성이 허용 가능한 범위에 있는지 판단
- [대책수립 및 실행] 위험성이 허용범위를 초과한 경우 이를 감소시키기 위한 대책을 마련하고 실행함
③ 유해·위험요인의 점검을 위한 고려사항 (단순판매업자)
- [위험요인 점검] 진열, 보관 장소 점검, 제품표시 확인, 판매 상품 정보수집 등
- [위험성 결정] 점검결과 또는 기타 사유로 위험성을 알게 된 경우, 허용될 수 있는 위험인지 여부를 확인(전문가 의견청취, 관계 기관 문의 등)
- [대책수립 및 실행] 위험성이 허용범위를 초과한 경우 이를 감소시키기 위한 대책을 마련하고 실행함

▶**질문** 유해·위험요인 점검 및 대응을 위해 업무상 고려해야 할 사항은 어떠한 것들이 있을까요?

▶**답변** 【유해·위험요인 점검 및 대응을 위한 고려사항】
① 누구나 신고·제보할 수 있도록 해야 합니다.
- 사업장 관계자는 누구나 안전·보건 담당자에게 재해의 우려가 있는 요소를 제보할 수 있어야 함
- 그 외에도 관련 업체 및 시민도 유해·위험요인을 신고 또는 제보할 수 있어야 함
② 위와 같이 다양한 경로로 재해우려의 제보 등이 있는 경우 이를 청취하고 보고할 수 있는 인력을 갖추어야 합니다. 또는 이에 준하는 체계를 갖추어야 합니다.
- 안전·보건 담당자는 이와 같은 사실을 사업주에게 보고해야 하며, 사업주는 이를 바탕으로 개선조치 등을 검토해야 함
③ 사업주는 중대시민재해 및 기타 재해발생 현황 등을 분석한 정보를 바탕으로 예방조치 등을 수행해야 합니다.

- 사업장 내 산업재해 발생 현황을 분석하고 이를 바탕으로 중대시민재해 예방을 위한 조치를 수행해야 함
- 재해로 이어지지 않았으나 독성이 있는 물질이 유출된 경우들을 분석함으로써, 중대시민재해 예방을 위한 유해·위험요인 점검의 자료로 활용해야 함

④ 유해·위험요인 점검을 통해 발굴한 위험요인을 제거하고 통제해야 합니다.
- 유해·위험요인인 물질을 보다 유해하지 않은 물질로 대체하는 등 위험요인을 경감할 수 있는 조치를 취해야 함
- 유해·위험요인의 제거가 어려운 경우 해당 장소 및 지역에 작업자 및 주민의 출입을 통제해야 함
- 유해·위험요인이 인근 주민에게 피해를 발생시킬 우려가 있는 경우 완충지대를 조성하거나 이격거리를 확보해야 함

⑤ 유해·위험요인이 높은 경우 이에 맞는 대비를 해야 합니다.
- 주변 주민의 접근이 가능한 위험설비 및 기계 등을 파악함 – 생산·제조·보관 과정에서 독성이 높은 물질을 취급하는 경우, 해당 물질의 취급상태 등을 파악하고, 대체가 가능한 경우 가급적 독성이 낮은 물질로 교체해야 함
- 제조물에 독성이 높은 물질이 포함되는지 여부를 파악하고, 이용자 등에게 미치는 영향을 분석해야 함

▶**질문** 중대시민재해의 발생에서 동일한 사고 및 원인의 어떤 의미이며, 치료기간은 어떻게 해석하나요?

▶**답변** ① 동일한 사고로 2개월 이상 치료가 필요한 부상자 10명 이상 발생

(동일한 사고) 하나의 사고 또는 장소적·시간적으로 근접성을 갖는 일련의 과정에서 발생한 사고로 인하여 2개월 이상 치료가 필요한 부상자가 10명 이상 발생한 경우를 말함

※ 사고가 발생하게 된 원인이 같은 경우라도 시간적·장소적 근접성이 없는 경우라면 각각의 사고가 별개의 사고에 해당 할 뿐 '동일한 사고'에 해당하지 않음

(2개월 이상 치료가 필요한 부상) 해당 부상과 부상으로 인한 합

병증 등에 대한 직접적 치료 행위가 2개월 이상 필요한 경우를 의미하며, 재활에 필요한 기간 등은 원칙적으로 포함하지 않음

※ 치료기간이 최초 진단일에는 2개월 미만이었으나, 치료과정에서 기간이 늘어남으로 인해, 2개월 이상 치료가 필요한 부상자가 10명 이상 발생하게 된 경우 그 시점에서 중대시민재해가 발생한 것으로 판단함

② 동일한 원인으로 3개월 이상 치료가 필요한 질병자 10명 이상 발생

(동일한 원인) 하나의 사고 또는 장소적·시간적으로 근접성을 갖는 일련의 과정에서 발생한 사고로 인하여 3개월 이상 치료가 필요한 질병자가 10명 이상 발생한 경우를 말함

(3개월 이상 치료가 필요한 질병) 해당 질병과 질병으로 인한 합병증 등에 대한 직접적 치료 행위가 3개월 이상 필요한 경우를 의미하며, 재활에 필요한 기간 등은 원칙적으로 포함하지 않음

제4장
중대시민재해
(시설물·공중교통수단)

제4장 중대시민재해(시설물·공중교통수단)

§1. 용어 정의 및 해석

> **제1조(목적)** 이 법은 사업 또는 사업장, 공중이용시설 및 공중교통수단을 운영하거나 인체에 해로운 원료나 제조물을 취급하면서 안전·보건 조치의무를 위반하여 인명피해를 발생 하게 한 사업주, 경영책임자, 공무원 및 법인의 처벌 등을 규정함으로써 중대재해를 예방 하고 시민과 종사자의 생명과 신체를 보호함을 목적으로 한다.

1. 법 제정 목적

① 중대재해 처벌 등에 관한 법률(이하 "중대재해처벌법")이 제정되기 전에도 사업장, 공중이용시설 및 공중교통수단, 원료·제조물 등에 적용되는 다양한 안전·보건 관계 법령이 존재하였고, 관련 제도 개편이 꾸준히 있었음에도 불구하고 중대 재해는 반복적으로 발생하였습니다.

② 사업장, 공중이용시설 또는 공중교통수단 등에서 중대재해가 발생하지 않도록 하는 핵심적인 요소인 안전 인력, 안전 예산 등은 기업 또는 기관 차원에서 경영상의 판단에 따라 투입될 수 있으나, 종전 안전·보건 관계법령은 대부분 현장에서 이행되어야 하는 안전조치 또는 행위 위주로 규정하여, 중대재해 예방에 한계가 있었습니다.

③ 이에, 기업 또는 기관을 경영하면서 인력과 예산 등 핵심 요소의 배치를 결정하는 권한과 책임을 가진 사람(이하 "경영책임자등")에게 안전·보건 확보 의무를 부과하고, 경영책임자등이 의무를 이행하지 않아 이를 원인으로 중대재

해가 발생한 경우에 형사처벌을 부과할 수 있도록 규정함으로써, 기업 또는 기관이 중대재해 예방을 위해 안전·보건을 관리하는 체계를 구축하도록 유도하기 위해 중대재해처벌법이 제정되었습니다.

2. 법 적용 시기

부칙 제1조(시행일)
① 이 법은 공포 후 1년이 경과한 날부터 시행한다. 다만, 이 법 시행 당시 개인 사업자 또는 상시 근로자가 50명 미만인 사업 또는 사업장(건설업의 경우에는 공사금액 50억원 미만의 공사)에 대해서는 공포 후 3년이 경과한 날부터 시행한다.
② 제1항에도 불구하고 제16조는 공포한 날부터 시행한다.

① 중대재해처벌법은 2021년 1월 26일 공포되었으며, 이로부터 1년이 경과한 날인 2022년 1월 27일부터 시행합니다.
② 규모가 작은 기업 또는 기관에 준비 기간을 충분히 부여하기 위해 법 시행 당시 개인 사업자 또는 상시 근로자가 50명 미만인 사업 또는 사업장(건설업의 경우에는 공사금액 50억원 미만의 공사)에 대해서는 공포 후 3년이 경과한 2024년 1월 27일부터 시행하도록 유예기간을 두었습니다.
③ 중대재해처벌법이 제반 의무를 개인으로서의 사업주와 경영책임자등에게 부과하고, 개인사업주가 아닌 사업주를 경영책임자등과 구분하여 법인 또는 기관으로 표현하고 있는 점에 비추어 볼 때, 이 법에서 규정하는 사업주는 행위자로서 개인사업주만을 의미합니다.
④ 상시근로자 50명 미만인 사업 또는 사업장이란 개별 사업

장이 아닌 전체 사업 또는 사업장을 의미하므로, 법인 또는 기관의 전체 종사자 규모를 기준으로 법 적용 유예 유무를 판단하여야 합니다.

⑤ 법인 또는 기관은 2022년 1월 27일 이후부터 2024년 1월 26일까지의 기간 동안 상시근로자가 50명 이상이 되는 날부터 법이 적용됩니다.

§2. 용어의 정의 및 해석
【1】 중대시민재해(시설물·공중교통수단)

> **제2조(정의)** 이 법에서 사용하는 용어의 뜻은 다음과 같다.
> 3. "중대시민재해"란 특정 원료 또는 제조물, 공중이용시설 또는 공중
> 교통수단의 설계, 제조, 설치, 관리상의 결함을 원인으로 하여 발
> 생한 재해로서 다음 각 목의 어느 하나에 해당하는 결과를 야기한
> 재해를 말한다. 다만, 중대산업재해에 해당하는 재해는 제외한다.
> 가. 사망자가 1명 이상 발생
> 나. 동일한 사고로 2개월 이상 치료가 필요한 부상자가 10명 이
> 상 발생
> 다. 동일한 원인으로 3개월 이상 치료가 필요한 질병자가 10명
> 이상 발생

1. 공중이용시설 또는 공중교통수단의 중대시민재해

■ 재해 발생 요건 및 원인

① 중대시민재해는 공중이용시설 또는 공중교통수단의 설계, 제조, 설치, 관리상의 결함으로 인해 발생한 재해입니다. 따라서, 법률 및 시행령에서 규정한 공중이용시설 또는 공중교통수단 외의 시설, 차량, 물체, 공작물 등을 원인으로 하여 발생한 재해는 재해 범위나 규모가 중대시민재해의 조건에 해당되더라도 중대시민재해가 아닙니다.

② 또한, 설계, 제조, 설치, 관리상의 결함이란, 시설, 설비, 부품, 자재 등 그 자체의 원인에 의한 것으로, 이용자의 부주의가 원인이 된 사고 또는 「재난 및 안전관리 기본법」 제3조제1호가목의 자연재난*으로 인한 사고 등 공중이용시설 또는 공중교통수단을 운영하는 기업 또는 기관의 관리범위

를 벗어나는 사항이 중대재해를 발생하게 한 사고 원인인 경우는 일반적으로 중대시민재해에 해당하지 않습니다.

※ 자연재난 : 태풍, 홍수, 호우, 강풍, 풍랑, 해일, 대설, 한파, 낙뢰, 가뭄, 폭염, 지진, 황사, 조류 대발생, 조수, 화산 활동, 소행성·유성체 등 자연우주물체의 추락·충돌, 그 밖에 이에 준하는 자연현상으로 인하여 발생하는 재해

③ 다만, 공중이용시설 또는 공중교통수단의 설계, 설치, 제조, 관리상의 결함과 이용자의 부주의, 자연재난 등이 중첩적으로 작용하여 중대재해 발생의 원인이 된 경우에는 경우에 따라 중대시민재해에 해당하게 될 수 있습니다.

■ 재해 발생 대상(재해자)의 범위

① 법률 또는 시행령에서 재해자의 범위를 공중이용시설 또는 공중교통수단의 이용자로 한정하지 않고, 법률 제정 목적을 '시민의 생명과 신체를 보호'로 하며(법 제1조), 사업주와 경영책임자등에 안전 및 보건 확보의무를 부과하는 목적을 '공중이용시설 또는 공중교통수단의 설계, 설치, 관리상의 결함으로 인한 그 이용자 또는 그 밖의 사람의 생명, 신체의 안전을 위하여'로 규정하였습니다(법 제9조제2항).

② 따라서, 중대시민재해 재해자의 범위는 '공중이용시설 및 공중교통수단의 이용자 또는 그 밖의 사람'으로 폭넓게 해석할 수 있습니다. 다만, 중대산업재해(종사자에게 발생하는 사망·상해사고)에 해당하는 재해는 중대시민재해에서 제외하도록 규정하였습니다(법 제2조제3호).

2. 중대시민재해 발생시 참고사항

■ 사망자 1명 이상 발생

다른 요건을 규정하고 있지 않으므로, 공중이용시설 또는 공중교통수단의 설계, 제조, 설치, 관리상의 결함이 그 이용자 또는 그 밖의 사람을 1명 이상 사망하게 한 경우 중대 시민재해에 해당합니다.

■ 동일한 사고로 2개월 이상 치료가 필요한 부상자 10명 이상 발생

① 동일한 사고 하나의 사고 또는 장소적·시간적으로 근접성을 갖는 일련의 과정에서 발생한 사고로 인하여 2개월 이상 치료가 필요한 부상자가 10명 이상 발생한 경우를 말합니다.

② 사고가 발생하게 된 원인이 같은 경우라도 시간적·장소적 근접성이 없는 경우 각각의 사고가 별개의 사고에 해당할 뿐 '동일한 사고'에 해당하지 않습니다.

③ 2개월 이상 치료가 필요한 부상 해당 부상과 부상으로 인한 합병증 등에 대한 직접적 치료 행위가 2개월 이상 필요한 경우를 의미하며, 재활에 필요한 기간 등은 원칙적으로 포함하지 않습니다.

④ 치료기간이 최초 진단일에는 2개월 미만이었으나, 치료과정에서 기간이 늘어남으로 인해, 2개월 이상 치료가 필요한 부상자가 10명 이상 발생하게 된 경우 그 시점에서 중대시민재해가 발생한 것으로 판단합니다.

■ 동일한 원인으로 3개월 이상 치료가 필요한 질병자 10명 이상 발생

① 동일한 원인 하나의 사업주, 법인·기관에서 관리·통제하는 재해요인 중 같은 원인으로 인하여 3개월 이상 치료가 필요한 질병자가 10명 이상 발생한 경우를 말합니다.

② 3개월 이상 치료가 필요한 질병 해당 질병과 질병으로 인한 합병증 등에 대한 직접적 치료 행위가 3개월 이상 필요한 경우를 의미하며, 재활에 필요한 기간 등은 원칙적으로 포함하지 않습니다.

【2】 공중이용시설

> 제2조(정의) 이 법에서 사용하는 용어의 뜻은 다음과 같다.
> 4. "공중이용시설"이란 다음 각 목의 시설 중 시설의 규모나 면적 등을 고려하여 대통령령으로 정하는 시설을 말한다. 다만, 「소상공인 보호 및 지원에 관한 법률」 제2조에 따른 소상공인의 사업 또는 사업장 및 이에 준하는 비영리시설과 「교육시설 등의 안전 및 유지관리 등에 관한 법률」 제2조제1호에 따른 교육시설은 제외한다.
>   가. 「실내공기질 관리법」 제3조제1항의 시설(「다중이용업소의 안전관리에 관한 특별법」 제2조제1항제1호에 따른 영업장은 제외한다)
>   나. 「시설물의 안전 및 유지관리에 관한 특별법」 제2조제1호의 시설물(공동주택은 제외한다)
>   다. 「다중이용업소의 안전관리에 관한 특별법」 제2조제1항제1호에 따른 영업장 중 해당 영업에 사용하는 바닥면적(「건축법」 제84조에 따라 산정한 면적을 말한다)의 합계가 1천제곱미터 이상인 것
>   라. 그 밖에 가목부터 다목까지에 준하는 시설로서 재해 발생 시 생명·신체상의 피해가 발생할 우려가 높은 장소

1. 일반사항

■ 공중이용시설 개념

① 공중이용시설은 그 설계, 제조, 설치, 관리상의 결함을 원인으로 중대시민재해가 발생하지 않도록 사업주 또는 경영책임자등이 안전·보건 확보 의무를 이행하도록 정한 대상입니다.

■ 공중이용시설 범위(포함 또는 제외 대상)

① 법률에서 위임한 실내공기질관리법상 시설, 시설물안전법상 시설, 다중이용업소법상 영업장 중 대상의 공중이용성, 규모, 유형 등을 고려하여 경영책임자등이 안전보건 확보 의무를 이행할 대상(공중이용시설)의 범위를 정합니다(시행령 제3조 및 별표2, 별표3).

② 또한, 법 제2조제4호라목의 '그 밖에 재해 발생 시 생명·신체상의 피해가 발생할 우려가 높은 장소'는 준공 후 일정 시간이 경과된 토목시설과 일정 규모 이상 주유소·가스충전소, 유원시설로 정합니다.

③ 다만, 소상공인의 부담이나 경영책임자등의 특정가능성 등을 고려하여 소상공인이 운영하는 사업(장)과 이에 준하는 비영리시설, 교육시설법에 따른 교육시설, 공동주택(주상복합 포함) 등은 제외합니다.

분류	공중이용시설 대표 예시
실내공기질 관리법상 시설(시행령 별표2)	- 철도역사 시설 중 대합실(연면적 2천제곱미터 이상) - 도서관법 제2조제1호의 도서관(연면적 3천제곱미터 이상)

시설물안전법 상 시설 (시행령 별표3)	연장 100미터 이상의 도로교량, 다목적댐, 발전용 댐, 홍수전용댐 등 토목시설물
다중이용업 소법 상 영업장	노래연습장, PC방(연면적 1천제곱미터 이상)
이에 준하는 시설	- 주유소, 가스충전소(대지면적 2천제곱미터 이상) - 준공 후 10년이 경과된 도로터널·철도터널·철도 교량 - 준공 후 10년이 경과된 도로교량(20m 이상)

2. 국토교통분야 공중이용시설

■ 공중이용시설의 분류

① 국토교통분야의 공중이용시설은 대부분 시설물안전법에 따라 안전관리를 수행 중인 제1·2종 시설물로(시행령 별표3), 도로시설(도로교량, 도로터널), 철도시설(철도교량, 철도터널), 항만시설, 댐시설, 건축물, 하천시설, 상하수도시설, 옹벽 및 절토사면 등입니다.

② 준공 후 10년이 경과된 토목시설(시행령 제3조제4호 가목~라목)은 '시설물안전법에 따른 도로시설 또는 철도시설'과 유사하며, 실내공기질관리법상 시설 중 지하역사 또는 각종 여객터미널도 '시설물안전법에 따른 건축물'과 유사합니다.

3. 대상여부확인

■ 시설물안전법 상 제 1·2종 시설물

시설물안전법 대상 공중이용시설의 경우 시설물통합정보관리 시스템(FMS)을 통해 관리 중이므로, 제1·2종 시설물의 경우 FMS에서 시설물의 유형과 세부 분류, 주요 제원 등 정보를 확인하여 공중이용시설의 범위에 해당하는지 확인할 수 있습니다.

■ 도로시설(준공 후 10년이 경과된 도로터널·도로교량 등)

도로법 제56조에 따라 작성하여 보관 중인 도로대장에서 준공 년도 등 정보를 확인하여 공중이용시설의 범위에 해당하는지 확인할 수 있습니다.

■ 건축물

건축물대장에서 용도, 연면적 등 정보를 확인하여 공중이용시 설의 범위에 해당하는지 확인할 수 있습니다.

§3. 공중교통수단

> **제2조(정의)** 이 법에서 사용하는 용어의 뜻은 다음과 같다.
>
> 5. "공중교통수단"이란 불특정다수인이 이용하는 다음 각 목의 어느 하나에 해당하는 시설을 말한다.
>
>   가. 「도시철도법」 제2조제2호에 따른 도시철도의 운행에 사용되는 도시철도차량
>
>   나. 「철도산업발전기본법」 제3조제4호에 따른 철도차량 중 동력차 · 객차(「철도사업법」 제2조제5호에 따른 전용철도에 사용되는 경우는 제외한다)
>
>   다. 「여객자동차 운수사업법 시행령」 제3조제1호라목에 따른 노선 여객자동차운송 사업에 사용되는 승합자동차
>
>   라. 「해운법」 제2조제1호의2의 여객선
>
>   마. 「항공사업법」 제2조제7호에 따른 항공운송사업에 사용되는 항공기

1. 일반사항

■ 공중교통수단 개념

① 공중교통수단은 그 설계, 제조, 설치, 관리상의 결함을 원인으로 중대시민재해가 발생하지 않도록 법률에서 경영책임자에 안전·보건 확보의무를 수행하도록 정한 대상입니다.

② 도시철도 차량(법 제2조제5호 가목), 철도 차량(나목), 시외버스 차량(다목), 여객선(라목), 운송용 항공기(마목)로 구분됩니다.

2. 국토교통분야 공중교통수단

국토교통분야의 공중교통수단은 철도차량(도시철도차량 포함), 시외버스차량, 운송용 항공기입니다.

분류	세부대상
도시철도차량	- 「도시철도법」 제2조제2호에 따른 도시철도*의 운행에 사용되는 도시철도차량 * 도시교통의 원활한 소통을 위하여 도시교통권역에서 건설, 운영하는 철도, 모노레일, 노면전차, 선형유도전동기, 자기부상열차 등 궤도에 의한 교통시설 및 교통수단
철도차량	- 「철도산업발전기본법」 제3조제4호에 따른 철도차량* 중 동력차, 객차(전용철도 제외) * 선로를 운행할 목적으로 제작된 동력차·객차·화차 및 특수차
시외버스	- 「여객자동차 운수사업법 시행령」 제3조제1호 라목에 따른 노선 여객자동차 운송사업에 사용되는 승합자동차 * 운행계통을 정하고 중·대형 승합자동차를 사용하여 여객을 운송하는 사업으로, 시외우등 고속버스, 시외고속버스, 시외고급고속버스, 시외우등직행버스, 시외직행버스, 시외고급직행버스, 시외우등 일반버스, 시외일반버스 등이 해당
운송용 항공기	- 「항공사업법」 제2조제7호에 따른 항공운송사업*에 사용되는 항공기 * 국내항공운송사업, 국제항공운송사업, 소형항공운송사업

§4. 사업주, 경영책임자등

> **제2조(정의)** 이 법에서 사용하는 용어의 뜻은 다음과 같다.
> 8. "사업주"란 자신의 사업을 영위하는 자, 타인의 노무를 제공받아 사업을 하는 자를 말한다.
> 9. "경영책임자등"이란 다음 각 목의 어느 하나에 해당하는 자를 말한다.
>   가. 사업을 대표하고 사업을 총괄하는 권한과 책임이 있는 사람 또는 이에 준하여 안전 보건에 관한 업무를 담당하는 사람
>   나. 중앙행정기관의 장, 지방자치단체의 장, 「지방공기업법」에 따른 지방공기업의 장, 「공공기관의 운영에 관한 법률」 제4조부터 제6조까지의 규정에 따라 지정된 공공 기관의 장

1. 사업주(개인사업주)

■ **일반사항**

① '사업주'란 자신의 사업을 영위하는 자, 타인의 노무를 제공받아 사업을 하는 자를 말합니다.

② 이 때 '자신의 사업을 영위하는 자'란 타인의 노무를 제공받음이 없이 자신의 사업을 영위하는 자를 말하므로, 중대재해처벌법에 따른 사업주는 "근로자를 사용하여 사업을 하는 자"로 한정하고 있는 산업안전보건법에 따른 사업주보다 넓은 개념입니다.

2. 경영책임자등

■ **일반사항**

① '경영책임자등'이란, 사업을 대표하고 사업을 총괄하는 권한과 책임이 있는 사람 또는 이에 준하여 안전보건에 관한

업무를 담당하는 사람을 말합니다.

② '사업을 대표하고 사업을 총괄하는 권한과 책임이 있는 사람'이란 대외적으로 해당 사업을 대표하고, 대내적으로 해당 사업의 사무를 총괄하여 집행하는 사람을 말하며, 통상적으로 기업의 경우에는 원칙적으로 상법상의 대표이사를 말합니다.

③ 다만, 형식상의 직위 명칭에 관계없이 '실질적으로' 사업을 대표하고 전체 사업을 총괄하는 권한과 책임이 있는 사람이 안전·보건 확보의무 이행에 관한 최종적인 의사결정권을 가진다고 볼 수 있는 경우에는 그가 경영책임자에 해당할 수 있습니다.

④ 따라서 해당 사업에서의 직무, 책임과 권한, 기업의 의사결정 구조 등을 종합적으로 고려하여 최종적으로 경영책임자에 해당하는지를 판단하여야 합니다.

⑤ '이에 준하여 안전보건에 관한 업무를 담당하는 사람'이란 사업 또는 사업장 전반의 안전 및 보건에 관한 조직·인력·예산 등에 관하여 총괄하여 권한과 책임이 있는 사람으로서 대표이사 등 최고경영책임자에 준하여 전적인 권한과 책임을 가지는 등 최종 결정권을 가진 사람을 의미합니다.

■ **공공부문 적용**

① 중앙행정기관의 장, 지방자치단체의 장, 「지방공기업법」에 따른 지방공기업의 장, 「공공기관의 운영에 관한 법률」 제4조부터 제6조까지의 규정에 따라 지정된 공공 기관의 장은 공공부문 적용 대상입니다.

② '중앙행정기관의 장'은 정부조직법 제2조제2항에 따라 설치된 부·처·청과 방송통신위원회, 공정거래위원회, 국민권익위원회, 금융위원회, 개인정보보호위원회, 원자력안전위원회 등 행정기관의 '장'을 의미합니다.

③ 정부조직법에서 '중앙행정기관'으로 포괄하지 않는 대법원, 국회 등 헌법기관의 경우에는 중대재해처벌법 제2조제9호가목에 따라 경영책임자를 판단하여야 합니다.

④ '지방자치단체의 장'은 지방자치법 제2조제1항의 특별시, 광역시, 특별자치시, 도, 특별자치도 및 시·군·구의 '장'을 의미합니다.

⑤ '공공기관'의 경우 지방공기업법에 따른 지방공기업의 장, 공공기관의 운영에 관한 법률 제4조부터 제6조까지의 규정에 따라 지정된 공공기관의 장이 경영책임자에 해당합니다.

§5. 실질적으로 지배·운영·관리

① 중대재해처벌법은 사업주나 법인 또는 기관이 실질적으로 지배·운영·관리하는 공중이용시설 또는 공중이용수단에서 중대재해가 발생하지 않도록 사업주나 경영책임자등에 안전 및 보건 확보의무를 부여합니다.

② 사업주, 법인 또는 기관이 공중이용시설이나 공중교통수단에 대해 소유권, 점유권, 임차권 등 장소, 시설, 설비에 대한 권리를 가지고 있거나, 공중이용시설 또는 공중교통수단의 유해·위험요인을 통제할 수 있거나, 보수·보강을 실시하여 안전하게 관리해야 하는 의무를 가지는 경우 등을 일반적으로 실질적인 지배·운영·관리하는 경우로 봅니다.

§6. 안전 및 보건 확보의무

※ 중대재해처벌법 제9조제2항

② 사업주 또는 경영책임자등은 사업주나 법인 또는 기관이 실질적으로 지배·운영·관리 하는 공중이용시설 또는 공중교통수단의 설계, 설치, 관리상의 결함으로 인한 그 이용자 또는 그 밖의 사람의 생명, 신체의 안전을 위하여 다음 각 호에 따른 조치를 하여야 한다.

1. 재해예방에 필요한 인력·예산·점검 등 안전보건관리체계의 구축 및 그 이행에 관한 조치
2. 재해 발생 시 재발방지 대책의 수립 및 그 이행에 관한 조치
3. 중앙행정기관·지방자치단체가 관계 법령에 따라 개선, 시정 등을 명한 사항의 이행에 관한 조치
4. 안전·보건 관계 법령에 따른 의무이행에 필요한 관리상의 조치

---

1. 개념

① 중대재해 예방을 위해 사업주와 경영책임자등이 준수하도록 한 사항으로, 대부분 현장에서 이행되어야 하는 안전조치, 재발방지대책 수립 등이 원활히 진행되도록 체계를 마련하고 관리상의 조치를 할 것을 규정한 것입니다.

② 종전 안전법령이 대부분 '현장에서 직접 이행되어야 하는 안전조치 또는 행위'를 규정한 것과는 다르게, 인력과 예산 등 핵심요소의 배치를 결정하는 권한과 책임을 가진 사람이 중대재해 예방을 위한 사항을 반영하여 기업 또는 기관을 경영하도록 하려는 취지입니다.

③ 특히, '재해예방에 필요한 인력·예산·점검 등 안전보건관리체계의 구축 및 이행에 관한 조치'와 '안전·보건 관계법령에 따른 의무 이행에 필요한 관리상의 조치'는 경영책임자의 주요 의무사항으로 자세히 안내합니다.

■ 중대재해처벌법 시행령 제3조

제3조(공중이용시설) 법 제2조제4호 각 목 외의 부분 본문에서 "대통령령으로 정하는 시설"이란 다음 각 호의 시설을 말한다.

1. 법 제2조제4호가목의 시설 중 별표 2에서 정하는 시설

2. 법 제2조제4호나목의 시설물 중 별표 3에서 정하는 시설물. 다만, 다음 각 목의 건축물은 제외한다.

　가. 주택과 주택 외의 시설을 동일 건축물로 건축한 건축물

　나. 건축물의 주용도가 「건축법 시행령」 별표 1 제14호 나목2)의 오피스텔인 건축물

3. 법 제2조제4호다목의 영업장

4. 법 제2조제4호라목의 시설 중 다음 각 목의 시설(제2호의시설물은 제외한다)

　가. 「도로법」 제10조 각 호의 도로에 설치된 연장 20미터 이상인 도로교량 중 준공 후 10년이 지난 도로교량

　나. 「도로법」 제10조제4호부터 제7호까지에서 정한 지방도·시도·군도·구도의 도로 터널과 「농어촌도로 정비법 시행령」 제2조제1호의 터널 중 준공 후 10년이 지난 도로 터널

　다. 「철도산업발전기본법」 제3조제2호의 철도시설 중 준공 후 10년이 지난 철도교량

　라. 「철도산업발전기본법」 제3조제2호의 철도시설 중 준공 후 10년이 지난 철도터널(특별시 및 광역시 외의 지역에 있는 철도터널로 한정한다)

　마. 다음의 시설 중 개별 사업장 면적이 2천제곱미터 이상인 시설
　　1) 「석유 및 석유대체연료 사업법 시행령」 제2조제3호의 주유소
　　2) 「액화석유가스의 안전관리 및 사업법」 제2조제4호의 액화석유가스 충전사업의 사업소

　바. 「관광진흥법 시행령」 제2조제1항제5호가목의 종합유원시설업의 시설 중 같은 법제33조제1항에 따른 안전성검사 대상인 유기시설 또는 유기기구

■ [법 제2조제4호가목의 시설 중 공중이용시설(시행령 별표 2)]

1. 모든 지하역사(출입통로·대합실·승강장 및 환승통로와 이에 딸린 시설을 포함)

2. 연면적 2천제곱미터 이상인 지하도상가(지상건물에 딸린 지하층의 시설을 포함한다. 이하 같다). 이 경우 연속되어 있는 둘 이상의 지하도상가의 연면적 합계가 2천 제곱미터 이상인 경우를 포함한다.

3. 철도역사의 시설 중 연면적 2천제곱미터 이상인 대합실

4. 「여객자동차 운수사업법」 제2조제5호의 여객자동차터미널 중 연면적 2천제곱미터 이상인 대합실

5. 「항만법」 제2조제5호의 항만시설 중 연면적 5천제곱미터 이상인 대합실

6. 「공항시설법」 제2조제7호의 공항시설 중 연면적 1천5백제곱미터 이상인 여객터미널

7. 「도서관법」 제2조제1호의 도서관 중 연면적 3천제곱미터 이상인 것

8. 「박물관 및 미술관 진흥법」 제2조제1호 및 제2호의 박물관 및 미술관 중 연면적 3천제곱미터 이상인 것

9. 「의료법」 제3조제2항의 의료기관 중 연면적 2천제곱미터 이상이거나 병상 수 100개 이상인 것

10. 「노인복지법」 제34조제1항제1호의 노인요양시설 중 연면적 1천제곱미터 이상인 것

11. 「영유아보육법」 제2조제3호의 어린이집 중 연면적 430제곱미터 이상인 것

12. 「어린이놀이시설 안전관리법」 제2조제2호의 어린이놀이시

설 중 연면적 430제곱미터 이상인 실내 어린이놀이시설

13. 「유통산업발전법」 제2조제3호의 대규모점포. 다만, 「전통
시장 및 상점가 육성을 위한 특별법」 제2조제1호의 전통
시장은 제외한다.

14. 「장사 등에 관한 법률」 제29조에 따른 장례식장 중 지하
에 위치한 시설로서 연면적 1천제곱미터 이상인 것

15. 「전시산업발전법」 제2조제4호의 전시시설 중 옥내시설로
서 연면적 2천제곱미터 이상인 것

16. 「건축법」 제2조제2항제14호의 업무시설 중 연면적 3천제
곱미터 이상인 것. 다만, 「건축법 시행령」 별표 1 제14호
나 목2)의 오피스텔은 제외한다.

17. 「건축법」 제2조제2항에 따라 구분된 용도 중 둘 이상의
용도에 사용되는 건축물로서 연면적 2천제곱미터 이상인
것. 다만, 「건축법 시행령」 별표 1 제2호의 공동주택 또
는 같은 표 제14호나목2)의 오피스텔이 포함된 경우는 제
외한다.

18. 「공연법」 제2조제4호의 공연장 중 객석 수 1천석 이상인
실내 공연장

19. 「체육시설의 설치·이용에 관한 법률」 제2조제1호의 체
육시설 중 관람석 수 1천석 이상인 실내 체육시설

※ 비고 : 둘 이상의 건축물로 이루어진 시설의 연면적은 개별 건축
물의 연면적을 모두 합산한 면적으로 한다.

■ [법 제2조제4호나목의 시설물 중 공중이용시설(시행령 별표 3)]

1. 교량

가. 도로교량
  1) 상부구조형식이 현수교, 사장교, 아치교 및 트러스교인 교량
  2) 최대 경간장 50미터 이상의 교량
  3) 연장 100미터 이상의 교량
  4) 폭 6미터 이상이고 연장 100미터 이상인 복개구조물

나. 철도교량
  1) 고속철도 교량
  2) 도시철도의 교량 및 고가교
  3) 상부구조형식이 트러스교 및 아치교인 교량
  4) 연장 100미터 이상의 교량

2. 터널

가. 도로터널
  1) 연장 1천미터 이상의 터널
  2) 3차로 이상의 터널
  3) 터널구간이 연장 100미터 이상인 지하차도
  4) 고속국도, 일반국도, 특별시도 및 광역시도의 터널
  5) 연장 300미터 이상의 지방도, 시도, 군도 및 구도의 터널

나. 철도터널
  1) 고속철도 터널
  2) 도시철도 터널
  3) 연장 1천미터 이상의 터널
  4) 특별시 또는 광역시에 있는 터널

3. 항만

가. 방파제, 파제제 및 호안
  1) 연장 500미터 이상의 방파제
  2) 연장 500미터 이상의 파제제
  3) 방파제 기능을 하는 연장 500미터 이상의 호안

나. 계류시설
  1) 1만톤급 이상의 원유부이식 계류시설(부대시설인 해저송유관을 포함한다)

2) 1만톤급 이상의 말뚝구조의 계류시설

3) 1만톤급 이상의 중력식 계류시설

4. 댐

1) 다목적댐, 발전용댐, 홍수전용댐

2) 지방상수도전용댐

3) 총저수용량 1백만톤 이상의 용수전용댐

5. 건축물

1) 고속철도, 도시철도 및 광역철도 역 시설

2) 16층 이상이거나 연면적 3만제곱미터 이상의 건축물

3) 연면적 5천제곱미터 이상(각 용도별 시설의 합계를 말한다)
의 문화·집회 시설, 종교시설, 판매시설, 운수시설 중 여
객용 시설, 의료시설, 노유자 시설, 수련시설, 운동시설, 숙
박시설 중 관광숙박시설 및 관광휴게시설

6. 하천

가. 하구둑

1) 하구둑

2) 포용조수량 1천만톤 이상의 방조제

나. 제방 국가하천의 제방[부속시설인 통관(通管) 및 호안(護岸)을
포함한다]

다. 보 국가하천에 설치된 다기능 보

7. 상하수도

가. 상수도

1) 광역상수도

2) 공업용수도

3) 지방상수도

나. 하수도 공공하수처리시설 중 1일 최대처리용량 500톤 이상인
시설

8. 옹벽 및 절토사면(깎기비탈면)

1) 지면으로부터 노출된 높이가 5미터 이상인 부분의 합이 100
미터 이상인 옹벽

2) 지면으로부터 연직(鉛直)높이(옹벽이 있는 경우 옹벽 상단으
로부터의 높이를 말한다) 30미터 이상을 포함한 절토부 (땅
깎기를 한 부분을 말한다)로서 단일 수평연장 100미터 이
상인 절토사면

※ 비고

1. "도로"란 「도로법」 제10조의 도로를 말한다.

2. 교량의 "최대 경간장"이란 한 경간(徑間)에서 상부구조의 교각과 교각의 중심선 간의 거리를 경간장으로 정의할 때, 교량의 경간장 중에서 최댓값을 말한다. 한 경간 교량에 대해서는 교량 양측 교대의 흉벽 사이를 교량 중심선에 따라 측정한 거리를 말한다.

3. 교량의 "연장"이란 교량 양측 교대의 흉벽 사이를 교량 중심선에 따라 측정한 거리를 말한다.

4. 도로교량의 "복개구조물"이란 하천 등을 복개하여 도로의 용도로 사용하는 모든 구조물을 말한다.

5. 터널 및 지하차도의 "연장"이란 각 본체 구간과 하나의 구조로 연결된 구간을 포함한 거리를 말한다.

6. "방파제, 파제제 및 호안"이란 「항만법」 제2조제5호가목2)의 외곽시설을 말한다.

7. "계류시설"이란 「항만법」 제2조제5호가목4)의 계류시설을 말한다.

8. "댐"이란 「저수지·댐의 안전관리 및 재해예방에 관한 법률」 제2조제1호의 저수지·댐을 말한다.

9. 위 표 제4호의 지방상수도전용댐과 용수전용댐이 위 표 제7호가목의 광역상수도·공업 용수도 또는 지방상수도의 수원지시설에 해당하는 경우에는 위 표 제7호의 상하수도 시설로 본다.

10. 위 표의 건축물에는 그 부대시설인 옹벽과 절토사면을 포함하며, 건축설비, 소방설비, 승강기설비 및 전기설비는 포함하지 않는다.

11. 건축물의 연면적은 지하층을 포함한 동별로 계산한다. 다만, 2동 이상의 건축물이 하나의 구조로 연결된 경우와 둘 이상의 지하도상가가 연속되어 있는 경우에는 연면적의 합계로 한다.

12. 건축물의 층수에는 필로티나 그 밖에 이와 비슷한 구조로 된 층을 포함한다.

13. "건축물"은 「건축법 시행령」 별표 1에서 정한 용도별 분류를 따른다.

14. "운수시설 중 여객용 시설"이란 「건축법 시행령」 별표 1 제8호의 운수시설 중 여객자동차 터미널, 일반철도역사, 공항청사, 항만여객터미널을 말한다.

15. "철도 역 시설"이란 「철도의 건설 및 철도시설 유지관리에 관한 법률」 제2조제6호가목의 역 시설(물류시설은 제외한다)을 말한다. 다만, 선하역사(시설이 선로 아래 설치되는 역사를 말한다)의 선로구간은 연속되는 교량시설물에 포함하고, 지하역사의 선로구간은 연속되는 터널시설물에 포함한다.

16. 하천시설물이 행정구역 경계에 있는 경우 상위 행정구역에 위치한 것으로 한다.

17. "포용조수량"이란 최고 만조(滿潮) 시 간척지에 유입될 조수(潮水)의 양을 말한다.

18. "방조제"란 「공유수면 관리 및 매립에 관한 법률」 제37조, 「농어촌정비법」 제2조제6호, 「방조제관리법」 제2조제1호 및 「산업입지 및 개발에 관한 법률」 제20조제1항에 따라 설치한 방조제를 말한다.

19. 하천의 "통관"이란 제방을 관통하여 설치한 원형 단면의 문짝을 가진 구조물을 말한다.

20. 하천의 "다기능 보"란 용수 확보, 소수력 발전이나 도로(하천을 횡단하는 것으로 한정한다) 등 두 가지 이상의 기능을 갖는 보를 말한다.

21. 위 표 제7호의 상하수도의 광역상수도, 공업용수도 및 지방상수도에는 수원지시설, 도수 관로·송수관로(터널을 포함한다) 및 취수시설을 포함하고, 정수장, 취수·가압펌프장, 배수지, 배수관로 및 급수시설은 제외한다.

제5장

직업성 질병의
주된 유해요인과 발생 사례

제5장 직업성 질병의 주된 유해요인과 발생 사례

§1. 염화비닐·유기주석·메틸브로마이드(bromomethane)· 일산화 탄소에 노출되어 발생한 중추신경계장해 등의 급성중독

【1】염화비닐

> * **(염화비닐)** 분자식은 C_2H_2Cl이며, 향긋한 냄새가 나는 무색의 가연성 기체

■ 발생원 및 노출가능상황

① 염화비닐의 합성, 수지 제조 및 관련 공정에서 노출이 가능합니다.

② 유기약품, 화장품 제조 공정, 냉장고 냉매, 에어로솔 추진제 등으로도 사용 가능합니다.

■ 증상 및 진단

① 초기에는 피부, 눈, 상기도에 자극증상을 유발해서 피부염, 충혈, 콧물, 재채기 등의 증상을 호소할 수 있습니다.

② 급성중독은 주로 흡입에 의한 마취 효과 및 호흡기 염증반응에 의한 것입니다.

③ 근로자가 느끼는 증상으로는 흡입 후 두통, 어지럼증, 구역과 구토, 졸리움 등이 생기다가 심한 경우에는 정신혼란이나 의식소실 등이 유발될 수 있습니다.

④ 최소 800ppm에 수 분 ~ 수 시간 동안 노출된 경우 이러한 증상이 발생할 수 있으며, 노출 후 최대 24시간 이내에 증상이 발생하는 것이 일반적입니다.

⑤ 염화비닐에 고농도로 노출된 경우 마취제와 유사한 작용을

통해 심장 박동의 이상 및 심한 경우 호흡부전에 이를 수 있습니다.

■ **예방조치**

○ 노출기준 : 시간가중평균농도 1ppm

【**관련규정 예시**】

※ 작업환경측정 등 유해인자와 직접 관련된 의무에 대한 산업안전보건법상 주요 규정
- 보건조치(제39조)
- 유해인자 허용기준의 준수(제107조)
- 물질안전보건자료의 작성 및 제출(제110조)
- 물질안전보건자료의 게시 및 교육(제114조)
- 물질안전보건자료대상물질 용기 등의 경고표시(제115조)
유해·위험물질의 제조 등 허가(제118조)
- 작업환경측정(제125조)
- 특수건강진단 등(제130조) 등

【2】 유기주석

> *** (유기주석)** 주석 원자(Sn)에 메틸기(CH_3-)와 같은 알킬기나 페닐기(C6H5-) 등이 결합되어 형성된 유기금속화합물로서 신경장해, 백혈구 감소 등 인체에 영향을 미치는 유독성 물질

■ **발생원 및 노출가능상황**

① 플라스틱, 음식포장재, 플라스틱 파이프, 농약, 살충제, 살균제 제조 등에 이용됩니다.
② PVC제품의 첨가물로 사용되는 메틸주석 계열 중 트리메틸주석이 급성으로 중추신경계 이상을 유발할 수 있는 것으로 알려져 있습니다.

■ 증상 및 진단

【외국사례】

① 일본과 프랑스 등에서 일부 사례 보고

② (과거 외국 보고 사례) 1981년 6명의 환례가 디메틸주석과 트리메틸주석에 1.5시간씩 3일간 노출 후 발생

- 두통, 귀의 이상감각, 피로감, 걸음걸이의 불안정 증상이 노출 후 수 시간에서 2~3일 후에 발생
- 모두에게서 청력이상이 최초 증상이었으며, 정신 심리학적 반응이 느려지고, 말이 어눌해지는 등의 신경학적 증상이 뒤따름
- 다양한 단계의 중추신경증상이 발생하였음(어지러움, 혼미, 정신 운동 느려짐, 기억력 장애/혼수상태, 지남력 장애/환각, 흥분, 탈출 시도/호흡중추 억제)
- 이 중 1명은 폐수종, 뇌부종, 신부전으로 사망

【국내사례】

2006년 주석과 유기물을 섞어 PVC안정제를 만드는 울산의 석유화학 공장의 탱크에서 나흘동안 유기 주석을 제거하는 작업을 하다가 중독 발생

- 4일 간 DMT 제조 회사의 탱크 청소 작업을 한 이후 그 다음 날부터 어지럼증을 호소하였고 지남력 저하와 환각, 흥분등의 이상 행동 증상을 보였음
- 뇌자기공명영상은 정상이었으나 이후 3일간 증상 호전이 없이 의식 저하가 진행되어 혼미한 상태로 응급실로 온 후 중독 진단 받음

■ 예방조치

○ 노출기준 : 시간가중평균농도 0.1mg/m³

(금속 주석은 2mg/m³

【관련규정 예시】

※ 작업환경측정 등 유해인자와 직접 관련된 의무에 대한 산
업안전보건법상 주요 규정

- 보건조치(제39조)
- 물질안전보건자료의 작성 및 제출(제110조)
- 물질안전보건자료의 게시 및 교육(제114조)
- 물질안전보건자료대상물질 용기 등의 경고표시(제115조)
- 작업환경측정(제125조)
- 특수건강진단 등(제130조) 등

【3】 메틸브로마이드(bromomethane)

> * (메틸브로마이드) 화학식은 CH_3Br이며, 무색무취의 기체로서 호흡
> 기계, 신장, 신경계에 영향을 끼칠 수 있음

■ 발생원 및 노출가능상황

① 수출입 농산물이나 임산물(원목, 쌀, 목재, 과실류, 종자류 및
곡류 등)에 대한 검역과정에서 사용되는 가장 대표적인 농약
(훈증제)로 무색 투명한 액체 또는 기체상의 물질입니다.

② 수출입 농산물이나 임산물을 검역하는 과정 또는 훈증 소
독하는 과정에서 노출이 가능합니다.

■ 증상 및 진단

① 일시적으로 초기에 눈의 자극과 충혈을 유발할 수 있으며 심한 경우 기침, 흉통, 호흡곤란이 생기며, 노출 24시간 이내 폐렴이 소견이 나타날 수 있고, 노출 수준에 따라 폐부종이나 신장 손상을 일으킬 수 있습니다.

② 사람은 8,000ppm에 2~3시간, 60,000ppm과 같이 고농도에는 잠시라도 노출되면 사망합니다. 중독증상은 천천히 나타나고 30분 내지 5~6시간의 잠복기간이 있습니다.

【국내사례】

수입 과일 방역작업을 수행한 근로자 1명이 메틸브로마이드에 의한 독성뇌병증이 발병하였고, 해당 사례를 조사하는 과정에서 추가로 동료 근로자 3명이 유사 중독증상이 있었음을 확인함. 이에 총 4명의 집단 발병으로 보고되었음(KOSHA Alert 2015-03호).

■ 예방조치

○ 노출기준 : 시간가중평균농도 1ppm

【관련규정 예시】

※ 작업환경측정 등 유해인자와 직접 관련된 의무에 대한 산업안전보건법상 주요 규정

- 보건조치(제39조)
- 유해인자 허용기준의 준수(제107조)
- 물질안전보건자료의 작성 및 제출(제110조)
- 물질안전보건자료의 게시 및 교육(제114조)
- 물질안전보건자료대상물질 용기 등의 경고표시(제115조)
- 작업환경측정(제125조)
- 특수건강진단 등(제130조) 등

【4】 일산화탄소

> * **(일산화탄소)** 분자식 CO이며, 무색무취의 기체. 일산화탄소는 산소(O_2)에 비해 헤모글로빈(산소 운반체)에 대한 친화력이 200~250배 강해서 인체 흡입 시 헤모글로빈과 산소 결합을 방해하는 화학적 질식제임

■ 발생원 및 노출가능상황
① 모든 유기물의 연소과정에서 발생할 수 있습니다.
② 제철, 탄광, 코크스 제조, 주물업, 터널작업, 내연기관 운전, 기관실, 석유 화학, 유기합성, 초산제조, 암모니아제조, 맥주발효 등 다양한 공정에서 노출이 가능합니다.

■ 증상 및 진단
① 호흡기를 통하여 흡수된 후 저산소증을 일으켜 중추신경계 질환(뇌부종) 또는 허혈성 심장질환을 일으킵니다.
② 적혈구에 산소대신 일산화탄소가 결합한 카복시헤모글로빈 농도에 따라 증상이 달라지는데 두통, 어지러움, 허약감, 구역, 구토, 각성상태 저하 등의 증상이 있다가 심한 경우 운동 시 실신, 호흡이나 맥박수의 증가 정신착란, 발작, 마비 등이 있습니다.
③ 관상동맥질환(협심증, 심근경색증)이 있었던 경우에는 낮은 농도의 노출에 의해서 악화 가능합니다.
④ 급성반응은 24시간 안에 나타나는 것이 일반적이지만 심혈관계 영향이나 신경학적 영향은 한 달 이후에 나타나는 경우도 있습니다.

【국내사례】

o 다양한 사례들이 보고되고 있습니다.

(1) 건설현장의 옥탑 2층 엘리베이터 기계실에서 콘크리트 보온 양생 작업장에서 양생 온도를 확인하다가 일산화탄소에 질식되어 작업자 1명이 사망(KOSHA Alert 2013-01호, 2014-01호, 2015-07호, 2016-07호, 2017-07호, 2017-08호)

(2) 콘크리트 보온양생을 위해 갈탄난로 보충 작업을 하다 갈탄연료 연소 시 발생된 일산화탄소에 질식되어 한 명이 사망

(3) 숯불 연기에 지속적으로 노출된 47세 식당 종업원이 급성 일산화탄소 중독에 의한 심근병증 진단 후 치료를 받았음.

(4) 쓰레기 소각장 근로자에게 지연성 뇌병증이 발생. 지연성 뇌병증은 급성 일산화탄소 중독 이후 회복 시 흔히 나타나는 질환임. 40세 남자로 22개월간 폐기물처리장에서 근무하던 중 멍한 모습을 보였고, 2015년 직장에서 화재 사고가 있어서 화재 진압에 동참 후 기억장애와 불안, 멍한 모습을 보였으며 일산화탄소 중독에 의한 지연성 뇌병증으로 진단

■ **예방조치**

① 노출기준 : 시간가중평균농도 30ppm, 단시간 노출기준200ppm

* 혈중 COHb의 농도를 3.5%로 유지하여 가능한 신경행동학적 이상 소견이 나타나는 것을 최소화하고, 심혈관계의 운동 수용능력을 CO의 영향을 받지 않고 유지하기 위한 기준임(혈중 COHb 농도가 5%에 이를 경우의 기중 CO 농도는 약 35ppm)

② 생물학적 노출지표(미국, ACGIH BEI, 2018)

- 근무종료 시 혈중 Carboxyhemoglobim 농도 3.5%이하
* 작업 종료 후 10-15분 이내 정맥혈채혈, 항응고제로 헤파린 사용, 채혈 후 측정 전까지 밀폐하여 냉암소에 보관하는 것을 권장
- 근무종료 시 호기 중 CO 농도 20ppm
* 작업 종료 후 10-15분 이내, 마지막 호기 채취

【관련규정 예시】

※ 작업환경측정 등 유해인자와 직접 관련된 의무에 대한 산업안전보건법상 주요 규정
- 보건조치(제39조)
- 유해인자 허용기준의 준수(제107조)
- 물질안전보건자료의 작성 및 제출(제110조)
- 물질안전보건자료의 게시 및 교육(제114조)
- 물질안전보건자료대상물질 용기 등의 경고표시(제115조)
- 작업환경측정(제125조)
- 특수건강진단 등(제130조) 등

§2. 납이나 그 화합물(유기납은 제외한다)에 노출되어 발생한 납 창백(蒼白), 복부 산통(産痛), 관절통 등의 급성중독

* - **(납)** 원자식은 Pb이며, 푸른색이나 회색의 연질 금속으로 자연 상태에서는 다른 원소와 결합한 화합물(예: $PbCl_2$) 형태로 존재. 납은 모든 비철금속 중 가장 많이 사용되는 금속(1년 평균 1,080만톤 생산, '12년)
  - **(무기납)** 일산화납(PbO)과 같은 무기납화합물은 호흡기, 입, 피부 등으로 흡수되며 주로 중추·말초신경계 장해, 조혈계, 신장, 간, 생식계에 영향을 미침

■ 발생원 및 노출가능상황

① 특성상 다양한 산업에서 사용이 가능합니다. 인간이 최초로 이용하기 시작한 금속 중의 하나입니다.

② 대표적으로 축전지 제조, 탄환의 재료, 산화제 페인트, 유리(세라믹 및 기타 색소 화합물 산업), 금형주조(전자기기 부품, 자동차부품), 케이블 피복제, 방사선 차폐재, 방음재, 시트 및 연관 제작 등에 다양하게 사용됩니다.

③ (주요 노출 공정) 연광석과 연원광의 제련, 함연 고물(고금속) 관련 작업 및 연 화합물의 생산 및 제조, 연, 도금, 염료, 축전지, 플라스틱제품 생산 시 분말 형태의 연 화합물 사용작업, 특히 철거나 해체 작업, 연, 연 합금 또는 함연 보호막을 연마하고 광을 내어 다듬는 작업, 연 함유 물질의 납땜이나 용해작업 등에 사용됩니다.

■ 증상 및 진단

① 납은 체내 축적되어 독성을 나타내지만, 아만성 독성의 초

기 증상으로 급성 증상이 나타나는 경우가 있습니다.
- (신경계) 쇠약감, 두통, 어지러움증, 기억의 상실, 불안, 우울, 불안정, 수면 이상, 사지 말단의 무감각, 근육통 또는 관절통, 요통, 사지 근력 저하, 심각한 경우 뇌부종이나 경련과 관련하여 의식의 저하나 혼란이 있을 수 있습니다.
- (혈액계) 빈혈, 납 창백(빈혈에 의한 증상임)
- (소화기계) 메스꺼움, 구토, 변비, 식욕저하, 복부 불편감과 통증
- (신요로계) 신세뇨관 손상으로 인한 급성신부전 가능
② (노출 상황) 노출 수준에 따라 다르지만 수 시간에서 수일 사이에 증상이 나타나게 되는데, 급성증상이 (아)만성독성의 초기 증상인 경우가 있어 최대 잠복기에 대해서는 확실하지 않습니다.
- 일반적으로 신경계 손상은 혈중납 성인에서 혈중 납농도 100~200㎍/dL 아래에서 발생하지는 않습니다.

혈중 납농도(㎍/dL)	증상
80 초과	복부 통증
100 초과	신장 손상

【국내사례】
① 한 철강업체 고철 재활용 공정에서의 직업병 유소견자 집단 발병
- 직업병 유소견자 12명에 대하여 1, 2차 추가검사를 통해 경과를 관찰한 결과, 8명은 혈중납 농도가 기준치 이하로 감소
- 3차 추가검사에서 나머지 4명의 유소견자 중 3명이 퇴사하

여 경과 관찰이 힘들었고, 한 명은 40㎍/dL 이하로 감소
- 3명에서 요중 베타2-마이크로 글로불린 수치가 상승하여
  급성 세뇨관 손상 확인
- 납이 고농도로 측정된 시점의 작업환경측정결과가 전 결과
  에 비해 수 배 이상 높았음
- 중유저장탱크 내부에 납이 포함된 페인트가 도포되어 있었
  고 이를 절단, 용해하는 작업 과정에서 납 노출이 있었던
  것으로 추정
② 청동 괴 제조업체에서 납을 첨가하는 청동 괴 주조시 납
  노출사례 2건이 보고
- 소규모 업체였으며 두 근로자의 혈중 납 농도가 각각 61.1
  ㎍/dL, 51.7㎍/dL 이었음

■ 예방조치

① 노출기준 : 시간가중평균농도 0.05㎎/㎥

* 신경전도와 말초신경염, 신장장해, 불임, 암발생 가능성을 최소화
  하는 수준

② 생물학적 노출지표

- 혈중 납 : 30㎍/dL

* 핀란드, 프랑스, 호주 등에서 혈중 연 농도의 한계치를 400㎍/dL
  로 설정하고 이를 초과할 경우 해당 작업에 종사하지 못하게 하
  는 경우가 있음

【관련규정 예시】

※ 작업환경측정 등 유해인자와 직접 관련된 의무에 대한 산
  업안전보건법상 주요 규정

- 보건조치(제39조)

- 유해인자 허용기준의 준수(제107조)
- 물질안전보건자료의 작성 및 제출(제110조)
- 물질안전보건자료의 게시 및 교육(제114조)
- 물질안전보건자료대상물질 용기 등의 경고표시(제115조)
- 작업환경측정(제125조)
- 특수건강진단 등(제130조)
- 유해·위험작업에 대한 근로시간 제한 등(제139조) 등

§3. 수은이나 그 화합물에 노출되어 발생한 급성중독

> * - **(수은)** 원자식은 Hg이며, 상온에서 액체상을 갖는 은백색 금속
> 으로 증발하기 쉬워 무색의 기체를 만들어서 주로 호흡기를 통해
> 흡입됨
> - **(무기수은)** 염소(Cl), 황(S) 등과 결합하여 흰색분말의 형태를 띄
> 는 고체상이며 주로 호흡기를 흡수되고 신장에 주로 축적됨
> - **(유기수은)** 메틸수은(CH_3Hg)과 같은 유기수은에 의한 중추신경계
> 장해는 인체에 치명적인 독성효과를 보임

■ 발생원 및 노출가능상황

① (수은 및 무기화합물) 상온에서 액체상태인 금속이며, 쉽게
휘발하므로 직업적인 노출의 경우는 대부분 수은증기의 흡
입에 의한 것입니다.

- 온도계, 압력계, 기압계, 밸브 등에 사용되어 왔고 기타 다
양한 용도로 산업에서 사용합니다.

- 형광등 제조업 작업자들과 형광등 제조시설 철거 공장에서
노출이 된 경우가 있습니다.

② (유기수)은 의약품이나 농약, 방부제, 나무 보존을 위한 훈
증제 등의 제조에 사용되며, 주로 경구섭취를 통해 독작용
을 일으킵니다.

③ 대부분 직업적 노출보다는 환경오염 사건과 관련이 있는데
메틸수은에 오염된 생선을 섭취하거나 알킬수은 화합물(농
약)로 처리된 곡물을 먹은 경우가 해당됩니다.

■ 증상 및 진단

① 신체부위

- (호흡기계 및 피부) 금속수은 증기에 고농도 노출된 경우 기침, 호흡곤란, 흉통, 화학성 폐렴 및 폐부종, 피부 발진, 알레르기 반응, 결막염 등 발생
- (중추신경계) 신경쇠약증, 저림증상, 떨림, 근긴장, 환각, 불안, 정서불안, 폭력적 행동이나 자살 경향, 보행 및 청각장애 등
- (신요로계) 신세뇨관 손상으로 인해 단백뇨가 나타날 수 있으며, 심한 경우 신부전 가능

■ 노출상황
① 노출수준에 따라 다르기는 하지만 노출 후 수 시간에서 수일 내 증상 발생하며 보통 7일 이내에는 급성 증상이 나타납니다.
- 혈중 무기수은이 18μg/dL 또는 요 중 수은이 500μg/g creatinine을 넘는 경우나 작업환경측정 결과 수은과 무기수은 화합물의 공기 중 노출 농도가 1mg/㎥을 넘는 경우 급성 노출 의심
② 만성독성과 관련하여 금속수은 증기의 흡입은 주로 신장과 신경계에 영향을 주고, 무기화합물은 호흡기계와 신장에 영향을 줍니다. 유기수은(알킬수은, 디메틸 수은)은 경구와 피부 섭취를 통해 신경계 독성을 주로 나타냅니다.

【국내사례】
형광등 공장 철거 시 수은 증기 노출로 인하여 급성 수은 중독 사례가 발생하였습니다.
- 철거에 참여한 21명의 근로자 중 18명이 수은 중독 증상을 나타냈음

- 초기 증상으로는 피부발진, 가려움, 근육통, 수면장애, 기침, 가래 증상이 있음
- 이후 7명의 근로자는 불안, 우울을 포함한 정신과적 문제를 호소하였고, 3명은 색소침착, 홍반을 포함한 피부과적 문제를 보였음
- 3명은 운동 이상, 2명은 손가락의 백조 목 변형(swan neck deformity), 2명은 감각마비 증상을 보였음. 2명은 비뇨기 계통 장애를 호소하였음

■ 예방조치

① 노출기준

물질	시간가중평균농도 (mg/㎥)	단시간노출기준 (mg/㎥)
아릴수은화합물	0.1	없음
알킬수은화합물	0.1	0.03
아릴 및 알킬수은화합물 제외(피부)	0.025	-

* 중추신경과 신장의 영향을 최소화하는 수준

② 생물학적 노출지표 작업전 채취한 소변 중 총 수은 농도 50μg/g creatinine

【관련규정 예시】

※ 작업환경측정 등 유해인자와 직접 관련된 의무에 대한 산업안전보건법상 주요 규정
- 보건조치(제39조)
- 유해인자 허용기준의 준수(제107조)
- 물질안전보건자료의 작성 및 제출(제110조)

- 물질안전보건자료의 게시 및 교육(제114조)
- 물질안전보건자료대상물질 용기 등의 경고표시(제115조)
- 작업환경측정(제125조)
- 특수건강진단 등(제130조)
- 유해·위험작업에 대한 근로시간 제한 등 (제139조) 등

§4. 크롬이나 그 화합물에 노출되어 발생한 세뇨관 기능 손상, 급성 세뇨관 괴사, 급성신부전 등의 급성중독

* - **(크롬)** 원자식은 Cr이며 은색광택이 있는 단단한 금속으로, 자연상태에서는 주로 다른 원소와 결합한 화합물($FeOCr_2O_3$)로 존재
  - **(크롬화합물)** 산화크롬(Cr_2O_3)과 같은 3가크롬화물($Cr3+$), 중크롬산나트륨(Na_2Cr_2O7)과 같은 6가크롬화물($Cr6+$)이 있는데, 주로 6가크롬화물($Cr6+$)이 강한 독성이 있어서 기관지염, 폐암 등 인체에 영향을 미침

■ 발생원 및 노출가능상황

① 지각에 -2에서 +6가의 다양한 형태로 존재하는 푸른 빛을 띄는 회색 금속입니다.

② 채광과 분쇄공정에서 산화크롬에, 스테인리스강의 생산이나 아크 용접시 크롬 흄 또는 크롬화합물에, 전기도금공정에서 크롬산 미스트에 노출될 수 있습니다.

- 페인트, 직물, 가죽제품, 유리제품, 고무제품, 석판 인쇄, 프린트, 사진술 등의 종사자는 크롬산염에도 노출될 수 있음

- 일부 시멘트에도 고농도의 크롬이 함유되어 있어 시멘트를 취급하는 근로자들도 크롬에 노출될 수 있음

- 물, 도시의 대기 및 음식물에서도 미량의 크롬이 검출됨

■ 증상 및 진단

① 고농도의 크롬을 흡입하면 코, 목 및 호흡기가 자극되어 작열감, 울혈, 비출혈, 기침 및 급성 폐렴이 발생할 가능이 있습니다.

② 피부를 통해 노출되면 자극성 접촉피부염과 알레르기성 접촉피부염을 유발할 가능이 있습니다.

③ 눈에 접촉 시 자극 및 눈 손상을 야기할 수 있습니다.

④ 급성 신부전 및 이후 발생하는 신세뇨관 손상이 보고된 바 있습니다. 또 만성적인 신독성의 발생은 논란의 여지가 있습니다.

■ 예방조치

① 노출기준

물질	시간가중평균농도 (mg/㎥)	단시간노출기준 (mg/㎥)
크롬(금속)	0.5	없음
6가크롬 화합물 (수용성)	0.05	없음
6가크롬 화합물 (불용성 무기화합물)	0.01	없음

* 호흡기 자극과 피부염 발생 가능성을 최소화 할 수 있는 수준임
* 미국 ACGIH에서는 6가크롬을 수용성과 불용성을 구분하지 않고 시간가중평균농도 0.0002mg/㎥, 단시간노출기준 0.0005mg/㎥정하고 있음(2019년)

② 생물학적 노출지표

작업전 채취한 소변 중 총 수은 농도 50㎍/g creatinine

【관련규정 예시】

※ 작업환경측정 등 유해인자와 직접 관련된 의무에 대한 산업안전보건법상 주요 규정

- 보건조치(제39조)

- 유해인자 허용기준의 준수(제107조)

- 물질안전보건자료의 작성 및 제출(제110조)

- 물질안전보건자료의 게시 및 교육(제114조)
- 물질안전보건자료대상물질 용기 등의 경고표시(제115조)
- 유해·위험물질의 제조 등 허가(제118조)
- 작업환경측정(제125조)
- 특수건강진단 등(제130조)
- 유해·위험작업에 대한 근로시간 제한 등(제139조) 등

§5. 벤젠에 노출되어 발생한 경련, 급성 기질성 뇌증후군, 혼수상태 등의 급성중독

> **＊ (벤젠)** 분자식은 C_6H_6이며, 방향족 화합물의 기초가 되는 가 장 간단한 방향족 탄화수소(aromatic hydrocarbon), 상온에 서 독특한 냄새가 있는 무색의 투명한 액체로 휘발성이 큰특징 이 있어 대기중에서 독특한 냄새로 쉽게 감지할 수 있음.

■ 발생원 및 노출가능상황

① 스티렌, 페놀, 사이클로헥산 같은 다른 유기화학물질의 제조에 이용되고, 그밖에 농약, 약품제조에 사용되며 납이 없는 휘발유에도 항녹킹제로서 미량 함유합니다.

② 가장 많이 사용되는 것은 라텍스나 수지합성을 위한 스티렌 제조입니다.

③ 주로 화학, 페인트, 고무 인쇄, 석유산업 등에서 발생되며, 특히 보수·유지, 세척, 시료추출, 대량운송 공정에서 고농도의 노출이 발생합니다.

④ 현재 산업보건기준에 관한 규칙상 특별관리물질에 고농도로 노출되는 경우는 드뭅니다.

■ 증상 및 진단

① (중추신경계) 섭취나 증기 흡입 등에 의해 많은 양의 벤젠에 단기간 노출될 경우 어지러움, 무력감, 다행감, 두통, 메스꺼움, 구토 등의 증상이 있을 수 있으며, 노출이 더 심각할 경우 시야 혼란, 진전, 호흡곤란, 심실 부정맥, 마비, 의식장애 등이 올 수 있습니다.

② 불과 몇 분 동안 벤젠 증기에 노출된 후 사망한 화학 화물

선 근로자를 부검한 결과 폐에 다량 출혈과 급성 폐부종이
관찰됩니다.

③ (간담도계) 혈청 간기능 수치 및 빌리루빈 증가

④ (신장) 혈청 크레아티닌 증가

⑤ (피부) 직접 접촉시 발적, 수포발생 그리고 장기적으로 접
촉시에 피부로부터 지방이 제거되어 건조한 각질형의 피부
염을 유발

⑥ (기타) 급성 국소적 자극으로는 소화기를 통해 마셨을 때
구강, 후두, 식도, 위장을 자극하며 고농도의 벤젠 기체는
눈, 코, 호흡기의 점막을 자극

⑦ (노출상황) 노출수준에 따라 다르기는 하지만 수 분에서
수 시간 사이에 증상이 발현되며, 노출 후 시간 안에 증상
이 나타납니다. 급성노출 수준에 따른 임상적 영향은 다음
과 같습니다.

농도(ppm)	증상
25	8시간 노출시 임상적 증상 없음
50 ~ 150	5시간 노출 후 두통, 나른함, 힘빠짐
500	1시간 노출 후 현훈(현기증, vertigo), 졸리움, 메스꺼움
7500	30분 노출 후 생명이 위험

※ 경련, 급성 기질성 뇌증후군, 혼수상태는 벤젠에 의한 중추
신경계 독성에 의한 심각한 증상에 해당합니다. 급성 기질
성뇌증후군(acute organic brain syndrome)은 독성이
있는 유해요인이 인지, 정서, 의식 등 대뇌의 전반적 기능
에 영향을 미치는 상황을 의미하는 것으로 한국표준질병사
인분류상 독성뇌병증(G92. Toxic encephalopathy)에 해

당합니다.

【국내사례】

① 과거 도장공으로 도료 및 희석제에 불순물로 포함된 벤젠에 만성적으로 노출된 것으로 추정되어 직업성 암이나 혈액계 질환과 관련하여 업무상 질병으로 인정된 사례가 매년 지속적으로 보고되고 있습니다.

② 최근 급성 중독 사례 보고는 없었습니다.

■ 예방조치

① 노출기준 : 시간가중평균농도 0.5ppm, 단시간노출기준 2.5ppm

* 백혈병 발생의 가능성을 최소화 할 수 있는 수준임

② 생물학적 노출지표(미국 ACGIH)

- 작업종료 후 채취한 소변 중 뮤콘산 농도 500㎍/g creatinine

- 작업종료 후 채취한 소변 중 페밀머캅톤산 0.3㎍/g creatinine

【관련규정 예시】

※ 작업환경측정 등 유해인자와 직접 관련된 의무에 대한 산업안전보건법상 주요 규정

- 보건조치(제39조)

- 유해인자 허용기준의 준수(제107조)

- 물질안전보건자료의 작성 및 제출(제110조)

- 물질안전보건자료의 게시 및 교육(제114조)

- 물질안전보건자료대상물질 용기 등의 경고표시(제115조)

- 유해·위험물질의 제조 등 금지(제117조*)

 * 벤젠을 함유하는 고무풀(단, 함유된 벤젠 중량 비율이 5%

이하는 제외)에 한정
- 작업환경측정(제125조)
- 특수건강진단 등(제130조) 등

§6.톨루엔(toluene)·크실렌(xylene)·스티렌 (styrene)· 시클로헥산(cyclohexane)·노말헥산 (n-hexane)· 트리클로로에틸렌(trichloroethylene) 등 유기화합물 에 노출되어 발생한 의식장해, 경련, 급성 기질성 뇌증후 군, 부정맥 등의 급성중독

【1】 톨루엔과 크실렌

* - **(톨루엔)** 분자식은 $C_6H_5CH_3$ 이며, 벤젠의 수소 1개가 메틸기 (CH_3-)로 치환된 방향족 탄화수소로서 무색투명한 휘발성 액체 로 달콤하지만 자극적인 냄새가 나는 특징이 있음
  - **(크실렌)** 분자식은 $C_6H_4(CH_3)_2$ 이며, 벤젠의 수소 2개가 메틸기 (CH_3-)로 치환된 방향족 탄화수소로서 무색투명한 휘발성 액체 로 달콤하지만 자극적인 냄새가 나는 특징이 있음

■ 발생원 및 노출가능상황

① 톨루엔과 크실렌은 벤젠의 대체제로 주로 사용합니다.

② (톨루엔) 공업용 혼합유기용제인 시너에 가장 흔하게 사용 합니다.

- 시너(thinner), 잉크, 향수, 염료, 온도계 등에 용제 또는 원료로 사용되어 화학, 고무, 페인트, 제약 산업 등 분야에 서 광범위하게 사용

- 오일, 합성수지, 페인트 등의 용제로 이용될 뿐 아니라 페 놀, 톨루엔 이소 시아네이트, 트리니트로 톨루엔, 염료, 약 품, 사카린 같은 화합물 제조에도 사용되는 등 산업 현장에 서 가장 널리 사용되는 유기용제 중의 하나임

- 용제 취급 공정(페인트, 락카, 코팅, 염료, 페인트 제거제, 살충제 등), 화학 물질 제조, 인조 고무제조, 직물/종이 코

팅, 자동차 및 항공기 연료 취급 등 공정에서 노출 가능

③ (크실렌) 페인트, 락카, 니스, 잉크, 염료 접착제, 세척제의 용제로서 사용되므로, 화학 합성제 및 플라스틱, 향료, 구충제, 에폭시수지, 의약품, 피혁 제조업장에서 노출 가능합니다.

■ 증상 및 진단

① (자극증상) 피부, 눈, 호흡기 등에 자극 증상이 있습니다.

② 두통, 메스꺼움, 졸리움 허약감, 혼란, 의식소실까지 가능하며 기억 소실, 청력이나 시력 이상도 가능합니다.

③ 다량의 톨루엔과 크실렌은 중추신경계의 기능을 저하시키며, 카테콜아민의 심근 감수성을 증가시켜 부정맥유발 가능합니다.

④ (톨루엔) 고농도 노출시에는 간 손상 및 횡문근 융해증도 발생가능하나, 벤젠같이 조혈계에 영향을 미치지는 않습니다.

농도(ppm)	증상
-	2.5 ppm부터 냄새를 맡을 수 있음. 노출 농도에 따라 다르나 보통 수 분에서 수 시간 노출 후 24시간 안에 증상이 나타나는 것이 일반적임
100	8시간 노출시 가벼운 두통은 가능하나 아무 증상이 없는 경우가 대부분
200	8시간 노출시 가벼운 자극증상
400	8시간 노출시 불안과 운동 실조(동작이 서투르고 협조가 안 됨)
800	3시간 노출시 메스꺼움 증상이 두드러짐
4000	1시간 노출시 혼수상태 가능

⑤ (크실렌) 노출 농도에 따라 다르나, 보통 수 분에서 수 시

간 노출 후 24시간 안에 증상이 나타나는 것이 일반적입
니다.

농도(ppm)	증상
–	1 ppm이 냄새를 맡을 수 있음
100	4시간 노출시 반응 속도 이상 없음 200
200	4시간 노출시 자극 증상, 반응 속도 지연, 시각 및 평형 감각 이상
300	2시간 노출시 기억력이나 반응 속도와 같은 실행 능력의 전반적 저하
700	1시간 노출시 졸리움

【2】톨루엔

■ 예방조치

① 노출기준

물질	시간가중평균농도(ppm)	단시간 노출기준(ppm)
톨루엔	50	150
크실렌	100	150

* 톨루엔의 경우 장기 영향이 나타나지 않는 수준에서, 크실   렌
은 자극 증상이 나타나지 않은 수준에서 설정함

② 생물학적 노출지표(미국 ACGIH)

물질		농도
톨루엔	근무주의 마지막 교대 직전의 정맥혈의 톨루엔	0.02 mg/L
	작업종료 후 채취한 소변 중 톨루엔	0.03 mg/L
	작업종료 후 채취한 소변 중 오르소-크레졸	0.3 mg/g creatinine
크레졸	작업종료 후 채취소변 메틸마뇨산(methyl hippuric acid)	1.5 g/g creatinine

【관련규정 예시】

※ 작업환경측정 등 유해인자와 직접 관련된 의무에 대한 산
업안전보건법상 주요 규정

- 보건조치(제39조)
- 유해인자 허용기준의 준수(제107조)
* 톨루엔만 해당(크실렌 해당하지 않음)
- 물질안전보건자료의 작성 및 제출(제110조)
- 물질안전보건자료의 게시 및 교육(제114조)
- 물질안전보건자료대상물질 용기 등의 경고표시(제115조)
- 작업환경측정(제125조)
- 특수건강진단 등(제130조) 등

【3】 스티렌

> * **(스티렌)** 분자식은 $C_6H_5CH=CH_2$ 이며, 벤젠의 수소 1개가 비닐
> 기($CH=CH_2$)로 치환된 방향족 탄화수소로서 상온에서 무색의   달
> 콤한 냄새가나는 휘발성 액체

■ 발생원 및 노출가능상황

① 스티렌은 스티렌 중합과정에 주로 사용합니다.

② 합성 고무(스티렌 부타디엔 고무)의 제조, 유리강화에 사용
되는 불포화 폴리에스테르 수지의 용제 기본플라스틱, 합
성고무, 레진, 절연체 제조 등에 사용합니다.

③ 포장제, 절연제, 파이프, 타이어, 합성수지 등의 제조업에
서 원료의 투입, 교반, 유리강화섬유 적층가공작업 등에서
노출이 가능합니다.

■ 증상 및 진단

① (자극증상) 피부, 눈, 호흡기 등에 자극 증상이 있습니다.
- 스티렌의 경우 100~300ppm노출시 눈, 코, 상기도 자극증상 발생
② 두통, 메스꺼움, 졸리움, 허약감, 혼란, 의식소실까지 가능하며, 기억 소실, 청력이나 시력 이상도 가능합니다.
- 노출농도에 따라 따르나 보통 수 분에서 수 시간 노출 후 24시간 안에 증상이 발현
- 300~800ppm 중추신경계 억제 증상(졸리움 등) 발생하고, 5,000ppm이상 노출시 즉시 생명에 위협이 될 수 있음

■ 예방조치

① 노출기준 : 시간가중평균농도 20ppm, 단시간노출기준 40ppm
* 신경계 장해와 호흡기계 자극 증상을 최소화하기 위함
② 생물학적 노출지표(미국 ACGIH)
   작업종료 후 채취한 소변 중 스티렌 : 40㎍/g creatinine
- 작업종료 후 채취한 소변 중 mandelic acid +phenylglyoxylic acid : 400mg/g creatinine

【관련규정 예시】

※ 작업환경측정 등 유해인자와 직접 관련된 의무에 대한 산업안전보건법상 주요 규정
- 보건조치(제39조)
- 유해인자 허용기준의 준수(제107조)
- 물질안전보건자료의 작성 및 제출(제110조)
- 물질안전보건자료의 게시 및 교육(제114조)

- 물질안전보건자료대상물질 용기 등의 경고표시(제115조)
- 작업환경측정(제125조)
- 특수건강진단 등(제130조) 등

【4】 시클로헥산

> * **(시클로헥산)** 분자식은 C_6H_{12}이며, 고리형 구조를 갖는 탄화수소(hydrocarbon)로 상온에서 무색의 액체상태로 달콤하면서   휘발유 냄새와 같은 자극적 냄새가 있는 휘발성 액체

■ 발생원 및 노출가능상황
① 페인트와 니스의 제거제(락카와 수지의 용제)로 많이 사용합니다.
② 락카 제조업, 아디프산 벤젠, 시클로헥실 클로라이드, 니트로 시클로헥산, 시클로헥사놀, 시클로헥사논의 제조과정과 화학물질 분석 실험실에서 많이 사용합니다.

■ 증상 및 진단
지원자를 대상으로 250ppm에 4시간 흡입 노출 시켰을 때, 신경행동학적 검사에서 특이 소견을 관찰할 수 없었으나 두통, 목마름과 경미한 눈자극 증상을 호소하였습니다.

■ 예방조치
○ 노출기준 : 시간가중평균농도 200ppm
- 진정(sedation) 가능성, 신경행동학적 효과 최소화 위한 기준임
- 핀란드의 경우 단시간노출기준으로 250ppm이 설정되어 있음

【관련규정 예시】

※ 작업환경측정 등 유해인자와 직접 관련된 의무에 대한 산
  업안전보건법상 주요 규정

- 보건조치(제39조)

- 유해인자 허용기준의 준수(제107조)

- 물질안전보건자료의 작성 및 제출(제110조)

- 물질안전보건자료의 게시 및 교육(제114조)

- 물질안전보건자료대상물질 용기 등의 경고표시(제115조)

- 작업환경측정(제125조)

- 특수건강진단 등(제130조) 등

【5】 노말헥산

> * **(노말헥산)** 분자식은 C_6H_{14}이며, 지방족 탄화수소(aliphatic hydrocarbon)으로 석유냄새가 나는 휘발성이 강한 액체로서, 말초신경독성을 갖는 대표적인 유기용제

■ 발생원 및 노출가능상황

① 페인트, 코팅, 접착제의 용제, 종자의 기름 추출용 용제, 에
  탄올 변성제, 세척제섬유, 가구, 가죽 산업, 시험실 시약(ex
  중합반응 매체, 저온 측정용 온도계)제조에 사용합니다.

② 폴리올레핀과 탄성중합체의 제조, 식물성기름, 페인트 접
  착제 제조 공정, 섬유, 가구, 가구 제조 공정, 저온 측정용
  온도계 제조 공정 등에서 노출 가능합니다.

③ 기본적으로 용매로 사용되며 접착제로 사용되는 경우가 많
  습니다.

■ 증상 및 진단

① (자극증상) 피부, 눈, 호흡기 자극 증상이 있습니다.

② (중추신경계0 두통, 현기증, 졸리움, 허약감, 혼란, 의식소
실 등 증상이 있습니다.

- 공기중 농도가 1,000ppm넘는 경우 수분에서 수 시간 노출
후 24시간 안에 증상 발생

③ (말초신경계) 공기 중 농도가 50ppm이 넘는 상황에서 한
달 이상 노출된 후 6개월 이내에 발생합니다.

- 하지를 먼저 침범하는 감각운동신경성 이상으로 하지 끝부터 마
비, 감각 이상, 쥐가 나는 것과 비슷한 통증, 근육 약화 등 발생

④ 빈맥 및 감작된 심근에 치명적인 심실 부정맥 야기가 가능
합니다.

【국내사례】

o 노트북 컴퓨터 및 DVD 플레이어 프레임 생산 업체에서 수
정검사 작업을 하던 외국인 근로자 8명에서 집단 중독 발생

- 작업은 방독마스크나 불침투성 장갑 등 개인보호구 없이 이
루어졌으며, 근무시간은 평일 에는 평균 12시간, 주말에는
8~10시간이었음.

- 수정검사 작업재현 평가 결과, 환기장치를 가동한 상태에서
8명이 작업시 평균 농도 115.7ppm(69.0~185.3ppm)이었으
며, 환기장치를 가동시키지 않은 상태에서는 4명 작업의 경
우 평균 농도 173.7ppm(147.3~196.6ppm), 8명 작업의 경
우 평균 농도 204.2ppm(114.4~281.0ppm) 이었음.

- 말초신경염 발생 근로자들의 자각 증상은 수정검사 작업을
한 지 최단 4개월에서 최장 32개월 사이에 시작되었음.

■ 예방조치

① 노출기준 : 시간가중평균농도 50ppm

* 신경독성, 마취증상, 눈과 점막 자극 증상을 최소화하기위해 설정

② 생물학적 노출지표(미국 ACGIH)

- 작업종료 후 채취한 소변 중 2.5헥산디온 : 0.5mg/L

【관련규정 예시】

※ 작업환경측정 등 유해인자와 직접 관련된 의무에 대한 산
  업안전보건법상 주요 규정

- 보건조치(제39조)

- 유해인자 허용기준의 준수(제107조)

- 물질안전보건자료의 작성 및 제출(제110조)

- 물질안전보건자료의 게시 및 교육(제114조)

- 물질안전보건자료대상물질 용기 등의 경고표시(제115조)

- 작업환경측정(제125조)

- 특수건강진단 등(제130조) 등

【6】 트리클로로에틸렌

> * (트리클로로에틸렌) 분자식은 C_2HCl_3 이며, 무색의 불연성 액체
> 로 달콤한 냄새가 나며, 휘발성 물질로 지방에 잘 녹는 성질이 있음

■ 발생원 및 노출가능상황

① 용매, 희석제, 탈지제, 추출제, 살충제 등으로 다양하게 사
  용합니다.

② 금속의 탈지, 페이트 신너 등 다양한 용도의 용제, 염색,
  드라이클리닝, 냉매 및 열교환액, 훈증제, 화학생산품의 중

간산물, 전자제품의 청소 및 건조, 식품가공업의 추출제, 수술용 마취제 및 진통제 등의 원료로 사용합니다.

③ 드라이클리닝 및 염색, 금속 탈지 및 세척작업, 살충제, 접착제, 왁스, 수지, 타르, 페인트, 고무, 니스, 클로르아세트산 제조의 화학적 중간 공정, 도장 작업 등에서 노출이 가능합니다.

■ 증상 및 진단

① (자극증상) 피부와 점막 자극 증상이 있습니다.

② (중추신경계) 두통, 어지러움, 메스꺼움, 졸리움, 허약감, 혼란, 의식소실 등 증상이 있습니다.

- 카테콜아민에 대한 작용에 변화를 주어 부정맥 유발 가능

③ 고농도 노출시 독성간염, 간부전, 신부전 가능

④ 농도별 증상 노출수준에 따라 다르지만 수 분에서 수 시간 노출 후 24시간 안에 증상이 나타납니다.

농도(ppm)	증상
-	20ppm부터 냄새를 맡을 수 있음
110	반응시간 지연
1000	2시간 노출시 시각 운동 능력 이상
1280	6분 정도 후에 마취 전 상태
2500	마취 상태와 유사

【국내사례】

① 컴퓨터 수리센터에서 일하는 29세 남성 근로자

- 컴퓨터 부품을 트리클로로에틸렌(trichloroethylene, TCE)으로 닦았고 2개월간 지속되는 마른 기침, 야간 발한(밤중에

열이 발생하여 땀을 흘리는 증상), 체중감소로 병원에 입원
- 검사결과 TCE 노출로 인한 과민성 폐렴으로 진단
② 의료용 금속부품을 도장하는 사업장에서 소속 근로자 2명
  이 TCE 세척조 내부에서 청소 작업을 하다가 세척조에 잔
  류하고 있는 고농도의 TCE 증기에 중독되어 사망(KOSHA
  Alert 2015-05호)
※ 의식장해, 경련, 급성 기질성 뇌증후군, 부정맥은 톨루엔,
  크실렌, 스티렌, 시클로헥산, 노말헥산, 트리클로로에틸렌
  등 유기용제 고농도 노출에 의해 발생한 중추신경계와 심
  장의 심각한 이상증상
- 즉, 고농도 노출에 의해 의식이 저하되거나 경련이 발생하
  는 등의 증상이 발생할 수 있음.
- 급성 기질성 뇌증후군(acute organic brain syndrome)은
  독성이 있는 유해요인이 인지, 정서, 의식 등 대뇌의 전반
  적기능에 영향을 미치는 상황을 의미하는 것으로 한국표준
  질병사인분류상 독성뇌병증(G92. Toxic encephalopathy)
  에 해당함.
- 부정맥은 사망 직전에 발생하는 증상일 수도 있으나, 카테
  콜아민에 대한 심근의 감수성을 증가시켜 치명적인 부정맥
  을 유발할 수도 있음.

■ 예방조치
① 노출기준 : 시간가중평균농도 10ppm, 단시간노출기준 25ppm
* 중추신경계 억제 증상, 두통, 간 독성이 나타나지 않는 수준에서
  설정

② 생물학적 노출지표(미국 ACGIH)

- 근무주 마지막 날 채취한 소변 중 삼염화초산 : 15mg/L

- 근무주 마지막 날 작업교대 후 채취한 혈중 삼염화에탄올 : 0.5mg/L

【관련규정 예시】

※ 작업환경측정 등 유해인자와 직접 관련된 의무에 대한 산업안전보건법상 주요 규정

- 보건조치(제39조)

- 유해인자 허용기준의 준수(제107조)

- 물질안전보건자료의 작성 및 제출(제110조)

- 물질안전보건자료의 게시 및 교육(제114조)

- 물질안전보건자료대상물질 용기 등의 경고표시(제115조)

- 작업환경측정(제125조)

- 특수건강진단 등(제130조) 등

§7. 이산화질소에 노출되어 발생한 메트헤모글로빈혈증(meth emoglobinemia), 청색증(靑色症) 등 의 급성중독

> * **(이산화질소)** 분자식은 NO₂이며, 적갈색이면서 자극성 냄새가 나는 유독성 기체

■ 발생원 및 노출가능상황

① 고온 연소 시 산소는 질소와 반응하여 질소산화물을 만들 게 되는데, 이산화 질소가 작업현장에서 흡입성 호흡기질 환의 주요 원인물질입니다.

② 직업적 노출원으로는 사일로에 저장된 건초나 곡식의 발 효, 금속을 질산으로 닦거나 에칭, 절단용 화염이나 용접 용 아크, 연료연소, 광부의 지하폭파 잔여물 노출, 소방관 의 질소포함물질 연소에 의한 노출 등이 있습니다.

③ 환경적 노출원은 자동차 배기가스에 의한 대기오염과 실내 에서 사용되는 조리용 가스렌지나 석유난방기구 등입니다.

■ 증상 및 진단

① 목이나 가슴이 타는 듯한 느낌, 메스꺼움, 피로, 호흡곤란 과 기침이 초기 증상과 징후입니다.

② 심한 노출 이후에는 메트헤모글로빈혈증, 저산소혈증, 폐 수종, 폐렴 등 유발이 가능합니다.

- 급성 증상없이 폐기능 이상이 오는 경우도 있음

- 후기 증상으로 초조, 빠르고 얕은 호흡, 청색증, 정신착란, 의식 소실 등 가능함

③ 노출수준에 따라 수분에서 수시간 노출 후 증상이 발생합

니다. 메트헤모글로 빈혈증은 보통 10pm이 넘어가는 경우에 발생합니다.

※ **(메트헤모글로빈혈증)** 혈색소 내 철 성분이 산화된 것으로 혈색소의 산소운반능에 영향을 주게 됨. 혈중 메트헤모글로빈 농도에 따라 다음과 같은 증상이 발생함. 환자가 호소하는 증상에 비해 청색증이 심한 경우가 많으며 다양한 화학물질에 의해 발생 가능함
- 10% 이상 : 입술이나 손발톱에 잿빛에 가까운 청색증이 나타나기 시작함.
- 20~30% : 두통, 피로감, 가슴 답답함, 빈맥
- 40~50% : 호흡곤란, 의식 변화
- 60~70%를 넘으면 부정맥, 경련, 코마, 사망에 이를 수 있음.

■ **예방조치**

① 메트헤모글로빈혈증이 의심되는 경우 의심되는 위험요인 노출 작업을 즉각 중단해야 합니다.

② 노출기준 : 시간가중평균농도 3ppm, 단시간노출기준 5ppm

* 눈, 점막 및 호흡기 자극반응을 최소화하는 수준임

【관련규정 예시】

※ 작업환경측정 등 유해인자와 직접 관련된 의무에 대한 산업안전보건법상 주요 규정

- 보건조치(제39조)
- 물질안전보건자료의 작성 및 제출(제110조)
- 물질안전보건자료의 게시 및 교육(제114조)
- 물질안전보건자료대상물질 용기 등의 경고표시(제115조)
- 작업환경측정(제125조)
- 특수건강진단 등(제130조) 등

§8. 황화수소에 노출되어 발생한 의식 소실(消失), 무호흡, 폐부종, 후각 신경마비 등의 급성중독

> * **(황화수소)** 분자식은 H_2S이며, 무색이면서 특유의 달걀 썩은냄새가 나는 유독성 기체

■ 발생원 및 노출가능상황

① 황화수소는 유기물의 분해에 의해 자연적으로 발생되는 독성물질로 썩은 달걀의 자극적인 냄새가 나는데, 후각은 쉽게 마비되므로(후각 피로현상) 곧 냄새를 맡을 수 없게 됩니다.

② 지열 및 화석연료에너지의 추출은 황화수소의 주요 산업적 노출원이며, 퇴비를 만드는 공정, 하수구 관리, 생선가공 가열된 타르나 아스팔트를 사용하는 지붕이나 도로포장작업 등도 황화수소의 노출위험군입니다.

- 어선의 선창이나 퇴비저장실 같은 제한된 공간에서 특히 위험함

③ 대부분의 경우 황화수소뿐만 아니라 일산화탄소, 암모니아, 아황산가스, 탄산가스, 메탄 등 다양한 가스에 복합적으로 노출되는 경우가 많습니다. 우리나라에서도 단무지 제조공장에서 발효조에 들어갔던 근로자가 중독되어 사망한 사례가 있습니다.

■ 증상 및 진단

① 노출수준에 따라 증상이 다양합니다.

- 고농도 노출은 무산소성 뇌손상, 급격한 의식소실과 사망을 초래할 수 있는 반면, 저농도에서는 기도자극과 눈의 작열

감과 같은 자극효과가 두드러짐

- 두통, 어지러움, 메스꺼움, 구토 뿐만 아니라 피부염, 폐렴, 폐부종 같은 소견도 관찰됨

② 농도에 따른 대략적인 생리적 반응은 다음과 같습니다.

농도 (ppm)	생리적 반응	농도 (ppm)	생리적 반응
0.008~0.03	냄새 감지의 역치	150	후각신경 마비
10	뚜렷하게 불쾌한 냄새	250	장시간 노출되면 폐부종 유발
25-30	강한 냄새, 그러나 견딜 수있을 정도임	500	1시간이내에 흥분, 두통, 현기증, 의식 상실, 호흡부전 등 전신
50	결막에 자극 증상을 느낌 증상 나타남		
100	곧 의식장애가 나타나고 응급구조 조치가 없으면 사망에 이름	700	3-15분 내에 후각 소실, 눈과 목에 찌르는 듯한 증상

【국내사례】

ㅇ 여름철에 오폐수 처리시설, 맨홀, 정화조와 같은 밀폐공간에서 유기물질이 쉽게 부패되어 산소가 빠르게 결핍되고 우리 몸에 질식작용을 일으키는 유해가스(황화수소)가 반복적으로 발생하였음(KOSHA Alert 2012-01호, 2013-03호, 2013-07호, 2014-05호, 2015-04호, 2016-02호, 2016-05호, 2017-03호, 2017-04호, 2018-04호, 2018-05호)

■ 예방조치

① 여름철 오폐수 처리시설 맨홀 정화조 등 밀폐공간 작업시 공기중 산소 농도 측정 후 작업 개시 조치가 필요합니다.

- 급성 노출시에는 응급조치가 중요함
② 노출기준 : 시간가중평균농도 10ppm, 단시간노출기준
  15ppm
* 돌연사, 결막 자극, 피로, 두통, 어지러움, 흥분감 등과 같은 신경
  과학적 증상 그리고 급·만성 노출에 따른 중추신경계의 영구장애
  가 발생되는 것을 막기 위하여 설정

【관련규정 예시】

※ 작업환경측정 등 유해인자와 직접 관련된 의무에 대한 산
   업안전보건법상 주요 규정

- 보건조치(제39조)
- 물질안전보건자료의 작성 및 제출(제110조)
- 물질안전보건자료의 게시 및 교육(제114조)
- 물질안전보건자료대상물질 용기 등의 경고표시(제115조)
- 작업환경측정(제125조)
- 특수건강진단 등(제130조)

§9. 시안화수소나 그 화합물에 노출되어 발생한 급성 중독

> * - **(시안화수소)** 분자식이 HCN이며, 무색이면서 아몬드 향이나는 맹독성 화합물로서 물에 잘녹는 성질이 있어, 물에 녹으면서 발생하는 시안화이온(CN-)이 세포호흡을 방해하면서 인체에 치명적인 영향을 끼침
> - **(시안화물)** 시아노기(CN-)를 갖고 있는 화합물로서 시안화칼륨(KCN)과 같은 무기 시안화물과 아세토니트릴(CH3CN)과 같은 유기 시안화물이 있으며 일반적독성이 있음

■ 발생원 및 노출가능상황

① 시안화염의 제조, 전기 도금, 금, 은 등 광물의 제련 및 보석가공, 사진 현상, 합성고무, 플라스틱의 합성, 훈증 소독제, 의약품의 첨가제 등에 사용됩니다.

② 시안화염의 제조, 전기 도금, 보석가공, 사진 현상, 합성고무의 생산, 플라스틱의 합성과 제조, 곤충과 쥐 등에 대한 훈증 소독, 짐승 가죽의 털 제거 등에 종사하며, 시안화물을 취급하는 작업에서 노출 가능합니다.

■ 증상 및 진단

① (자극증상) 피부, 눈, 호흡기 자극 가능하며, 지속적 노출 시 비중격 궤양, 비출혈 가능합니다.

② 어지러움, 호흡곤란, 불안정감, 두통, 메스꺼움, 갑작스런 의식소실 후 국소적 또는 전신적인 간질 발작과 유사한 경련, 혼수, 불수의적 배뇨 빛 배변, 회복후 주변시의 약한 소실, 그리고 사망 등이 발생할 수 있습니다.

- 수 분 내지 수 시간 노출 후 24시간 내에 증상이 발현하며

심박수 증가, 협심증, 대사성 산증, 혼수상태가 발생한 후 사망 가능함

【국내사례】

o 도금사업장에서 환기 및 보호구 착용 없이 도금조에 물과 시안화나트륨을 혼합하는 작업을 하던 근로자 1명이 시안화합물에 중독되어 의식소실, 중증의 대사성 산증 및 저산소성 뇌손상이 발생하였음(KOSHA Alert 2018-06호)

- 시안화합물은 물과 반응하여 독성가스인 시안화수소를 발생시킴. 도금공정에서 작업을 하였거나 시안화합물을 직접 취급하는 작업을 실시한 경우 눈·피부·상기도 자극, 현기증, 무력감, 구토, 갑상선 및 혈액 변화, 저산소증 등을 호소하면 중독을 의심할 수 있음

■ 예방조치

o 노출기준 : 시간가중평균농도 4.7ppm

* 두통, 오심 및 비강, 인후, 상기도 자극 증상 최소화 가능

【관련규정 예시】

※ 작업환경측정 등 유해인자와 직접 관련된 의무에 대한 산업안전보건법상 주요 규정

- 보건조치(제39조)
- 물질안전보건자료의 작성 및 제출(제110조)
- 물질안전보건자료의 게시 및 교육(제114조)
- 물질안전보건자료대상물질 용기 등의 경고표시(제115조)
- 작업환경측정(제125조)
- 특수건강진단 등(제130조)

§10. 불화수소·불산에 노출되어 발생한 화학적 화상, 청색증, 폐수종, 부정맥 등의 급성중독

> * **(불화수소 · 불산)** 불화수소의 분자식은 HF이며, 자극성 냄새가 나는 무색의 기체 또는 액체로 물에 녹은 수용액 형태를 불산이라고 함. 불산은 부식성이 커서 피부노출시 화학적 화상위험이 있으며, 불화수소를 흡입시 불규칙한 심장박동, 질식 위험이 있음

■ 발생원 및 노출가능상황

① 무색의 불화수소 또는 액상의 불산은 공업적으로 불소의 공급원으로서 제약 또는 중합체 산업에 이용되며, 광물의 제거와 유리의 식각(etching) 작업과 광택작업 시에도 사용됩니다.

② 옥탄가가 높은 휘발유 제조, 탄화수소 제조, 금속 주조공장, 반도체 제조 사업장의 식각 및 연마공정(유리 등) 금속 주조물에서 모래 제거공정 등에서 노출이 가능합니다.

■ 증상 및 진단

① 불화수소는 인체조직과 접촉하여 부식성과 침투성이 강한 불산으로 바뀌는데, 불산의 보통 활용 농도가 15~20%정도여서 증상이나 소견이 수 시간 후에 나타나지만 농도가 50~70%가 되면 접촉 즉시 화상을 초래합니다.

② 심한 호흡기 자극제로서 피부에 닿으면 심한 동통성 화상이 생길 수 있습니다.

- 노출 후 1~2일 동안 아무런 증상이 없다가도 그 이후 발열, 기침, 호흡 곤란, 청색증 및 폐수종 발생 가능함

③ 경피 또는 흡입으로 상당량의 불산 흡수시 저칼슘혈증과

저마그네슘혈증이 초래되어 부정맥 생길 수 있으며, 호흡기 증상 및 부정맥으로 사망하는 경우도 있습니다.

④ 불화수소의 경우 3ppm이 넘으면 자극증상이 나타날 수 있습니다. 수 초에서 수 분간 노출이 되자마자 또는 수 시간 이내 증상이 나타납니다.

※ 불산은 불화수소가 물에 녹은 것으로 불화수소가 신체의 수분과 접촉하는 경우 불산으로 변화되어 화학적 화상 등을 유발할 수 있음.
- 호흡기 흡입시 호흡기 내의 수분과 접촉하여 호흡기내 화상과 심한 자극 및 부식 등 유발 할 수 있음. 이로 인해 청색증과 폐수종 등 발생함.
- 부정맥은 불산의 흡수로 인해 저칼슘혈증과 저마그네슘혈증이 초래되어 발생하는 것임.

■ 예방조치
① 노출기준 : 시간가중평균농도 0.5ppm, 최고노출기준 3ppm
* 호흡기계 부작용, 피부 또는 뼈의 불소증, 눈 및 피부 자극 최소화 가능
② 생물학적 노출지표(미국 ACGIH)
- 작업 시작 전 채취한 소변 중 fluorides 2mg/g cratinine
- 작업 종료 후 채취한 소변 중 fluorides 3mg/g cratinine

【관련규정 예시】
※ 작업환경측정 등 유해인자와 직접 관련된 의무에 대한 산업안전보건법상 주요 규정
- 보건조치(제39조)
- 물질안전보건자료의 작성 및 제출(제110조)
- 물질안전보건자료의 게시 및 교육(제114조)

- 물질안전보건자료대상물질 용기 등의 경고표시(제115조)
- 작업환경측정(제125조)
- 특수건강진단 등(제130조) 등

§11. 인[백린(白燐), 황린(黃燐) 등 금지물질에 해당하는 동소체(同素體)로 한정한다]이나 그 화합물에 노출되어 발생한 급성중독

> * (백린) 백린은 인 원자(P) 4개로 이루어진 분자인(P_4)으로 투명한 왁스질 고체이나, 빛에 노출되면 빠르게 노란색으로 변색되어 황린이라고도 함. 공기 중에서 자연발화성이 있으며, 독성이 있어 흡입시 간손상, 괴사 등의 영향을 끼침

■ 발생원 및 노출가능상황

① 자연 상태에서 흰색, 붉은색, 검은색 인의 동소체 형태로 존재하는 비금속 고체로서 황린성냥 제조공장, 농약 제조 등에 사용되었습니다.

② 백린은 폭발물, 쥐약, 비료 제조에 사용이 되며, 적린은 성냥 제조 과정에서 사용됩니다.

③ 흑린은 산업적으로 사용되지 않습니다. 백린은 20세기 초반에 사용이 금지되어 노출 인구가 거의 없습니다.

④ 성냥 및 비료 생산시 노출이 잘 되며, 산업적으로는 포스핀의 형태로 사용하는 경우가 많습니다.

> ※ 동소체는 한 종류의 원소로 이루어져 있으나 그 성질이 다른 물질이 있는 경우(예, 흑연 vs 다이아몬드)를 의미함. 금지물질인 백린과 황린의 동소체로 직업적 노출이 가장 흔한 것은 적린이라고 할 수 있음. 포스핀은 황린과 백린의 동소체가 아님.

■ 증상 및 진단

① 역사적으로 황린 중독으로 잘 알려져 있는데, 급성 중독시 소화관 자극 증상이 나타날 수 있습니다. 만성 중독시 간

견병, 운동기능의 이상, 골괴사 등을 유발 할 수 있습니다.

② 다양한 인 화합물에 급성 노출되어 화학적 화상(피부 궤양), 안구·호흡기·피부 점막 자극증상, 폐부종, 경련, 중추신경계 증상, 부정맥 등 자율신경계 장애 증상이 나타날 수 있습니다.

③ 국소 자극 및 부식 증상은 노출 직후 나타나는 반면 폐부종은 노출 후 72시간 이내에 나타납니다.

■ 예방조치

【관련규정 예시】

※ 작업환경측정 등 유해인자와 직접 관련된 의무에 대한 산업안전보건법상 주요 규정

- 보건조치(제39조)
- 물질안전보건자료의 작성 및 제출(제110조)
- 물질안전보건자료의 게시 및 교육(제114조)
- 물질안전보건자료대상물질 용기 등의 경고표시(제115조)
- 유해·위험물질의 제조 등 금지(제117조) 등

§12. 카드뮴이나 그 화합물에 노출되어 발생한 급성중독

* - **(카드뮴)** 원자식은 Cd이며, 은백색을 띄는 무른 금속으로 독성
이 강하고 체내에 잘 축적되면서 배출되지 않아 이타이이타이병과 같
은 인체에 심각한 중독증상을 야기함
 - **(카드뮴화합물)** 산소(O), 황(S) 등과 카드뮴(Cd)이 결합하여 생
성되는 화합물

■ 발생원 및 노출가능상황

① 유리 및 도자기의 착색원료로서 동 물질을 칭량, 배합, 용
　해하는 공정이나, 도료 등을 제조하는 사업장, 플라스틱안
　료, 페인트, 인쇄잉크 등의 착색 원료로 사용하는 사업장,
　합성수지 제조공정에서 중합촉매제로 사용하는 사업장에서
　다양하게 사용됩니다.
- 치과용 아말감의 합금 또는 취급을 하는 작업, 카드뮴, 축전
　지를 제조 또는 그 부분품을 제조, 수리 또는 해체하는 공정
- 카드뮴 또는 카드뮴 물질의 용해, 주조, 혼합 등의 작업,
　PVC 플라스틱 제품의 열안정제로 동 물질을 사용하는 작업
- 살균 및 살충제를 제조 또는 취급하는 작업, 타 금속과 동
　물질을 전기 도금하는 작업
② 카드뮴 처리된 금속의 용접과 합금 및 가공작업 등에 종사
　하는 경우 노출되며, 작업장에서 오염된 손으로 음식을 먹
　거나 흡연도 카드뮴 노출의 원인입니다.

■ 증상 및 진단

○ 고농도의 카드뮴 흄을 흡입하면 금속열과 유사한 증상
- 코와 목의 염증과 건조, 기침, 두통, 현기증, 쇠약, 오한, 발

열, 흉통 및 호흡곤란 등 발생
- 수일 후에는 폐부종을 동반하는 급성 폐실질염을 일으킬 수 있으며, 호흡부전으로 사망을 초래할 수 있음
- 다량의 섭취 시 메스꺼움, 구토, 두통, 복통, 간손상, 급성 신부전 등이 나타날 수 있음

【국내사례】
① 고층 빌딩 상부의 내부에서 카드뮴으로 판금된 너트, 볼트 등을 산소아세틸렌 버너로 녹여서 철거하는 작업을 수행하던 근로자 5명(용접공 1명, 철공 1명)에게서 작업 과정에서 발생된 많은 양의 산화카드뮴 방출로 인한 급성 카드뮴 중독 발생
② 산소아세틸렌 토치와 카드뮴이 20% 이상 함유된 은 납땜봉을 사용하여 용접작업을 하던 근로자(1명)에게서 작업 도중 발생된 흄에 의한 급성 폐장염 발생
③ 구리조각을 제련하던 근로자(1명)에게서 카드뮴이 포함되어 있는 구리조각 제련 시 발생되는 흄에 의한 카드뮴 급성 중독(간질성 폐섬유증) 발생

■ 예방조치
① 노출기준 : 시간가중평균농도 $0.01mg/m^3$
* 신장기능장애를 일으키는 위험을 최소화하는 수준
② 생물학적 노출지표
- 혈중 카드뮴 5μg/L
- 소변 중 카드뮴 5μg/g creatinine

【관련규정 예시】

※ 작업환경측정 등 유해인자와 직접 관련된 의무에 대한 산
  업안전보건법상 주요 규정

- 보건조치(제39조)
- 물질안전보건자료의 작성 및 제출(제110조)
- 물질안전보건자료의 게시 및 교육(제114조)
- 물질안전보건자료대상물질 용기 등의 경고표시(제115조)
- 작업환경측정(제125조)
- 특수건강진단 등(제130조)
- 유해·위험작업에 대한 근로시간 제한 등 (제139조) 등

§13. 다음 각 목의 화학적 인자에 노출되어 발생한 급성중독

가. 「산업안전보건법」 제125조제1항에 따른 작업환경측정 대상
유해인자 중 화학적 인자

나. 「산업안전보건법」 제130조제1항제1호에 따른 특수건강진단
대상 유해인자 중 화학적 인자

> * **(화학적 인자)** 산업안전보건법 시행규칙 별표21, 22에 있는 화학
> 적 인자 목록에 있는 유해인자로서, 인자별 특성은 물질안전보건자료
> 시스템(한국산업안전보건공단), 화학물질정보시스템(국립환경과학원)
> 에서 참고

■ 발생원 및 노출가능상황

① 특수건강진단 유해인자 중 화학적 인자는 유기화합물(109
종), 금속류(20종), 산 및 알칼리류(8종), 가스 상태 물질류
(14종), 허가대상유해물질(12종)을 의미합니다.

② 유기화합물 중 유기용제는 화학적 성상에 따라 1)지방족
탄화수소 및 방향족 탄화수소, 2)알콜류, 3)에스텔 아세테
이트류, 4)알데히드류, 5)케톤류, 6)글리콜류, 7)에텔류, 8)
아미드/ 아민류 등과 같이 8가지로 분류할 수 있으며, 지
방족 탄화수소의 상당부분은 염소화된 할로겐화 탄화수소
물입니다.

- 산업안전보건기준에 관한 규칙에서는 "유기화합물"을 상온·
상압에서 휘발성이 있는 액체로서 다른 물질을 녹이는 성질
이 있는 유기용제를 포함한 탄화수소계 화합물 중 별표12
제1호에 따른 물질로 정의하고 있으며, 이는 117종에 이름

- 유기용제의 취급 업종으로는 화학제품, 합성세제, 의약품,농
약, 사진약품, 폭약, 방충제, 방부제 등 광범위한 화학공업
제품 제조를 비롯하여 접착제, 금속코팅, 착색, 세척, 고무

및 가죽가공 등이 있으며, 사용목적에 따라 단독 혹은 혼합하여 사용함, 다른 물질을 녹이는 용매로서 사용하는 경우에는 시너(희석제)로 불리는 공업용 혼합 유기용제를 주로 사용함

- 유기용제의 건강영향은 그 종류에 관계없이 공통적으로 나타나는 일반적인 것과 개개의 유기용제가 가지고 있는 특이적인 것으로 나눌 수 있는데, 그 건강영향은 유기용제의 구조, 노출정도와 기간, 다른 유기용제와의 복합노출, 작업의 강도 및 개인의 감수성 등에 따라 다름

- 할로겐화 탄화수소물을 제외한 대부분의 유기용제는 화재와 폭발사고의 위험성도 있음

③ 금속류는 개별 금속의 특성에 따른 영향이 나타나는 것이 일반적입니다.

④ 산 및 알칼리류는 자극성과 부식성이 강한 것이 일반적입니다.

⑤ 가스 상태 물질은 다양한 과정으로 질식제로서의 역할을 하여 산소결핍으로 인한 증상을 유발하는 것이 일반적입니다.

⑥ 허가대상 유해물질은 발암성을 가지고 있는 경우가 많습니다.

■ 증상 및 진단

① (유기용제) 고농도의 유기용제는 눈, 피부 및 호흡기 점막을 자극하고 중추 신경계 기능을 억제합니다.

- 도취감에 이어 마취전구증상으로서 현기증, 메스꺼움, 구토, 협조운동기능 저하, 이상감각, 침흘림 및 빈맥 등이 발생

- 이상의 증상은 노출의 중단과 함께 곧 몇 분 내지 몇 시간

내에 후유증 없이 소실됨

- 그러나 고농도의 유기용제에 장시간 노출되면 의식의 점차적인 상실, 마비, 경련 및 사망에까지 이를 수 있음
- 급성 유기용제 중독이 의학적으로 밝혀진 것은 이미 백년이상되었고, 작업환경이 과거에 비하여 괄목할만하게 개선되었음에도 불구하고 치명적인 급성중독이 아직도 보고되고 있음
- 특히 환기가 잘 되지 않는 제한된 공간에서 유기용제에 노출되는 경우는 위험할 수 있는데, 한국에서도 급성 유기용제 중독으로 인한 사망이 여전히 발생하고 있음
② (유해가스) 건강에 위해를 미치는 기전에 따라 네 가지로 구분이 가능합니다.
- 단순히 환경 내 산소를 결핍시켜 질식상태를 야기하는 단순질식제로 가스 자체는 독작용이 없으나 저산소증을 유발하는 가스
- 화학적 질식제는 몸 안에 흡수되어 전신적으로 순환됨으로써 산소의 운반과 사용을 방해함
- 산소운반에는 영향을 미치지 않고 전신독작용을 일으키는 전신독성물질
- 호흡기에 직접적인 자극이나 상해를 일으키는 자극제

【국내사례】

ㅇ (유기용제 중독) 환자는 1년전부터 운동화 제조공장에서 스프레이 도장작업을 하였는데, 입사 3개월부터 두통과 어지러움에 시달리게 되었고 항상 술취한 듯한 느낌이 있었음
- 근무부서는 처음에는 지하에 마련되어 있었는데, 나중에는

2층에서 일을 하였, 환풍기는 설치되지 않았으며 날씨가 추워지면서 창문을 닫고 문틈은 테이프로 봉했다고 함
- 실신 후 두통과 어지러움이 심해지고 기억력이 떨어지며 사지에 힘이 없어짐
- 실신 후 사지근육의 약화로 보행이 어려웠는데, 3개월부터는 혼자서 일어서거나 걸을 수 없게 되었음
- 실신 후 작업환경을 개선한 다음 혼합물에 의한 농도는 11.21로 허용농도기준 1을 초과

■ 예방조치
【관련규정 예시】
※ 작업환경측정 등 유해인자와 직접 관련된 의무에 대한 산업안전보건법상 주요 규정
- 보건조치(제39조)
- 물질안전보건자료의 작성 및 제출(제110조)
- 물질안전보건자료의 게시 및 교육(제114조)
- 물질안전보건자료대상물질 용기 등의 경고표시(제115조)
- 작업환경측정(제125조)
- 특수건강진단 등(제130조) 등

§14. 디이소시아네이트(diisocyanate), 염소, 염화수소 또는 염산에 노출되어 발생한 반응성 기도과민증후군

【1】 반응성 기도과민증후군

■ 발생원 및 노출가능상황

① 원인으로 보고된 물질이나 환경은 다양하고 비특이적인 화학물질을 포함하고 있습니다.

- 염소, 톨루엔 디이소시아네이트, 질소 산화물, 아세트산, 이산화황, 페인트 등이 흔한 물질임

- 국내에서 문헌을 통해 보고된 반응성 기도과민증후군 사례는 톨루엔 디이소 시아네이트, 염소가스, 화재, 바퀴벌레 훈연살충제 등에 의한 6례 정도임

■ 증상 및 진단

① 1985년 Brooks등이 처음으로 정의

② 과거 호흡기질환의 병력이 없던 사람에서 고농도의 자극성 가스, 연기, 연무, 증기 등에 노출된 후 잠재기 없이 기침, 천명, 호흡곤란 등의 증상이나 소견이 유발되는 질환입니다.

③ 증상이나 소견은 원인물질에 노출된 후 대개 24시간 이내에 발생하여 최소 3개월 이상 지속되며, 천식과 유사한 상태를 보입니다.

■ 예방조치

① 반응성기도과민증후군은 고농도 노출 시에 발생이 가능하므로, 노출 기준을 준수하는 것이 중요합니다.

② 화학물질에 노출된 후 호흡곤란과 천명 등의 증상이 나타난 경우 진료가 필요합니다.

【2】 톨루엔-2,4-디이소시아네이트

> * **(톨루엔-2,4-디이소시아네이트)** 화학식은 $C_6H_3(CH_3)(N=C=O)_2$
> 이며, 톨루엔($C_6H_5CH_3$)의 2개의 수소가 이소시아네이트기
> (N=C=O-)로 치환된 화합물질로서 흡입시 기관지, 폐에 자극을 주
> 는 독성 물질

■ 발생원 및 노출가능상황
o 폴레우레탄 사용 공정, 가구공장이나 악기 제조공장의 도장
작업, 낚시대 제조공장의 도장작업, 냉동기 제조공장의 단열재
제작작업, 은박지 제조공정, 전선 피막코팅 등의 공정

■ 증상 및 진단
① 2,4-TDI의 주된 독성은 기도에 대한 자극이며, 그 외에
   피부를 감작시켜 염증을 일으킬 수 있습니다.
② TDI의 증기가 기도 점막을 자극하여 천식과 유사한 증상
   을 일으킬 수 있습니다. 고농도에 노출되면 기관지 수축을
   동반한 기관지염, 화학적 폐렴, 폐부종, 두통 등을 일으킬
   수 있습니다.
③ 0.1ppm이상의 고농도에 노출될 경우 눈과 점막, 피부를
   강하게 자극하며, 직접 자극에 의해 기관지 상피세포의 손
   상과 급성 염증 반응이 일어나서 코, 인두, 후두, 상부 기
   관지의 작열감 및 기침, 천명, 흉통 등의 증상이 노출 즉
   시 또는 수 시간 후에 나타납니다.
④ 매우 높은 농도(0.5ppm 이상)에서는 심한 흉통을 느끼는
   데, 이는 기관지 염증 및 기관지 수축과 폐부종에 의한 것

입니다. 구역질과 구토, 복통이 동반되기도 하며, 이 때는 노출 중단 후 3~7일까지 증상이 지속되기도 합니다.
⑤ 고농도에 수초 또는 수분에서 12시간까지 1회 노출된 후 기관지 천식 증상과 함께 비특이적 기관지 과민 증상이 나타나기 시작하여 노출이 완전히 중단된 후에도 수년간 천식 증상이 지속되는 소위 반응성 기도과민 증후군이 발생할 수도 있습니다.

■ 예방조치

○ 노출기준 : 시간가중평균농도 0.005ppm, 단시간노출기준 0.02ppm
* 자극 최소화
【관련규정 예시】
※ 작업환경측정 등 유해인자와 직접 관련된 의무에 대한 산업안전보건법상 주요 규정
- 보건조치(제39조)
- 유해인자 허용기준의 준수(제107조)
- 물질안전보건자료의 작성 및 제출(제110조)
- 물질안전보건자료의 게시 및 교육(제114조)
- 물질안전보건자료대상물질 용기 등의 경고표시(제115조)
- 작업환경측정(제125조)
- 특수건강진단 등(제130조) 등

【3】 염산, 염화수소

> * (염산, 염화수소) 염화의 분자식은 HCl이며, 상온에서 무색의 유독성 기체. 물에 녹은 수용액 형태를 염산이라고 함. 염산은 부식

성이 크며 고농도의 염화수소는 눈, 피부, 창자 등의 생체 조직에 손상을 입힐 수 있음

■ 발생원 및 노출가능상황

○ 염화알킬 제조, 전지, 의약품, 염료, 비료, 인조, 실크 제조, 페인트 색소 제조, 금속 제정, 도금, 비누 정제 사업장, 도금의 산 처리 공정, 금속 표면 세척 공정 등에 노출됩니다.

■ 증상 및 진단

① (호흡기계) 염화수소 가스는 상부 호흡기계의 점막을 강하게 자극하여 부종과 연축을 유발하고 기도폐쇄로 이어집니다.
- 대량의 가스에 노출되면 폐부종이 발생할 수 있음
- 사람에서 실시된 연구 결과 50~100ppm의 농도에서는 1시간 이상 견디기 어려우며, 35ppm에서 단시간 노출되면 인후에 자극증상을 유발함, 5ppm정도의 농도에서도 즉각적인 자극 증상을 일으킨다는 연구 결과가 있음
② (피부) 고농도의 염화수소에 노출될 경우 흉터를 남기는 깊은 화상을 유발하며, 저농도에 반복적으로 노출되면 피부염뿐 아니라 갈색 또는 황색의 피부 변색이 나타납니다.
③ (눈) 고농도의 염화수소 가스는 각막을 파괴시키고 백내장과 녹내장을 유발합니다.
④ (소화기계) 고농도의 염산 섭취는 통증, 연하곤란, 메스꺼움, 구토를 유발하고, 소화기계에 부식성 손상을 가하여 출혈, 천공, 흉터, 협착을 야기합니다.

※ 염산은 염화수소가 물에 녹은 것으로 염화수소가 신체의 수분과
접촉하는 경우 염산으로 변화되어 화학적 화상 등을 유발할 수 있음
- 호흡기 흡입시 호흡기 내의 수분과 접촉하여 호흡기내 화상과
  심한 자극 및 부식 등 유발할 수 있음. 이로 인해 청색증과 폐
  수종 등 발생함
- 염화수소는 그 자체로는 기체 상태임

■ 예방조치

ㅇ 노출기준(염화수소) : 시간가중평균농도 1ppm, 단시간노출기준 2ppm
* 염화수소 증기에 의한 급성 자극의 가능성을 최소화
【관련규정 예시】
※ 작업환경측정 등 유해인자와 직접 관련된 의무에 대한 산
   업안전보건법상 주요 규정
- 보건조치(제39조)
- 물질안전보건자료의 작성 및 제출(제110조)
- 물질안전보건자료의 게시 및 교육(제114조)
- 물질안전보건자료대상물질 용기 등의 경고표시(제115조)
- 작업환경측정(제125조) - 특수건강진단 등(제130조) 등

§15. **트리클로로에틸렌에 노출**(해당 물질에 노출되는업무에 종사
하지 않게 된 후 3개월이 지난 경우는 제외한다)**되어 발생한 스
티븐스존슨 증후군**(stevens-johnson syndrome).
**다만, 약물, 감염, 후천성면 역결핍증, 악성 종양 등 다
른 원인으로 발생한 스티븐스존슨 증후군은 제외한다.**

> * **(트리클로로에틸렌)** 분자식은 C_2HCl_3 이며, 무색의 불연성 액체
> 로 달콤한 냄새가 나며, 휘발성 물질로 지방에 잘 녹는 성질이 있음

■ **발생원 및 노출가능상황**

① 용매, 희석제, 탈지제, 추출제, 살충제 등으로 다양하게 사
용됩니다.

② 금속의 탈지, 페인트의 신나 등 다양한 용도의 용제, 염색,
드라이클리닝, 냉매 및 열교환액, 훈증제, 화학생산품의 중
간산물, 전자제품의 청소 및 건조, 식품가공업의 추출제,
수술용 마취제 및 진통제 등의 원료로 사용됩니다.

③ 드라이클리닝 및 염색, 금속 탈지 및 세척작업, 살충제, 접
착제, 왁스, 수지, 타르, 페인트, 고무, 니스, 클로르아세트
산 제조의 화학적 중간 공정, 도장작업 등에서 노출 가능
합니다.

■ **증상 및 진단**

① TCE 노출 노동자에서 간혹 한 달 전후의 노출 초기에 스
티븐스존슨 증후군을 포함하는 전신적 박탈피부염이 발생
되기도 합니다.

- 독성 간염이 동반되기도 하며, TCE에 감수성이 있는 사람에서 나타나는 일종의 과민반응으로 보고 있음
② (자극 증상) 피부와 점막에 자극 증상이 있습니다.
③ (중추신경계) 두통, 어지러움, 메스꺼움, 졸리움, 허약감, 혼란, 의식소실 등의 증상이 있습니다.
- 카테콜아민에 대한 작용에 변화를 주어 부정맥 유발 가능
④ 고농도 노출시 독성 간염, 간부전, 신부전의 가능성이 있습니다.
⑤ (농도별 증상) 20ppm부터 냄새를 맡을 수 있습니다. 노출수준에 따라 다르지만, 수 분에서 수 시간 노출 후 24시간 안에 증상이 나타납니다.

【국내사례】
① 트리클로로에틸렌을 이용해 세척하는 소규모 사업장에서 일을 시작한지 20일 후부터 복부에 반점성 발진이 발생
- 이 병변은 곧 배 전체와 가슴으로 번지고 양쪽 종아리에도 발생하였으며, 융합하여 커지는 양상으로 진행되었고, 증세 발생 후 10여 일 후에는 얼굴을 제외한 전신으로 확산
- 환자는 심한 통증이나 가려움증이 없어 계속 업무를 하던 중, 증상 발생 25일째에는 얼굴 에도 병변이 나타나며 표피벗음이 발생하여 대학병원 피부과에 내원하여 독성 홍반 (toxic erythema)으로 진단받고 약물치료를 받았음
- 환자는 증상발생 32일 호흡곤란 증상과 피부 증상 악화로 모 대학병원 응급실을 통해 입원하였으며, 입원 후 전신의 표피 벗겨짐과 가피가 형성되고 간기능 장애가 발견되었으며 발열 증세가 나타났음

- 증상 발생 39일째 스티븐스-존슨 증후군 또는 독성표피괴 사용해증(Toxic Epidermal Necrolysis, TEN), 전격성 간 염, 패혈증으로 진단되었으며, 증상발생 42일 전격 성 간염 및 피부 병변에 의한 패혈증으로 사망
② 1995년 독성표피괴사용해증이 발생하여 사망한 사례
- 1995년 5월 2일 25세 남자 근로자가 니켈 도금 작업장에 서 한 달간 일한 뒤 피부에 발진이 나타나고 입안이 헐어 음 식물을 삼키기 어려운 증상이 발생하였음. 스티븐스존슨 증후군(SJS) 또는 독성표피괴사용해증(TEN) 의심하에 치료 중패혈증으로 사망하였음
- 간기능 검사 수치가 급격히 상승되어 있었고, 부검기록에 의하면 전신 표피 박탈의 피부 병변과 그에 합병된 진균성 폐렴으로 사망하였음
- 이 근로자는 입사한지 얼마 되지 않아 업무용 차량을 운전 하거나 도금 및 세척작업을 하였음. 이 작업장에서 취급하 는 물질은 도금작업 시 사용하는 산(황산, 염산, 초산), 가 성소다, 시안화나트륨, 시안화구리, 황산구리, 염화니켈, 크 롬산, 그리고 TCE 등이었음
③ 2002년 8월에 스테인리스 강판을 작게 절단하여 세척후 납품하는 금속 가공 업체에 입사 하여 1개월 간 혼자서 세 척작업을 한 사례
- 2002년 9월 열을 동반한 기침과 온 몸이 붓고 피부가 벗겨 지는 증상이 나타나 S종합병원에서 독성 간염 및 피부질환 으로 입원 치료하여 증상이 호전
- 2002년 10월 증상의 악화로 재입원하였으나 증상의 급속한

악화로 2002년 10월 17일 괴사성 폐렴과 트리클로로에틸
렌 민감성 증후군으로 사망하였음

④ 29세 남자가 에어컨에 부착되는 구리파이프를 TCE로 세
   척하는 작업을 한 달 가량 한 후전신성 접촉피부염(박탈
   형)과 독성 간염이 발생

- 소양감을 동반한 전신의 홍반 및 양측 하지의 부종성 자반
  이 있었고, 얼굴과 상지의 심한 피부 박탈과 경한 황달 소
  견을 보이고 있었음

- 혈액검사에서 백혈구 수가 증가하였고, 간기능이 저하되었
  으며 복부초음파에서 간 실질의 손상 소견을 보였음

- 한 달간 에어컨부품 가공업체에서 일용직으로 세척작업을
  하며 TCE에 노출되었음. 작업장 에는 환풍기나 환기시설이
  없고 수작업으로 부품을 TCE가 담긴 통에 넣었다가 뺐다
  하는 작업을 하였음

■ 예방조치

① 스티븐슨존슨 증후군은 일종의 과민반응에 의해 나타나는
   것으로 알려져 있습니다.

- TCE 사용 근로자에서 피부 발진이나 박탈, 간기능 수치의
  상승 등이 나타나는 경우 노출 중지

② 노출기준 : 시간가중평균농도 10ppn, 단시간노출기준
   25ppm

* 중추신경계 억제 증상, 두통, 간 독성이 나타나지 않는 수준에서 설정

③ 생물학적 노출지표(미국 ACGIH)

- 근무주 마지막 날 채취한 소변 중 삼염화초산 15mg/L

- 근무주 마지막 날 작업교대 후 채취한 혈중 삼염화에탄올
  0.5mg/L

【관련규정 예시】

※ 작업환경측정 등 유해인자와 직접 관련된 의무에 대한 산
  업안전보건법상 주요 규정

- 보건조치(제39조)
- 유해인자 허용기준의 준수(제107조)
- 물질안전보건자료의 작성 및 제출(제110조)
- 물질안전보건자료의 게시 및 교육(제114조)
- 물질안전보건자료대상물질 용기 등의 경고표시(제115조)
- 작업환경측정(제125조)
- 특수건강진단 등(제130조) 등

§16. 트리클로로에틸렌 또는 디메틸포름아미드에 노출(해당 물질에 노출되는 업무에 종사하지 않게 된 후 3개월이 지난 경우는 제외한다)되어 발생한 독성간염. 다만, 약물, 알코올, 과체중, 당뇨병 등 다른 원인으로 발생하거나 다른 질병이 원인이 되어 발생 한 간염은 제외한다.

【1】 트리클로로에틸렌

> * (트리클로로에틸렌) 분자식은 C_2HCl_3이며, 무색의 불연성 액체로 달콤한 냄새가 나며, 휘발성 물질로 지방에 잘 녹는 성질이 있음

■ 발생원 및 노출가능상황

① 용매, 희석제, 탈지제, 추출제, 살충제 등으로 다양하게 사용됩니다.

② 금속의 탈지, 페인트의 신나 등 다양한 용도의 용제, 염색, 드라이클리닝, 냉매 및 열교환액, 훈증,제 화학생산품의 중간산물, 전자제품의 청소 및 건조, 식품가공업의 추출제, 수술용 마취제 및 진통제 등의 원료로 사용됩니다.

③ 드라이클리닝 및 염색, 금속 탈지 및 세척작업, 살충제, 접착제, 왁스, 수지, 타르, 페인트, 고무, 니스, 클로르아세트산 제조의 화학적 중간 공정 도장 작업 등에서 노출이 가능합니다.

■ 증상 및 진단

① (자극증상) 피부와 점막 자극 증상 있습니다.

② (중추신경계) 두통, 어지러움, 메스꺼움, 졸리움, 허약감, 혼란, 의식소실, 카테콜아민에 대한 작용에 변화를 주어

부정맥 유발 가능합니다.

③ 고농도 노출시 독성 간염, 간부전, 신부전이 가능합니다.

④ (농도별 증상) 노출 수준에 따라 다르지만 수 분에서 수
시간 노출 후 24시간 안에 증상이 나타납니다.

농도(ppm)	증상
–	20ppm부터 냄새를 맡을 수 있음
110	반응시간 지연
1000	2시간 노출시 시각 운동 능력 이상
1280	6분 정도 후에 마취 전 상태
2500	마취 상태와 유사

■ 예방조치

① TCE 사용 근로자에서 간기능 수치의 상승 등이 나타나는
경우 노출 중지

② 노출기준 : 시간가중평균농도 10ppm, 단시간노출기준
25ppm

* 중추신경계 억제 증상, 두통, 간 독성이 나타나지 않는 수준에서 설정

② 생물학적 노출지표(미국 ACGIH)

- 근무주 마지막 날 채취한 소변 중 삼염화초산 15mg/L
- 근무주 마지막 날 작업교대 후 채취한 혈중 삼염화에탄올
0.5mg/L

【관련규정 예시】

※ 작업환경측정 등 유해인자와 직접 관련된 의무에 대한 산
업안전보건법상 주요 규정

- 보건조치(제39조)
- 유해인자 허용기준의 준수(제107조)
- 물질안전보건자료의 작성 및 제출(제110조)

- 물질안전보건자료의 게시 및 교육(제114조)
- 물질안전보건자료대상물질 용기 등의 경고표시(제115조)
- 작업환경측정(제125조)
- 특수건강진단 등(제130조) 등

【2】 디메틸포름아미드(dimethylformamide)

> * (디메틸포름아미드) 분자식은 C_3H_7NO이며, 무색의 약한 암모
> 니아 냄새가 나는 액체로서 세계적으로 많이 사용되는 유기용   제
> 이며, 주로 간독성이 문제가 됨

■ 발생원 및 노출가능상황
① 디메틸포름아미드는 약한 암모니아 냄새가 나는 무색의 수
   용성 유기용제로서 산업장에서는 레진이나 극성폴리머로
   이용됩니다.
② 합성피혁제조, 제화, 보호코팅, 스판덱스 섬유 제조, 공정
   분석, 시약, 가스 흡수제, 접착제, 필름과 인쇄용 잉크, 색
   소 사용 공정에서 노출이 가능합니다.

■ 증상 및 진단
① 직업적으로 간독성 물질에 노출되는 경우는 대개 흡입에 의
   하여 발생하나, 섭식, 피부를 통하여도 흡수될 수 있습니다.
- 흡입은 특히 휘발성 용제에서 가장 중요한 경로임
② (간담도계) 급성 노출 시 수 시간에서 수일 후 상복부 통
   증, 구역, 구토, 경련성 복통, 피로, 알코올 불내성 등의
   증상을 호소한 중독 사례들이 있었습니다.

- 임상 검사에서 간기능 이상이 보였고, 간 조직 검사에서 형태학적 변화가 관찰됨
- 간손상을 일으키고, 복통, 식욕부진, 황달, 구역, 구토, 설사 등의 소화기계 증상이 나타남
- 신장 기능 이상은 보고되지 않았고, 환자들은 2~3주 동안의 대증적 입원 치료 후 회복되었고, 간기능도 정상으로 돌아 왔음
- 국내에서 DMF와 폴리우레탄수지 배합공정 근무 중 급성중독으로 인한 독성 간염으로 사망한 사례가 보고 있었음
- DMF에 의한 간기능 장애는 주로 특이체질인 경우에 발생하므로 개개인의 감수성에 따라 큰 차이를 보임. 같은 노출 상황에서도 간기능 장애는 소수의 작업자에게만 나타나고 그 심각도도 일정치 않음
- 이러한 독성 간염은 DMF에 노출된 이후 1~2개월 내에 많이 발생된다고 알려졌는데, 그보다 훨씬 빨리 발생된 경우도 있음. 특이체질에 의한 DMF독성 간염은 그 발생을 예측하기 어렵기 때문에 DMF노출 초기의 간기능 검사 모니터링을 통한 조기발견으로 작업 중단 시기를 놓치지 않는 것이 매우 중요함
③ (자극증상) 눈, 피부, 비강, 점막 자극 가능

【국내사례】
① DMF를 이용하여 합성피혁을 제조하는 공장에서 근무하는 33세의 이주 근로자가 발작적 경련성 복통, 황달, 소변색 변화, 전신 쇠약을 주소(主訴)로 내원
- 환자는 입사한지 2개월되었고, 채용시 건강진단에서 간기능은

정상이었음. 병원에서 수행한 혈중 간기능 검사에서 AST 583 IU/L(정상범위 0~40 IU/L), ALT 539 IU/L(정상범위 0~40 IU/L), γ-GTP 49 IU(정상범위 남성 10~71 IU/L / 여성 6~42 IU/L)이었음. 입원 1일째 의식이 혼미해졌고 3일째 전격성 독성 간염으로 사망

② 조선족 중국인 김씨(남 33세)는 2005. 12. 6.에 한국에 입국하여 외국인 산업연수생 건강 진단을 받았음. 그 결과 AST 21 IU/L, ALT 15 IU/L, B형 간염바이러스 항원, 항체 검사 모두 음성으로 정상 판정을 받았음. 2006. 2. 8.부터는 인조 피혁공장의 배합공정에서 DMF를 배합하고 DMF 드럼통을 세척하는 작업을 하였음. 작업을 하면서 메스꺼움과 복통을 느꼈고 작업배치 19일이 지난 2. 27.에 B병원에서 배치전 건강진단을 받았음. AST 179 IU/L, ALT 333 IU/L, r-GTP 981 IU/L이었고 요중 NMF는 29.3mg/L이었음. 간장질환으로 D2 판정을 받았음

- 김씨는 소화불량이 계속되고 배가 불러와서 사업장 직원과 함께 4.7.에 C병원을 방문. AST 583 IU/L, GPT 539 IU/L, ALP 196 IU/L, r-GTP 409U/L, 총 빌리루빈 5.6mg/dL이었음

- 4. 11.까지 작업은 계속하였고 당일 B병원에 가서 특수건강진단을 받았음. AST 964 IU/L, ALT 920 IU/L, r-GTP 428 IU/L, B형 간염바이러스 항원 음성, 항체는 양성, C형 간염바이러스 항체 음성이었음. 요중 NMF 농도가 276.2mg/L이었음

- 4. 17.에 동 병원에 입원하여 치료받던 중 4. 29.에 사망

■ 예방조치

① DMF 노출에 의한 독성간염은 일종의 이상반응에 의해 나타나는 것으로 알려져 있습니다.

- DMF 사용 근로자에서 배치 전 검진이나 특수건강진단에서 간수치 이상이 나타나는 경우 노출 중지

② 노출기준 : 시간가중평균농도 10ppm

③ 생물학적 노출지표(미국 ACGIH)

- 작업 종료 직후 채취한 소변의 N-메틸포름아미드 15mg/L

- 근무주 마지막 날 작업교대 후 채취한 소변의 N-Acetyl-S-(N-methylcarbamoly) cysteine : 40mg/L

【관련규정 예시】

※ 작업환경측정 등 유해인자와 직접 관련된 의무에 대한 산업안전보건법상 주요 규정

- 보건조치(제39조)

- 유해인자 허용기준의 준수(제107조)

- 물질안전보건자료의 작성 및 제출(제110조)

- 물질안전보건자료의 게시 및 교육(제114조)

- 물질안전보건자료대상물질 용기 등의 경고표시(제115조)

- 작업환경측정(제125조)

- 특수건강진단 등(제130조) 등

§17. 보건의료 종사자에게 발생한 B형 간염, C형 간염, 매독 또는 후천 성면역결핍증의 혈액전파성 질병

【1】 B형, C형 간염 발생원 및 노출가능상황

① 병원에서 근무하는 근로자의 경우 혈액을 통하여 간염이 전염될 수 있습니다. 주사바늘이나 수술 도구 등에 의하여 B형 및 C형 바이러스 간염의 전파가 가능합니다.

- B형 간염 표면항원과 B형 간염 항원이 둘 다 양성인 혈액이 묻은 주사바늘에 찔리는 등 피부 손상으로 감염될 확률은 22~31%로 알려져 있으며, 이는 강력한 전염 경로임

- B형 간염바이러스는 실온의 마른 혈액 속에서 최소 1주일간 생존할 수 있음

- 혈액 외에도 모유, 담즙, 뇌척수액, 대변, 정액, 타액, 땀, 관절 활액에서도 발견됨

- C형 간염의 경우 감염된 혈액이 손상된 피부를 통하여 감염될 확률은 1.8%정도임

② (노출 경로) 감염된 사람의 혈액이 의료 종사자의 혈류에 들어갈 수 있는 경우

- 의료 종사자를 B형 간염 바이러스 또는 C형 간염 바이러스 감염의 위험에 빠뜨릴 수 있는 노출은 경피적 손상(예 바늘에 찔리거나 날카로운 물건으로 베임) 또는 점막, 온전하지 않은 점막이나 피부에 접촉되는 것(예 갈라짐 찰과상 등)

- 혈액 및 감염자의 뇌척수액, 활액, 흉막, 복막, 심낭액 및 양수에 노출되어 감염될 수도 있음

- 대변, 코 분비물, 가래, 땀, 눈물, 소변 및 구토물은 혈액을 포함하지 않는 한 일반적으로 전염성이 없음

■ 증상 및 진단

o 바이러스에 직업적으로 노출(주사바늘 손상) 후 B형 간염의 경우 180일, C형 간염의 경우 160일 이내 급성간염이 발생합니다.

■ 예방조치

① B형 간염 표면항원 양성인 환자의 혈액에 노출된 경우 감염 가능성이 있습니다.

- 노출 근로자가 예방접종 여부, 항체 생성 여부 등을 고려하여 면역글로 불린 주사, 예방접종 등 조치 시행

② C형 간염의 경우 일반적으로 주사바늘 손상시 면역글로불린이나 예방적 항바이러스제 투여 등을 권고하지 않고 추적검사를 통해 진행 경과를 살펴보게 합니다.

- 급성 C형 간염 환자의 20~50%는 특별한 치료없이 자연 회복됨

【관련규정 예시】

※ 간염, 매독, HIV 등 혈액매개 감염병과 직접 관련된 의무에 대한 산업안전보건법상 주요 규정

- 보건조치(제39조)* 등

* 산업안전보건기준에 관한 규칙 제8장 병원체에 의한 건강장해의 예방(제592조~제604조) 등

【2】 매독

■ 발생원 및 노출가능상황

o 환자가 매독 1,2기인 경우에는 환자에게 사용한 주사바늘에 찔릴 경우 감염될 수 있으나, 3기 매독인 경우 감염 가능성이 매우 낮습니다.

■ 예방조치

① 주사바늘에 찔린 후 병원 감염관리 차원의 일반적 조치는 다음과 같습니다.

- 노출 직후 근로자에게 매독반응검사를 시행하고, 만약 증상이 없는 환자에게 사용한 바늘에 찔렸다면 특별한 처치나 투약은 필요 없음

- 6주 후 추적검사에서 근로자가 양성으로 나오면 벤자신 페니실린을 근육에 주사함

- 환자가 VDRL양성이면서 피부감염이나 중추신경계 감염 증상이 있는 경우, 그 혈액에 노출된 근로자는 즉시 벤자신 페니실린을 근육에 주사함

【관련규정 예시】

※ 간염, 매독, HIV 등 혈액매개 감염병과 직접 관련된 의무에 대한 산업안전보건법상 주요 규정

- 보건조치(제39조)* 등

* 산업안전보건기준에 관한 규칙 제8장 병원체에 의한 건강장해의 예방(제592조~제604조) 등

【3】 인간면역결핍바이러스(Human Immunodeficiency Virus, HIV)

■ 발생원 및 노출가능상황

○ 의료 환경에서 HIV 감염에 대한 직업적 감염은 거의 전적으로 감염된 혈액에 직접 접촉한 경우 발생합니다.

- 대부분의 경우 주사바늘이나 수술도구에 피부 손상을 받아 감염됨

- 바이러스가 결막 등 점막에 접촉하여 감염될 가능성은 극히 낮음

■ **증상 및 진단**
① 단일 노출로도 감염을 유발하기에 충분합니다.
- 환자의 혈액으로 오염된 기기에 노출, 정맥이나 동맥에 직접 주사를 놓는 과정, 상처 등을 통해 감염 가능
- HIV 양성 환자에게 사용한 주사바늘에 찔렸을 경우 전파 가능성은 0.3%정도
- 질병이 말기인 환자의 혈액에 노출되면 위험도가 증가함
② 접촉 후 12개월 이내에 감염이 유발되며, 경피 노출 후 6개월 이내에 HIV 항체가 형성됩니다.

■ **예방조치**
○ 노출 후 환자의 진행 경과 감안하여 2~3종의 치료제를 활용한 예방요법 실시합니다.
【관련규정 예시】
※ 간염, 매독, HIV 등 혈액매개 감염병과 직접 관련된 의무에 대한 산업안전보건법상 주요 규정
- 보건조치(제39조)* 등
* 산업안전보건기준에 관한 규칙 제8장 병원체에 의한 건강장해의 예방(제592조~제604조) 등

§18. 근로자에게 건강장해를 일으킬 수 있는 습한 상태에서 하는 작업으로 발생한 렙토스피라증(leptospirosis)

■ 감염원 및 노출가능상황

① 설치류에 의해 전파, 야외에서 설치류나 설치류 배설물에 노출이 되는 경우에 감염이 가능합니다.

- 쥐와의 접촉이 가장 중요하나 소, 돼지, 염소, 개, 여우 및 들쥐 등에 의해서도 전파 가능

- 병원체가 자생하고 있는 수분이 많은 환경(예 논)에서 근무하는 농부, 하수관 업무, 광부, 수의사, 도축장 근무자 등에서 발생

② 지구상에 널리 퍼져 있어 도시와 농촌, 선진국과 원시림 등 모든 곳에서 발생합니다.

- 농부, 사탕수수밭 종사자, 하수구 청소부, 광부, 수의사, 축산업자, 도축장 종사자, 군인 등의 직업군에서 감염이 많음

■ 증상 및 진단

① 감염원 노출 후 2~20일 정도의 잠복기를 거쳐서 증상이 발현됩니다.

② 렙토스피라증은 발열, 오한, 근육통 및 두통 등 인플루엔자와 비슷한 전구 증상으로 시작하여 흉통, 기침, 호흡곤란 등의 증상을 보이는 질병입니다.

- 대부분 경증의 비황달형이며, 5~10%는 중증의 황달, 신부전, 출혈 등을 보임. 중증 렙토스피라증을 바일병이라고도 함

■ **예방조치**

o 작업시 손발 등에 상처가 있는지를 확인하고, 장화 등 보호
구를 착용하도록 합니다.

【관련규정 예시】

※ 렙토스피라증 등 곤충 및 동물매개 감염병과 직접 관련된
　의무에 대한 산업안전보건 법상 주요 규정

- 보건조치(제39조)* 등

* 산업안전보건기준에 관한 규칙 제8장 병원체에 의한 건강장해의
　예방(제592조~제604조) 등

§19. 동물이나 그 사체, 짐승의 털·가죽, 그 밖의 동물성 물체를 취급하여 발생한 탄저, 단독(erysipelas) 또는 브루셀라증(brucellosis)

【1】 탄저

■ 감염원 및 노출가능상황

① 탄저(anthrax)는 기본적으로 초식동물의 질환으로 사람은 우연히 감염되는 숙주입니다.

- 병원체는 탄저균이며, 죽은 가축 및 야생 동물의 혈액 등을 통해 균이 전파됨

- 감염된 동물의 털이나 가죽도 오랫동안 아포를 가지고 있어 이로 인한 감염도 가능

- 이런 경로를 감안할 때 동물과 그 사체, 털·가죽 등을 취급 하는 업무에서 노출 가능성이 높음

② 탄저는 동물 탄저가 흔한 아메리카의 중앙 및 남부 유럽의 동·남부, 아시아와 아프리카의 농업 지역에 토착화되어 있습니다. 감염 경로는 다음과 같습니다.

- 위장관 감염은 오염된 소고기를 충분히 익히지 않고 먹을 때

- 피부 감염은 탄저로 죽은 동물의 조직과 접촉할 때 오염된 털과 가죽으로 만든 제품(양탄자, 털솔, 가죽북)이나 오염된 흙에 접촉할 때 발생 가능함

- 폐(흡입)감염은 가죽이나 털을 가공하는 과정에서 탄저균아 포를 호흡기로 흡입하여 감염

- 실험실에서는 사고로 다양한 경로를 통해 감염 가능함

> ※ 가축에 대한 예방접종이 철저한 국가에서 사람 탄저는 거의 발생 하지 않고 있음. 한국의 경우 2000년 8월 법정감염병 지정 이후 사 람에서 발생한 사례 보고는 없음.

■ 예방조치
【관련규정 예시】
※ 탄저, 브루셀라증 등 곤충 및 동물매개 감염병과 직접 관
   련된 의무에 대한 산업안전 보건법상 주요 규정
- 보건조치(제39조)* 등
* 산업안전보건기준에 관한 규칙 제8장 병원체에 의한 건강장해의
  예방(제592조~제604조) 등

【2】 단독(Erysipelas)

■ 감염원 및 노출가능상황
① 피부가 연쇄상 구균 등에 감염되어 진피의 상층부에 병변
   이 발생하여 주위 정상조직과 경계가 명확한 특성이 있습
   니다.
② 피부의 손상된 부분, 작은 상처나 습진, 궤양 등에 세균이
   침투하여 감염되기 때문에 의료진이 환자와 접촉시 손상된
   피부를 통해 감염 가능합니다.
③ 항생제 치료를 원칙으로 하며, 일주일 내 회복 가능하며,
   예후도 좋은 편이나 재발이 흔합니다.

■ 예방조치
ㅇ 작업시 손발 등에 상처가 있는지를 확인하고 장갑 등 보호
구를 착용하도록 합니다.
【관련규정 예시】
※ 탄저, 브루셀라증 등 곤충 및 동물매개 감염병과 직접 관
   련된 의무에 대한 산업안전 보건법상 주요 규정

- 보건조치(제39조)* 등
* 산업안전보건기준에 관한 규칙 제8장 병원체에 의한 건강장해의 예방(제592조~제604조) 등

【3】 브루셀라증

■ 감염원 및 노출가능상황

① 인수공통전염병으로 감염된 동물을 통해서 전파가 가능합니다. 주로 염소, 양, 낙타, 돼지, 개, 말, 토끼 등을 통해 감염될 수 있습니다.

② 감염된 우유를 마시거나, 감염된 동물을 돌보거나, 감염된 사체를 취급함으로써 인간에서 발생 가능합니다. 이 경우 병원체는 베인 상처와 찰과상을 통해 몸에 들어갈 수 있습니다.

③ 주로 가축과 부산물을 다루는 축산업자, 도축장 종사자, 수의사, 가축인 공수정사 및 실험실 근무자에서 발생 가능성이 높습니다.

④ 전파경로는 다양하여 감염된 동물의 점막 및 혈액, 대소변, 태반, 분비물 등과 접촉시 혹은 오염된 우유 및 유제품을 생으로 섭취하거나 드물게 육류를 생으로 먹고 감염될 수 있습니다.

⑤ 실험실과 도축장에서는 공기감염으로 전파가 가능합니다. 사람간 전파는 드물지만, 성 접촉, 수직감염(분만, 출산, 수유 등), 수혈, 장기 이식 비경구적(주로 정맥 내) 주사 경로 등으로 감염될 수 있습니다.

■ 증상 및 진단

① 잠복기는 5일부터 5개월로 다양하지만, 보통 1~2개월입니다.

② 증상은 열, 오한, 발한, 두통, 근육통, 관절통 등이 흔합니다.

③ 열은 아침에는 정상이고, 오후나 저녁에 고열이 날 수 있습니다.

④ 근골격계, 심혈관계, 호흡기계, 소화기계, 간담도계, 비뇨기계 및 중추 신경계 등 다양한 장기에서 합병증을 일으킬 수 있습니다. 이중 근골격계 합병증이 가장 흔합니다.

■ 예방조치

① 작업시 손 등에 상처가 없는지 확인하고, 보호구를 반드시 착용하며, 작업 후에 반드시 손소독제를 사용합니다.

② 도축시 모든 기구, 기계, 배수로, 바닥 등은 소독약을 이용하여 세척하고, 고온수로 재차 세척합니다.

【관련규정 예시】

※ 탄저, 브루셀라증 등 곤충 및 동물매개 감염병과 직접 관련된 의무에 대한 산업안전 보건법상 주요 규정

- 보건조치(제39조)* 등

* 산업안전보건기준에 관한 규칙 제8장 병원체에 의한 건강장해의 예방(제592조~제604조) 등

§20. 오염된 냉각수로 발생한 레지오넬라증(legionellosis)

■ 감염원 및 노출가능상황

① 레지오넬라증은 물에서 서식하는 레지오넬라균에 의해 발생하는 감염성 질환입니다.

- 주로 발생하는 장소는 대형건물(병원, 호텔, 빌딩, 공장 등) 이며, 해당 건물의 냉각탑, 에어컨, 수계시설(샤워기, 수도꼭지), 가습기, 중증 호흡기 치료기기, 온천, 분수 등에서 발생하는 에어로졸로 전파됩니다.

- 물속의 균이 비말 형태로 인체에 흡입되어 전파되며, 사람 간 전파에 대한 보고는 없음

- 여름부터 초가을에 주로 발생하는 급성 호흡기 질환

- 조기에 치료하면 대부분 완쾌되지만, 치료를 받지 않았을 경우 15~20%의 치명률을 나타내기도 함

② 레지오넬라균은 25~45°C의 따뜻한 물에서 잘 번식하며, 수돗물이나 증류수 내에서 수 개월간 생존할 수 있고, 온수기, 에어컨의 냉각탑, 가습기, 온천, 분수 등에도 존재합니다.

■ 증상 및 진단

① 레지오넬라증은 중증인 레지오넬라 폐렴과 경증인 폰티악 열로 나뉩니다.

② 레지오넬라 폐렴은 2~10일간의 잠복기를 거쳐 갑작스런 고열(39~40°C), 오한, 마른기침 등이 나타나며, 폐렴으로 진행합니다.

③ 폰티악 열(독감형)은 레지오넬라 폐렴과 증상이 비슷하지

만, X-ray상 폐렴이 발생하거나 사망을 초래하지는 않습니다. 잠복기는 짧아 수시간에서 2일 정도이며, 치료하지 않아도 대개는 2~5일, 길어도 1주일 이내에 자연적으로 치유됩니다.

■ **예방조치**

ㅇ 온수기, 에어컨 냉각탑, 가습기에 대해 자외선 조사, 고온 살균법, 염소 처리를 활용하여 청소합니다.

【관련규정 예시】

※ 레지오넬라증 등 사무실 공기 중에 떠다니며, 근로자의 건강장해를 유발하는 세균·바이러스 등과 직접 관련된 의무에 대한 산업안전보건법상 주요 규정

- 보건조치(제39조)* 등

* 산업안전보건기준에 관한 규칙 제11장 사무실에서의 건강장해 예방(제646조~제655조) 등

§21. 고기압 또는 저기압에 노출되거나 중추신경계 산소 독성으로 발생한 건강장해, 감압병(잠수병) 또는 공기 색전증(기포가 동맥이나 정맥을 따라 순환하다가 혈관을 막는 것)

■ 발생원 및 노출가능상황

① 중추신경계 산소 독성, 감압병, 공기색전증은 모두 고기압 환경에서 기체의 분압이 높아지면서 기체가 혈액과 조직에 과다하게 용해되는 것이 근본적 발생원입니다. 다만, 질환의 발현과 증상은 고기압에서 정상기압으로 복귀하는 과정과도 관련이 있습니다.

- 즉, 고기압 환경에 노출되지 않으면 산소독성, 감압병, 공기 색전증은 발생하지 않음

② 고기압 환경은 주로 잠수작업에서 볼 수 있습니다. 단순히 숨을 참고 잠수하거나 SCUBA 잠수 모두가 해당됩니다. 그 외에 의료기관에서 사용하는 치료목적의 고압산소치료기로 인한 노출 가능합니다.

- 주요 노출 작업으로는 1)수중 해산물 채취 작업(해녀) 및 수중인양 잠수작업, 2)수중교량 건설작업 및 케이슨 공법 작업, 3)터널 굴착 시 압축공기 쉴드공법 작업, 4)기타 고압 산 소치료기 등의 고기압환경 등이 있음

- 국내에서 케이슨 공법의 사용이 거의 없다는 점을 감안하면 주된 노출은 잠수작업과 관련이 되어 있다고 보는 것이 타당함

② 저기압환경에서는 고공(고도 약 2,500m이상)에서 저산소증이 나타납니다.

③ 호흡기체의 산소분압이 낮아지면, 근육 피로도가 증가할 뿐만 아니라, 정신 기능도 감소하여 기억이나 계산, 판단 능력에 장해가 발생합니다.

■ 증상 및 진단

(1) 중추신경계 산소독성(oxygen toxicity)

① 압축공기잠수 시 수심 약 90m이상(90m는 기압의 압력이 작용하므로 전체 공기 중 21%정도를 차지하는 산소가 차지하는 분압이 2기압을 초과함)에서 발생하지만 개인차가 큽니다.

② 시야가 좁아지는 현상, 이명, 구역질, 입술이나 눈 주위의 근육 연축, 정신적 긴장도 증가 및 현기증 등의 전구 증상을 보이기도 하지만, 노출 시간이 길어지면 경련성 발작을 일으킵니다.

(2) 동맥혈 기체색전증(arterial gas embolism)

① 잠수장해 중 치명률이 가장 높으며, 잠수로 인한 사망 원인에서 31%를 차지하며, 사고자의 약 5%는 발병 즉시 사망합니다.

② 수면으로 복귀하는 상승 중 또는 수면 도착 후 10분 내에 발병합니다.

③ 두통, 현기증, 시력 이상, 감각 이상, 지각장해, 마비, 발작, 의식상실 등이 나타나며, 지극히 응급인 상태로서 신속히 고압산소치료를 시행해야 합니다.

(3) 감압병(decompression sickness, DCS)

① 고기압 작업시 신체에 가해지던 주위 압력이 다시 낮아질 때, 이전 압력 조건에서 체내에 용해되었던 불활성기체(질소 헬륨 등)가 혈액과 조직에 기포를 형성하면서 다양한 증상 발생합니다.

② 잠함작업, 잠수작업, 그리고 터널 공사에서 지하수 유입을 막기 위하여 시행되는 가압공법을 마치고 감압하는 과정에서 발생합니다.

③ 항공의학적 측면에서는 고공비행, 우주비행사가 선외활동을 할 때, 잠수 후 충분한 시간의 경과 없이 항공기 여행을 할 때, 그리고 고공을 비행하던 여객기의 여압 기능에 문제가 발생하여 갑자기 고공의 저기압환경에 노출될 때 발생 가능합니다.

④ 1형과 2형으로 구분할 수 있으며, 발현빈도는 7:3정도입니다.

- 제1형은 근골격계 통증이 주증상인 형태로 통증의 강도는 거의 감지하지 못할 정도의 경미한 것에서부터 참을 수 없는 것까지 다양함

- 제2형은 복통, 흉통, 배부통 등의 통증, 전정기관, 뇌, 척수 등의 손상으로 신경학적 증상을 보임. 현기증과 두통부터 운동 및 감각기능 장해, 방광 또는 직장기능 이상까지 가능

⑤ 증상이 수면도착 후 30분 이내에 50%, 1시간 이내에 85%, 3시간 이내에 95%가 나타납니다.

■ **예방조치**

① 급격한 상승이 안 되도록 상승속도를 유지하고, 안전 정지 시간 등 잠수 작업 안전수칙을 지켜서 작업을 수행해야 합니다.

- 수심과 작업시간에 따라 정확한 단계적 감압표를 적용
- 12시간 이내에 반복하여 잠수를 시행할 경우에는 잔류 질소시간을 고려해서 작업 계획 수립

② 충분한 휴식시간을 제공하도록 합니다.

【관련규정 예시】

※ 고기압 작업 기압변화와 관련된 작업 중 근로자의 건강장해 예방과 직접 관련된 의무에 대한 산업안전보건법상 주요규정

- 보건조치(제39조)*
* 산업안전보건기준에 관한 규칙 제5장 이상기압에 의한 건강장해의 예방(제522조~제557조) 등
- 특수건강진단 등(제130조)
- 유해·위험작업에 대한 근로시간 제한 등 (제139조) 등

§22. 공기 중 산소농도가 부족한 장소에서 발생한 산소결핍증

■ 발생원 및 노출가능상황

① (산소결핍) 산업안전보건법 산업안전보건기준에 관한 규칙에서 "산소농도가 18%미만일 경우"로 규정하고 있습니다.

- '산소결핍증'이란 산소가 결핍된 공기를 흡입함으로써 생기는 이상증상을 말함

- 산소결핍은 물질의 산화나 부식, 미생물의 호흡작용, 식물, 곡물, 목재 등의 부패, 작업공간의 공기가 다른 가스로 치환 되는 경우에 발생함

② 환기가 충분하지 않은 밀폐된 공간에서 발생 가능합니다.

- 지하 맨홀이나 분뇨탱크, 폐수 또는 하수처리설비 등에서 호발

- 습도와 온도, 유기물의 영양분 등으로 미생물의 번식이 쉬워 이산화탄소, 황화수소, 메탄가스 등이 발생하며, 산소농도는 급격히 저하됨

- 환기가 부족한 밀폐된 공간에서 철제 보일러, 압력용기, 반응탑, 선박 등 금속산화물 또는 녹슬기 쉬운 철재, 산화반응이 쉬운 탱크가 있는 경우는 공기 중 산소와의 산화반응으로 산소의 농도가 낮아지게 됨

■ 증상 및 진단

① 산소소비량이 가장 높은 장기는 뇌입니다. 따라서 산소 공급량이 감소하게 되면 뇌의 활동성이 저하되고, 산소가 없이 2분이 경과되면 대뇌의 피질 세포가 비가역적으로 손상되고 6~8분 후에는 전신의 장기가 영향을 받아 사망에 이르게 됩니다.

② 산소의 농도에 따른 증상은 다음과 같습니다.

산소의 농도(%)	증상
15 ~19.5	피로, 피곤, 작업능력 저하, 지구력 감소
12~15	맥박과 호흡수 증가, 협동운동장애, 행동의 부조화, 판단능력저하
10~12	맥박이 빨라지며 직무 수행 불가함, 입술에 청색증 발생
8~10	실신, 구토, 의식소실, 창백
6 ~ 8	사망률이 8분 노출의 경우 50~100%, 6분 노출의 경우 25~50%, 4~5분 노출시 치료후 회복 가능
4 ~ 6	40초 내로 혼수상태, 혼수, 호흡정지, 사망

【국내사례】

ㅇ 최근 5년간 산소부족 또는 유해가스 중독으로 사망하는 사례는 매년 30~60여 명임. 밀폐 공간 작업의 범위가 매우 넓고 무색, 무취한 유해가스에 노출될 경우 위험성 판단이 어렵다는 점을 염두에 두고 예방 대책을 마련할 필요가 있음

■ 예방조치

① 밀폐공간 작업시 작업전 산소 농도를 측정하여 적정 산소 농도(18~23.5%)를 확인합니다.

【관련규정 예시】

※ 공기 중 산소농도 부족 등으로 인한 산소결핍증 중 근로자의 건강장해 예방과 직접 관련된 의무에 대한 산업안전보건법상 주요 규정

- 보건조치(제39조)*

* 산업안전보건기준에 관한 규칙 제10장 밀폐공간 작업으로 인한 건강장해의 예방(제618조~제645조) 등

- 특수건강진단 등(제130조)

- 유해·위험작업에 대한 근로시간 제한 등(제139조) 등

§23. 전리방사선(물질을 통과할 때 이온화를 일으키는 방사선)에 노출되어 발생한 급성 방사선증 또는 무형성 빈혈

■ 발생원 및 노출가능상황

① 전리방사선이란 물질과 충돌하거나 물질을 통과할 때 진행로 상의 원자 및 분자와 충돌하여 그것을 붕괴시킴으로써 이온과 유리기를 생성하는 고에너지를 갖는 방사선을 의미합니다.

② 전리방사선의 종류와 주요 노출원은 다음과 같습니다.

- 알파 입자(α) : 핵에서 방출되는 입자로 자연적으로 존재하는 우라늄과 플루토늄과 같은 인공방사성 원소에서 나옴. 알파선의 투과력은 아주 약하여, 종이 한 장으로도 차단 가능

- 베타 입자(β) : 방사성원자의 원자핵으로부터 나오는 전자 알파 입자보다는 크기가 작지만 에너지가 많고 투과력이 알파 입자보다 강함. 1~2cm두께의 물을 투과할 수 있어서 과도한 노출시 피부화상을 일으킴. 얇은 알루미늄 판으로 차단할 수 있음

- 중성자 : 투과력이 상당히 강한 입자로 멀리 우주로부터 날아 오기도 하고, 공기 중에 있는 원자가 서로 부딪칠 때에 나오기도 함. 원자로 안에서 우라늄 원자가 핵분열할 때에 튀어나오기도 함. 중성자 자체는 불안정하여 양자로 붕괴되면서 베타 입자를 방출함

- γ선 및 X-선 : X-선은 전자를 가속하는 장치로부터 얻어지는 인공적인 방사선이고, γ선은 원자핵 전환 또는 원자핵 붕괴에 따라 방출되는 자연발생적인 방사선임. 산업적으로

이용되는 γ선의 예는 코발트60, 세슘137, 이리듐192 등이며, X-선은 전자관과 전자 현미경의 제작이나 의학적 용도로 사용됨

③ 직업성 노출

- 핵에너지시설, 방사선 약제공장, 의료시설의 진단방사선 및 핵의학 분야 재료의 두께를 측정하거나, 용접결과의 평가(결함유무)등 산업장 전반에 걸쳐서 종사자들이 방사선에 노출 가능
- 최근 사용되는 작업에서의 노출은 통상의 산업장 허용기준을 훨씬 밑돌고 있어 일반적으로 급성 방사선증이나 무형성 빈혈을 유발할 가능성은 낮음
- X-선 장치의 사용 또는 X-선 발생을 수반하는 당해 장치의 검사업무
- 사이클로트론, 베타트론, 기타의 하전입자를 가속시키는 장치의 사용 또는 방사선의 발생을 수반하는 당해 장치의 검사업무
- 방사선 물질을 장비하고 있는 기기의 취급업무
- 방사선을 방출하는 동위원소인 방사성 물질 또는 이것에 오염된 물질을 취급하는 업무
- 원자로의 운전업무 갱내에서의 핵연료 물질 굴채업무

■ 증상 및 진단
(1) 급성 방사선증
① (급성 방사선 증후군) 급성영향으로 발생합니다. 전신에 짧은 시간 1.5Gy동안에 이상의 높은 선량에 방사선에 피폭된

경우에 수 시간 또는 수 주일 이내에 사망할 수 있습니다.
- 일정량(발단선량)이상의 방사선량에 피폭되면, 피부의 홍반, 수포, 궤양, 눈의 백내장, 수정체 혼탁, 불임, 신체장기의 기능저하가 나타남
* 방사선에 의한 영향은 어느 선량(발단선량)이상 피폭되면 반드시 신체에(예 백내장, 피부 섬유화, 탈모 등) 영향을 주는 결정적 영향과 암 발생이나 유전적 영향처럼 발단선량과는 무관하게 영향을 미치는 확률적 영향이 있음 급성방사선증후군은 결정적 영향에 해당함
② 일상적으로 발생할 수 없으나, 원자탄 폭발 또는 체르노빌 사고와 같이 일시에 전신이 다량의 방사선에 노출되는 경우에는 인체 내에 많은 세포가 사멸하게 되며, 이로 인한 각종 장해가 나타납니다.
- 전구증상기, 잠복기, 주증상기, 회복기의 4단계로 진행됨. 비특이적 증상 발현 이후 잠복기를 거쳐 다른 정도의 출혈과 감염 증상이 나타나게 되는데, 증상의 정도는 피폭량에 비례함

(2) 무형성 빈혈

ㅇ 조혈세포는 방사선에 대한 감수성이 커서 무형성 빈혈 발생이 용이합니다.

노출 강도(Sv)	증상
2	수분 내에 변성되어 무형성 빈혈 발생 가능
2~3	방사선에 전신이 노출될 경우 백혈구, 혈소판, 적혈구의 수가 급격하게 감소하여 노출 후 3~5주에 백혈구와 혈소판의 수는 최고로 저하됨

5 이상	급격히 노출될 경우 백혈구감소증, 혈소판감소증이 심하여 감염 및 출혈로 사망하게 됨
수개월에 걸쳐 조사되면, 누적조사량이 5Sv 이상이 되어도 골수에 대한 영향이 적음	

【국내사례】

o 비파괴 검사작업으로 인한 무형성 빈혈 사례가 보고된 바 있습니다. 전남 소재 화학공장 플랜트 신설 공사 현장에서 공정 배관에 대해 방사선투과검사 작업을 하던 근로자 1명의 한 달간 방사선 피폭량이 120.45mSv이었고, 골수검사 결과 무형성 빈혈로 확인되었습니다(KOSHA Alert 2017-02호).

■ 예방조치

① 확률적 영향으로 발생하는 암 등의 예방을 위해서는 5년간 100mSv범위에서 연간 50mSv를 넘지 않아야 합니다.
② 급성 영향(결정적 영향)으로 발생하는 급성 방사선 증 등의 예방을 위해서는 연간 150mSv를 넘지 않아야 합니다.

【관련규정 예시】

※ 방사선에 의한 근로자의 건강장해 예방과 직접 관련된 의무에 대한 산업안전보건법상 주요 규정
- 보건조치(제39조)*
* 산업안전보건기준에 관한 규칙 제7장 방사선에 의한 건강장해의 예방(제573조~제591조) 등
- 특수건강진단 등(제130조)
- 유해·위험작업에 대한 근로시간 제한 등(제139조) 등

§24. 고열작업 또는 폭염에 노출되는 장소에서 하는 작업으로 발생한 심부체온상승을 동반하는 열사병

■ 증상 및 진단

① 장시간 고온에 노출되거나 뜨거운 환경에서 육체노동을 할 때 열을 발산시키는 체온조절 기전에 문제가 생겨, 심부체온이 섭씨 40도 이상 증가하는 것을 특징으로 합니다.

② 고열, 두통, 어지럼증, 의식장애, 비정상적 활력징후, 고온 건조한 피부 등이 나타납니다.

■ 예방조치

ㅇ 적절한 휴식, 그늘진 장소로의 이동, 선풍기, 팬 사용, 냉수욕 등이 필요합니다.

※ 열사병과 감별이 필요한 온열질환

① 열탈진(heat exhaustion)
- 땀을 많이 흘린 후에 염분과 수분을 부적절하게 보충하였을 때 나타남
- 고온 스트레스가 여러 날 계속된 후에 특징적으로 나타날 수 있으며, 고온작업장에서 중노동에 종사하는 미숙련자에게서 많이 발생
- 심한 갈증, 쇠약, 구역, 피로, 두통, 어지러움, 혼돈 상태가 나타나며, 체온은 정상이거나 중등도로 상승하는데 38.9℃를 넘는 경우는 드묾

② 열경련(heat cramps)
- 땀을 많이 흘린 후 수분만을 보충하여 생기는 염분 부족으로 발생
- 증상으로는 작업 시 가장 많이 사용하는 근육에 1~3분간 지속적이고 반복적인 격렬한 유통성 경련이 오는 것이 특징임
- 피부는 습하고 차가우며 경련이 오는 근육은 당구공같이 단단하고 돌덩이같이 느껴짐

- 체온은 정상이거나 약간 상승하며, 혈액의 염분 농도는 낮고, 혈액 농축을 보임
③ 열실신(heat syncope)
- 피부 혈관확장으로 인한 전신과 대뇌 저혈압으로 의식소실이 갑자기 나타남
- 심한 신체적인 작업 후 2시간 이내에 나타날 수 있으며, 피부는 차고 습하며 맥박은 약하고, 수축기 혈압은 통상 100mmHg 이하임. 체온은 정상인 경우가 대부분임.

【관련규정 예시】

※ 고열·폭염에 의한 근로자의 건강장해 예방과 직접 관련된 의무에 대한 산업안전보건법상 주요 규정
- 보건조치(제39조)＊
＊ 산업안전보건기준에 관한 규칙 제6장 온도·습도에 의한 건강장해 의 예방(제558조~제572조) 등
- 작업환경측정(제125조)
- 특수건강진단 등(제130조)
- 유해·위험작업에 대한 근로시간 제한 등(제139조) 등

부 록 : 관련법령

- 중대재해 처벌 등에 관한 법률
- 중대재해 처벌 등에 관한 법률 시행령

중대재해 처벌 등에 관한 법률

[시행 2022. 1. 27.] [법률 제17907호, 2021. 1. 26., 제정]

제1장 총칙

제1조(목적) 이 법은 사업 또는 사업장, 공중이용시설 및 공중교통수단을 운영하거나 인체에 해로운 원료나 제조물을 취급하면서 안전·보건 조치의무를 위반하여 인명피해를 발생하게 한 사업주, 경영책임자, 공무원 및 법인의 처벌 등을 규정함으로써 중대재해를 예방하고 시민과 종사자의 생명과 신체를 보호함을 목적으로 한다.

제2조(정의) 이 법에서 사용하는 용어의 뜻은 다음과 같다.
1. "중대재해"란 "중대산업재해"와 "중대시민재해"를 말한다.
2. "중대산업재해"란 「산업안전보건법」 제2조제1호에 따른 산업재해 중 다음 각 목의 어느 하나에 해당하는 결과를 야기한 재해를 말한다.
   가. 사망자가 1명 이상 발생
   나. 동일한 사고로 6개월 이상 치료가 필요한 부상자가 2명 이상 발생
   다. 동일한 유해요인으로 급성중독 등 대통령령으로 정하는 직업성 질병자가 1년 이내에 3명 이상 발생
3. "중대시민재해"란 특정 원료 또는 제조물, 공중이용시설 또는 공중교통수단의 설계, 제조, 설치, 관리상의 결함을 원인으로 하여 발생한 재해로서 다음 각 목의 어느 하나에 해당하는 결과를 야기한 재해를 말한다. 다만, 중대산업재해에 해당하는 재해는 제외한다.
   가. 사망자가 1명 이상 발생
   나. 동일한 사고로 2개월 이상 치료가 필요한 부상자가 10명 이상 발생
   다. 동일한 원인으로 3개월 이상 치료가 필요한 질병자가 10명 이상 발생

4. "공중이용시설"이란 다음 각 목의 시설 중 시설의 규모나 면
   적 등을 고려하여 대통령령으로 정하는 시설을 말한다. 다만,
   「소상공인 보호 및 지원에 관한 법률」 제2조에 따른 소상공인
   의 사업 또는 사업장 및 이에 준하는 비영리시설과 「교육시설
   등의 안전 및 유지관리 등에 관한 법률」 제2조제1호에 따른
   교육시설은 제외한다.
   가. 「실내공기질 관리법」 제3조제1항의 시설(「다중이용업소의
      안전관리에 관한 특별법」 제2조제1항제1호에 따른 영업장
      은 제외한다)
   나. 「시설물의 안전 및 유지관리에 관한 특별법」 제2조제1호
      의 시설물(공동주택은 제외한다)
   다. 「다중이용업소의 안전관리에 관한 특별법」 제2조제1항제
      1호에 따른 영업장 중 해당 영업에 사용하는 바닥면적(「건
      축법」 제84조에 따라 산정한 면적을 말한다)의 합계가 1천
      제곱미터 이상인 것
   라. 그 밖에 가목부터 다목까지에 준하는 시설로서 재해 발생
      시 생명·신체상의 피해가 발생할 우려가 높은 장소
5. "공중교통수단"이란 불특정다수인이 이용하는 다음 각 목의
   어느 하나에 해당하는 시설을 말한다.
   가. 「도시철도법」 제2조제2호에 따른 도시철도의 운행에 사용
      되는 도시철도차량
   나. 「철도산업발전기본법」 제3조제4호에 따른 철도차량 중 동
      력차·객차(「철도사업법」 제2조제5호에 따른 전용철도에
      사용되는 경우는 제외한다)
   다. 「여객자동차 운수사업법 시행령」 제3조제1호라목에 따른
      노선 여객자동차운송사업에 사용되는 승합자동차
   라. 「해운법」 제2조제1호의2의 여객선
   마. 「항공사업법」 제2조제7호에 따른 항공운송사업에 사용되
      는 항공기
6. "제조물"이란 제조되거나 가공된 동산(다른 동산이나 부동산

의 일부를 구성하는 경우를 포함한다)을 말한다.

7. "종사자"란 다음 각 목의 어느 하나에 해당하는 자를 말한다.

　　가. 「근로기준법」상의 근로자

　　나. 도급, 용역, 위탁 등 계약의 형식에 관계없이 그 사업의 수행을 위하여 대가를 목적으로 노무를 제공하는 자

　　다. 사업이 여러 차례의 도급에 따라 행하여지는 경우에는 각 단계의 수급인 및 수급인과 가목 또는 나목의 관계가 있는 자

8. "사업주"란 자신의 사업을 영위하는 자, 타인의 노무를 제공받아 사업을 하는 자를 말한다.

9. "경영책임자등"이란 다음 각 목의 어느 하나에 해당하는 자를 말한다.

　　가. 사업을 대표하고 사업을 총괄하는 권한과 책임이 있는 사람 또는 이에 준하여 안전보건에 관한 업무를 담당하는 사람

　　나. 중앙행정기관의 장, 지방자치단체의 장, 「지방공기업법」에 따른 지방공기업의 장, 「공공기관의 운영에 관한 법률」 제4조부터 제6조까지의 규정에 따라 지정된 공공기관의 장

제2장 중대산업재해

제3조(적용범위) 상시 근로자가 5명 미만인 사업 또는 사업장의 사업주(개인사업주에 한정한다. 이하 같다) 또는 경영책임자등에게는 이 장의 규정을 적용하지 아니한다.

제4조(사업주와 경영책임자등의 안전 및 보건 확보의무) ① 사업주 또는 경영책임자등은 사업주나 법인 또는 기관이 실질적으로 지배·운영·관리하는 사업 또는 사업장에서 종사자의 안전·보건상 유해 또는 위험을 방지하기 위하여 그 사업 또는 사업장의 특성 및 규모 등을 고려하여 다음 각 호에 따른 조치를 하여야 한다.

1. 재해예방에 필요한 인력 및 예산 등 안전보건관리체계의 구축 및 그 이행에 관한 조치

2. 재해 발생 시 재발방지 대책의 수립 및 그 이행에 관한 조치

3. 중앙행정기관·지방자치단체가 관계 법령에 따라 개선, 시정

등을 명한 사항의 이행에 관한 조치

4. 안전·보건 관계 법령에 따른 의무이행에 필요한 관리상의 조치

② 제1항제1호·제4호의 조치에 관한 구체적인 사항은 대통령령으로 정한다.

제5조(도급, 용역, 위탁 등 관계에서의 안전 및 보건 확보의무) 사업주 또는 경영책임자등은 사업주나 법인 또는 기관이 제3자에게 도급, 용역, 위탁 등을 행한 경우에는 제3자의 종사자에게 중대산업재해가 발생하지 아니하도록 제4조의 조치를 하여야 한다. 다만, 사업주나 법인 또는 기관이 그 시설, 장비, 장소 등에 대하여 실질적으로 지배·운영·관리하는 책임이 있는 경우에 한정한다.

제6조(중대산업재해 사업주와 경영책임자등의 처벌) ① 제4조 또는 제5조를 위반하여 제2조제2호가목의 중대산업재해에 이르게 한 사업주 또는 경영책임자등은 1년 이상의 징역 또는 10억원 이하의 벌금에 처한다. 이 경우 징역과 벌금을 병과할 수 있다.

② 제4조 또는 제5조를 위반하여 제2조제2호나목 또는 다목의 중대산업재해에 이르게 한 사업주 또는 경영책임자등은 7년 이하의 징역 또는 1억원 이하의 벌금에 처한다.

③ 제1항 또는 제2항의 죄로 형을 선고받고 그 형이 확정된 후 5년 이내에 다시 제1항 또는 제2항의 죄를 저지른 자는 각 항에서 정한 형의 2분의 1까지 가중한다.

제7조(중대산업재해의 양벌규정) 법인 또는 기관의 경영책임자등이 그 법인 또는 기관의 업무에 관하여 제6조에 해당하는 위반행위를 하면 그 행위자를 벌하는 외에 그 법인 또는 기관에 다음 각 호의 구분에 따른 벌금형을 과(科)한다. 다만, 법인 또는 기관이 그 위반행위를 방지하기 위하여 해당 업무에 관하여 상당한 주의와 감독을 게을리하지 아니한 경우에는 그러하지 아니하다.

1. 제6조제1항의 경우: 50억원 이하의 벌금

2. 제6조제2항의 경우: 10억원 이하의 벌금

제8조(안전보건교육의 수강) ① 중대산업재해가 발생한 법인 또는
기관의 경영책임자등은 대통령령으로 정하는 바에 따라 안전보
건교육을 이수하여야 한다.
② 제1항의 안전보건교육을 정당한 사유 없이 이행하지 아니한 경
우에는 5천만원 이하의 과태료를 부과한다.
③ 제2항에 따른 과태료는 대통령령으로 정하는 바에 따라 고용노
동부장관이 부과·징수한다.

제3장 중대시민재해

제9조(사업주와 경영책임자등의 안전 및 보건 확보의무) ① 사업주
또는 경영책임자등은 사업주나 법인 또는 기관이 실질적으로 지배
·운영·관리하는 사업 또는 사업장에서 생산·제조·판매·유통
중인 원료나 제조물의 설계, 제조, 관리상의 결함으로 인한 그 이
용자 또는 그 밖의 사람의 생명, 신체의 안전을 위하여 다음 각
호에 따른 조치를 하여야 한다.
  1. 재해예방에 필요한 인력·예산·점검 등 안전보건관리체계의
     구축 및 그 이행에 관한 조치
  2. 재해 발생 시 재발방지 대책의 수립 및 그 이행에 관한 조치
  3. 중앙행정기관·지방자치단체가 관계 법령에 따라 개선, 시정
     등을 명한 사항의 이행에 관한 조치
  4. 안전·보건 관계 법령에 따른 의무이행에 필요한 관리상의 조치
② 사업주 또는 경영책임자등은 사업주나 법인 또는 기관이 실질
   적으로 지배·운영·관리하는 공중이용시설 또는 공중교통수단
   의 설계, 설치, 관리상의 결함으로 인한 그 이용자 또는 그 밖
   의 사람의 생명, 신체의 안전을 위하여 다음 각 호에 따른 조치
   를 하여야 한다.
  1. 재해예방에 필요한 인력·예산·점검 등 안전보건관리체계의
     구축 및 그 이행에 관한 조치
  2. 재해 발생 시 재발방지 대책의 수립 및 그 이행에 관한 조치
  3. 중앙행정기관·지방자치단체가 관계 법령에 따라 개선, 시정

등을 명한 사항의 이행에 관한 조치

4. 안전·보건 관계 법령에 따른 의무이행에 필요한 관리상의 조치

③ 사업주 또는 경영책임자등은 사업주나 법인 또는 기관이 공중이용시설 또는 공중교통수단과 관련하여 제3자에게 도급, 용역, 위탁 등을 행한 경우에는 그 이용자 또는 그 밖의 사람의 생명, 신체의 안전을 위하여 제2항의 조치를 하여야 한다. 다만, 사업주나 법인 또는 기관이 그 시설, 장비, 장소 등에 대하여 실질적으로 지배·운영·관리하는 책임이 있는 경우에 한정한다.

④ 제1항제1호·제4호 및 제2항제1호·제4호의 조치에 관한 구체적인 사항은 대통령령으로 정한다.

제10조(중대시민재해 사업주와 경영책임자등의 처벌) ① 제9조를 위반하여 제2조제3호가목의 중대시민재해에 이르게 한 사업주 또는 경영책임자등은 1년 이상의 징역 또는 10억원 이하의 벌금에 처한다. 이 경우 징역과 벌금을 병과할 수 있다.

② 제9조를 위반하여 제2조제3호나목 또는 다목의 중대시민재해에 이르게 한 사업주 또는 경영책임자등은 7년 이하의 징역 또는 1억원 이하의 벌금에 처한다.

제11조(중대시민재해의 양벌규정) 법인 또는 기관의 경영책임자등이 그 법인 또는 기관의 업무에 관하여 제10조에 해당하는 위반행위를 하면 그 행위자를 벌하는 외에 그 법인 또는 기관에게 다음 각호의 구분에 따른 벌금형을 과(科)한다. 다만, 법인 또는 기관이 그 위반행위를 방지하기 위하여 해당 업무에 관하여 상당한 주의와 감독을 게을리하지 아니한 경우에는 그러하지 아니하다.

1. 제10조제1항의 경우: 50억원 이하의 벌금
2. 제10조제2항의 경우: 10억원 이하의 벌금

제4장 보칙

제12조(형 확정 사실의 통보) 법무부장관은 제6조, 제7조, 제10조 또는 제11조에 따른 범죄의 형이 확정되면 그 범죄사실을 관계 행정기관의 장에게 통보하여야 한다.

제13조(중대산업재해 발생사실 공표) ① 고용노동부장관은 제4조에 따른 의무를 위반하여 발생한 중대산업재해에 대하여 사업장의 명칭, 발생 일시와 장소, 재해의 내용 및 원인 등 그 발생사실을 공표할 수 있다.

② 제1항에 따른 공표의 방법, 기준 및 절차 등은 대통령령으로 정한다.

제14조(심리절차에 관한 특례) ① 이 법 위반 여부에 관한 형사재판에서 법원은 직권으로 「형사소송법」 제294조의2에 따라 피해자 또는 그 법정대리인(피해자가 사망하거나 진술할 수 없는 경우에는 그 배우자·직계친족·형제자매를 포함한다)을 증인으로 신문할 수 있다.

② 이 법 위반 여부에 관한 형사재판에서 법원은 검사, 피고인 또는 변호인의 신청이 있는 경우 특별한 사정이 없으면 해당 분야의 전문가를 전문심리위원으로 지정하여 소송절차에 참여하게 하여야 한다.

제15조(손해배상의 책임) ① 사업주 또는 경영책임자등이 고의 또는 중대한 과실로 이 법에서 정한 의무를 위반하여 중대재해를 발생하게 한 경우 해당 사업주, 법인 또는 기관이 중대재해로 손해를 입은 사람에 대하여 그 손해액의 5배를 넘지 아니하는 범위에서 배상책임을 진다. 다만, 법인 또는 기관이 해당 업무에 관하여 상당한 주의와 감독을 게을리하지 아니한 경우에는 그러하지 아니하다.

② 법원은 제1항의 배상액을 정할 때에는 다음 각 호의 사항을 고려하여야 한다.

 1. 고의 또는 중대한 과실의 정도
 2. 이 법에서 정한 의무위반행위의 종류 및 내용
 3. 이 법에서 정한 의무위반행위로 인하여 발생한 피해의 규모
 4. 이 법에서 정한 의무위반행위로 인하여 사업주나 법인 또는 기관이 취득한 경제적 이익
 5. 이 법에서 정한 의무위반행위의 기간·횟수 등
 6. 사업주나 법인 또는 기관의 재산상태

7. 사업주나 법인 또는 기관의 피해구제 및 재발방지 노력의 정도

제16조(정부의 사업주 등에 대한 지원 및 보고) ① 정부는 중대재해를 예방하여 시민과 종사자의 안전과 건강을 확보하기 위하여 다음 각 호의 사항을 이행하여야 한다.

1. 중대재해의 종합적인 예방대책의 수립ㆍ시행과 발생원인 분석
2. 사업주, 법인 및 기관의 안전보건관리체계 구축을 위한 지원
3. 사업주, 법인 및 기관의 중대재해 예방을 위한 기술 지원 및 지도
4. 이 법의 목적 달성을 위한 교육 및 홍보의 시행

② 정부는 사업주, 법인 및 기관에 대하여 유해ㆍ위험 시설의 개선과 보호 장비의 구매, 종사자 건강진단 및 관리 등 중대재해 예방사업에 소요되는 비용의 전부 또는 일부를 예산의 범위에서 지원할 수 있다.

③ 정부는 제1항 및 제2항에 따른 중대재해 예방을 위한 조치 이행 등 상황 및 중대재해 예방사업 지원 현황을 반기별로 국회 소관 상임위원회에 보고하여야 한다.

[시행일 : 2021. 1. 26.] 제16조

부칙

<제17907호, 2021. 1. 26.>

제1조(시행일) ① 이 법은 공포 후 1년이 경과한 날부터 시행한다. 다만, 이 법 시행 당시 개인사업자 또는 상시 근로자가 50명 미만인 사업 또는 사업장(건설업의 경우에는 공사금액 50억원 미만의 공사)에 대해서는 공포 후 3년이 경과한 날부터 시행한다.

② 제1항에도 불구하고 제16조는 공포한 날부터 시행한다.

제2조(다른 법률의 개정) 법원조직법 중 일부를 다음과 같이 개정한다.
제32조제1항제3호에 아목을 다음과 같이 신설한다.

아. 「중대재해 처벌 등에 관한 법률」 제6조제1항ㆍ제3항 및 제10조제1항에 해당하는 사건

중대재해 처벌 등에 관한 법률 시행령

[시행 2022. 1. 27.] [대통령령 제32020호, 2021. 10. 5., 제정]

제1장 총칙

제1조(목적) 이 영은 「중대재해 처벌 등에 관한 법률」에서 위임된 사항과 그 시행에 필요한 사항을 규정함을 목적으로 한다.

제2조(직업성 질병자) 「중대재해 처벌 등에 관한 법률」(이하 "법"이라 한다) 제2조제2호다목에서 "대통령령으로 정하는 직업성 질병자"란 별표 1에서 정하는 직업성 질병에 걸린 사람을 말한다.

제3조(공중이용시설) 법 제2조제4호 각 목 외의 부분 본문에서 "대통령령으로 정하는 시설"이란 다음 각 호의 시설을 말한다.

1. 법 제2조제4호가목의 시설 중 별표 2에서 정하는 시설

2. 법 제2조제4호나목의 시설물 중 별표 3에서 정하는 시설물. 다만, 다음 각 목의 건축물은 제외한다.

   가. 주택과 주택 외의 시설을 동일 건축물로 건축한 건축물

   나. 건축물의 주용도가 「건축법 시행령」 별표 1 제14호나목2)의 오피스텔인 건축물

3. 법 제2조제4호다목의 영업장

4. 법 제2조제4호라목의 시설 중 다음 각 목의 시설(제2호의 시설물은 제외한다)

   가. 「도로법」 제10조 각 호의 도로에 설치된 연장 20미터 이상인 도로교량 중 준공 후 10년이 지난 도로교량

   나. 「도로법」 제10조제4호부터 제7호까지에서 정한 지방도·시도·군도·구도의 도로터널과 「농어촌도로 정비법 시행령」 제2조제1호의 터널 중 준공 후 10년이 지난 도로터널

   다. 「철도산업발전기본법」 제3조제2호의 철도시설 중 준공 후 10년이 지난 철도교량

   라. 「철도산업발전기본법」 제3조제2호의 철도시설 중 준공 후 10년이 지난 철도터널(특별시 및 광역시 외의 지역에 있는

철도터널로 한정한다)

   마. 다음의 시설 중 개별 사업장 면적이 2천제곱미터 이상인 시설

     1)「석유 및 석유대체연료 사업법 시행령」제2조제3호의 주 유소

     2)「액화석유가스의 안전관리 및 사업법」제2조제4호의 액 화석유가스 충전사업의 사업소

   바.「관광진흥법 시행령」제2조제1항제5호가목의 종합유원시 설업의 시설 중 같은 법 제33조제1항에 따른 안전성검사 대상인 유기시설 또는 유기기구

제2장 중대산업재해

제4조(안전보건관리체계의 구축 및 이행 조치) 법 제4조제1항제1호에 따른 조치의 구체적인 사항은 다음 각 호와 같다.

1. 사업 또는 사업장의 안전·보건에 관한 목표와 경영방침을 설 정할 것

2. 「산업안전보건법」제17조부터 제19조까지 및 제22조에 따라 두어야 하는 인력이 총 3명 이상이고 다음 각 목의 어느 하나 에 해당하는 사업 또는 사업장인 경우에는 안전·보건에 관한 업무를 총괄·관리하는 전담 조직을 둘 것. 이 경우 나목에 해 당하지 않던 건설사업자가 나목에 해당하게 된 경우에는 공시 한 연도의 다음 연도 1월 1일까지 해당 조직을 두어야 한다.

   가. 상시근로자 수가 500명 이상인 사업 또는 사업장

   나.「건설산업기본법」제8조 및 같은 법 시행령 별표 1에 따른 토목건축공사업에 대해 같은 법 제23조에 따라 평가하여 공시된 시공능력의 순위가 상위 200위 이내인 건설사업자

3. 사업 또는 사업장의 특성에 따른 유해·위험요인을 확인하여 개선하는 업무절차를 마련하고, 해당 업무절차에 따라 유해· 위험요인의 확인 및 개선이 이루어지는지를 반기 1회 이상 점 검한 후 필요한 조치를 할 것. 다만,「산업안전보건법」제36

조에 따른 위험성평가를 하는 절차를 마련하고, 그 절차에 따라 위험성 평가를 직접 실시하거나 실시하도록 하여 실시 결과를 보고받은 경우에는 해당 업무절차에 따라 유해·위험요인의 확인 및 개선에 대한 점검을 한 것으로 본다.

4. 다음 각 목의 사항을 이행하는 데 필요한 예산을 편성하고 그 편성된 용도에 맞게 집행하도록 할 것

　가. 재해 예방을 위해 필요한 안전·보건에 관한 인력, 시설 및 장비의 구비

　나. 제3호에서 정한 유해·위험요인의 개선

　다. 그 밖에 안전보건관리체계 구축 등을 위해 필요한 사항으로서 고용노동부장관이 정하여 고시하는 사항

5. 「산업안전보건법」 제15조, 제16조 및 제62조에 따른 안전보건관리책임자, 관리감독자 및 안전보건총괄책임자(이하 이 조에서 "안전보건관리책임자등"이라 한다)가 같은 조에서 규정한 각각의 업무를 각 사업장에서 충실히 수행할 수 있도록 다음 각 목의 조치를 할 것

　가. 안전보건관리책임자등에게 해당 업무 수행에 필요한 권한과 예산을 줄 것

　나. 안전보건관리책임자등이 해당 업무를 충실하게 수행하는지를 평가하는 기준을 마련하고, 그 기준에 따라 반기 1회 이상 평가·관리할 것

6. 「산업안전보건법」 제17조부터 제19조까지 및 제22조에 따라 정해진 수 이상의 안전관리자, 보건관리자, 안전보건관리담당자 및 산업보건의를 배치할 것. 다만, 다른 법령에서 해당 인력의 배치에 대해 달리 정하고 있는 경우에는 그에 따르고, 배치해야 할 인력이 다른 업무를 겸직하는 경우에는 고용노동부장관이 정하여 고시하는 기준에 따라 안전·보건에 관한 업무 수행시간을 보장해야 한다.

7. 사업 또는 사업장의 안전·보건에 관한 사항에 대해 종사자의 의견을 듣는 절차를 마련하고, 그 절차에 따라 의견을 들어

재해 예방에 필요하다고 인정하는 경우에는 그에 대한 개선방안을 마련하여 이행하는지를 반기 1회 이상 점검한 후 필요한 조치를 할 것. 다만, 「산업안전보건법」 제24조에 따른 산업안전보건위원회 및 같은 법 제64조·제75조에 따른 안전 및 보건에 관한 협의체에서 사업 또는 사업장의 안전·보건에 관하여 논의하거나 심의·의결한 경우에는 해당 종사자의 의견을 들은 것으로 본다.

8. 사업 또는 사업장에 중대산업재해가 발생하거나 발생할 급박한 위험이 있을 경우를 대비하여 다음 각 목의 조치에 관한 매뉴얼을 마련하고, 해당 매뉴얼에 따라 조치하는지를 반기 1회 이상 점검할 것

가. 작업 중지, 근로자 대피, 위험요인 제거 등 대응조치

나. 중대산업재해를 입은 사람에 대한 구호조치

다. 추가 피해방지를 위한 조치

9. 제3자에게 업무의 도급, 용역, 위탁 등을 하는 경우에는 종사자의 안전·보건을 확보하기 위해 다음 각 목의 기준과 절차를 마련하고, 그 기준과 절차에 따라 도급, 용역, 위탁 등이 이루어지는지를 반기 1회 이상 점검할 것

가. 도급, 용역, 위탁 등을 받는 자의 산업재해 예방을 위한 조치 능력과 기술에 관한 평가기준·절차

나. 도급, 용역, 위탁 등을 받는 자의 안전·보건을 위한 관리비용에 관한 기준

다. 건설업 및 조선업의 경우 도급, 용역, 위탁 등을 받는 자의 안전·보건을 위한 공사기간 또는 건조기간에 관한 기준

제5조(안전·보건 관계 법령에 따른 의무이행에 필요한 관리상의 조치)

① 법 제4조제1항제4호에서 "안전·보건 관계 법령"이란 해당 사업 또는 사업장에 적용되는 것으로서 종사자의 안전·보건을 확보하는 데 관련되는 법령을 말한다.

② 법 제4조제1항제4호에 따른 조치에 관한 구체적인 사항은 다음 각 호와 같다.

1. 안전·보건 관계 법령에 따른 의무를 이행했는지를 반기 1회 이상 점검(해당 안전·보건 관계 법령에 따라 중앙행정기관의 장이 지정한 기관 등에 위탁하여 점검하는 경우를 포함한다. 이하 이 호에서 같다)하고, 직접 점검하지 않은 경우에는 점검이 끝난 후 지체 없이 점검 결과를 보고받을 것
2. 제1호에 따른 점검 또는 보고 결과 안전·보건 관계 법령에 따른 의무가 이행되지 않은 사실이 확인되는 경우에는 인력을 배치하거나 예산을 추가로 편성·집행하도록 하는 등 해당 의무 이행에 필요한 조치를 할 것
3. 안전·보건 관계 법령에 따라 의무적으로 실시해야 하는 유해·위험한 작업에 관한 안전·보건에 관한 교육이 실시되었는지를 반기 1회 이상 점검하고, 직접 점검하지 않은 경우에는 점검이 끝난 후 지체 없이 점검 결과를 보고받을 것
4. 제3호에 따른 점검 또는 보고 결과 실시되지 않은 교육에 대해서는 지체 없이 그 이행의 지시, 예산의 확보 등 교육 실시에 필요한 조치를 할 것

제6조(안전보건교육의 실시 등) ① 법 제8조제1항에 따른 안전보건교육(이하 "안전보건교육"이라 한다)은 총 20시간의 범위에서 고용노동부장관이 정하는 바에 따라 이수해야 한다.
② 안전보건교육에는 다음 각 호의 사항이 포함되어야 한다.
1. 안전보건관리체계의 구축 등 안전·보건에 관한 경영 방안
2. 중대산업재해의 원인 분석과 재발 방지 방안
③ 고용노동부장관은 「한국산업안전보건공단법」에 따른 한국산업안전보건공단이나 「산업안전보건법」 제33조에 따라 등록된 안전보건교육기관(이하 "안전보건교육기관등"이라 한다)에 안전보건교육을 의뢰하여 실시할 수 있다.
④ 고용노동부장관은 분기별로 중대산업재해가 발생한 법인 또는 기관을 대상으로 안전보건교육을 이수해야 할 교육대상자를 확정하고 안전보건교육 실시일 30일 전까지 다음 각 호의 사항을 해당 교육대상자에게 통보해야 한다.

1. 안전보건교육을 실시하는 안전보건교육기관등
2. 교육일정
3. 그 밖에 안전보건교육의 실시에 필요한 사항

⑤ 제4항에 따른 통보를 받은 교육대상자는 해당 교육일정에 참여할 수 없는 정당한 사유가 있는 경우에는 안전보건교육 실시일 7일 전까지 고용노동부장관에게 안전보건교육의 연기를 한 번만 요청할 수 있다.

⑥ 고용노동부장관은 제5항에 따른 연기 요청을 받은 날부터 3일 이내에 연기 가능 여부를 교육대상자에게 통보해야 한다.

⑦ 안전보건교육을 연기하는 경우 교육일정 등의 통보에 관하여는 제4항을 준용한다.

⑧ 안전보건교육에 드는 비용은 안전보건교육기관등에서 수강하는 교육대상자가 부담한다.

⑨ 안전보건교육기관등은 안전보건교육을 실시한 경우에는 지체 없이 안전보건교육 이수자 명단을 고용노동부장관에게 통보해야 한다.

⑩ 안전보건교육을 이수한 교육대상자는 필요한 경우 안전보건교육이수확인서를 발급해 줄 것을 고용노동부장관에게 요청할 수 있다.

⑪ 제10항에 따른 요청을 받은 고용노동부장관은 고용노동부장관이 정하는 바에 따라 안전보건교육이수확인서를 지체 없이 내주어야 한다.

제7조(과태료의 부과기준) 법 제8조제2항에 따른 과태료의 부과기준은 별표 4와 같다.

제3장 중대시민재해

제8조(원료 · 제조물 관련 안전보건관리체계의 구축 및 이행 조치)
법 제9조제1항제1호에 따른 조치의 구체적인 사항은 다음 각 호와 같다.
1. 다음 각 목의 사항을 이행하는 데 필요한 인력을 갖추어 중대

시민재해 예방을 위한 업무를 수행하도록 할 것

가. 법 제9조제1항제4호의 안전·보건 관계 법령에 따른 안전·보건 관리 업무의 수행

나. 유해·위험요인의 점검과 위험징후 발생 시 대응

다. 그 밖에 원료·제조물 관련 안전·보건 관리를 위해 환경부장관이 정하여 고시하는 사항

2. 다음 각 목의 사항을 이행하는 데 필요한 예산을 편성·집행할 것

가. 법 제9조제1항제4호의 안전·보건 관계 법령에 따른 인력·시설 및 장비 등의 확보·유지

나. 유해·위험요인의 점검과 위험징후 발생 시 대응

다. 그 밖에 원료·제조물 관련 안전·보건 관리를 위해 환경부장관이 정하여 고시하는 사항

3. 별표 5에서 정하는 원료 또는 제조물로 인한 중대시민재해를 예방하기 위해 다음 각 목의 조치를 할 것

가. 유해·위험요인의 주기적인 점검

나. 제보나 위험징후의 감지 등을 통해 발견된 유해·위험요인을 확인한 결과 중대시민재해의 발생 우려가 있는 경우의 신고 및 조치

다. 중대시민재해가 발생한 경우의 보고, 신고 및 조치

라. 중대시민재해 원인조사에 따른 개선조치

4. 제3호 각 목의 조치를 포함한 업무처리절차의 마련. 다만, 「소상공인기본법」 제2조에 따른 소상공인의 경우는 제외한다.

5. 제1호 및 제2호의 사항을 반기 1회 이상 점검하고, 점검 결과에 따라 인력을 배치하거나 예산을 추가로 편성·집행하도록 하는 등 중대시민재해 예방에 필요한 조치를 할 것

제9조(원료·제조물 관련 안전·보건 관계 법령에 따른 의무이행에 필요한 관리상의 조치) ① 법 제9조제1항제4호에서 "안전·보건 관계 법령"이란 해당 사업 또는 사업장에서 생산·제조·판매·유통 중인 원료나 제조물에 적용되는 것으로서 그 원료나 제조물이 사람

의 생명·신체에 미칠 수 있는 유해·위험 요인을 예방하고 안전
하게 관리하는 데 관련되는 법령을 말한다.
② 법 제9조제1항제4호에 따른 조치의 구체적인 사항은 다음 각
   호와 같다.
 1. 안전·보건 관계 법령에 따른 의무를 이행했는지를 반기 1회
    이상 점검(해당 안전·보건 관계 법령에 따라 중앙행정기관의
    장이 지정한 기관 등에 위탁하여 점검하는 경우를 포함한다.
    이하 이 호에서 같다)하고, 직접 점검하지 않은 경우에는 점
    검이 끝난 후 지체 없이 점검 결과를 보고받을 것
 2. 제1호에 따른 점검 또는 보고 결과 안전·보건 관계 법령에
    따른 의무가 이행되지 않은 사실이 확인되는 경우에는 인력을
    배치하거나 예산을 추가로 편성·집행하도록 하는 등 해당 의
    무 이행에 필요한 조치를 할 것
 3. 안전·보건 관계 법령에 따라 의무적으로 실시해야 하는 교육
    이 실시되는지를 반기 1회 이상 점검하고, 직접 점검하지 않
    은 경우에는 점검이 끝난 후 지체 없이 점검 결과를 보고받을
    것
 4. 제3호에 따른 점검 또는 보고 결과 실시되지 않은 교육에 대해
    서는 지체 없이 그 이행의 지시, 예산의 확보 등 교육 실시에
    필요한 조치를 할 것

**제10조(공중이용시설·공중교통수단 관련 안전보건관리체계 구축 및
이행에 관한 조치)** 법 제9조제2항제1호에 따른 조치의 구체적인 사
항은 다음 각 호와 같다.
 1. 다음 각 목의 사항을 이행하는 데 필요한 인력을 갖추어 중대
    시민재해 예방을 위한 업무를 수행하도록 할 것
    가. 법 제9조제2항제4호의 안전·보건 관계 법령에 따른 안전
        관리 업무의 수행
    나. 제4호에 따라 수립된 안전계획의 이행
    다. 그 밖에 공중이용시설 또는 공중교통수단과 그 이용자나
        그 밖의 사람의 안전에 관하여 국토교통부장관이 정하여

고시하는 사항

2. 다음 각 목의 사항을 이행하는 데 필요한 예산을 편성 · 집행할 것
   가. 법 제9조제2항제4호의 안전 · 보건 관계 법령에 따른 인력
      · 시설 및 장비 등의 확보 · 유지와 안전점검 등의 실시
   나. 제4호에 따라 수립된 안전계획의 이행
   다. 그 밖에 공중이용시설 또는 공중교통수단과 그 이용자나
      그 밖의 사람의 안전에 관하여 국토교통부장관이 정하여
      고시하는 사항

3. 공중이용시설 또는 공중교통수단에 대한 법 제9조제2항제4호
   의 안전 · 보건 관계 법령에 따른 안전점검 등을 계획하여 수
   행되도록 할 것

4. 공중이용시설 또는 공중교통수단에 대해 연 1회 이상 다음 각
   목의 내용이 포함된 안전계획을 수립하게 하고, 충실히 이행
   하도록 할 것. 다만, 공중이용시설에 대해「시설물의 안전 및
   유지관리에 관한 특별법」제6조에 따라 시설물에 대한 안전
   및 유지관리계획을 수립 · 시행하거나 공중이용시설 또는 공
   중교통수단에 대해 철도운영자가「철도안전법」제6조에 따라
   연차별 시행계획을 수립 · 추진하는 경우로서 사업주 또는 경
   영책임자등이 그 수립 여부 및 내용을 직접 확인하거나 보고
   받은 경우에는 안전계획을 수립하여 이행한 것으로 본다.
   가. 공중이용시설 또는 공중교통수단의 안전과 유지관리를 위
      한 인력의 확보에 관한 사항
   나. 공중이용시설의 안전점검 또는 정밀안전진단의 실시와 공
      중교통수단의 점검 · 정비(점검 · 정비에 필요한 장비를 확
      보하는 것을 포함한다)에 관한 사항
   다. 공중이용시설 또는 공중교통수단의 보수 · 보강 등 유지관
      리에 관한 사항

5. 제1호부터 제4호까지에서 규정한 사항을 반기 1회 이상 점검
   하고, 직접 점검하지 않은 경우에는 점검이 끝난 후 지체 없
   이 점검 결과를 보고받을 것

6. 제5호에 따른 점검 또는 보고 결과에 따라 인력을 배치하거나 예산을 추가로 편성·집행하도록 하는 등 중대시민재해 예방에 필요한 조치를 할 것

7. 중대시민재해 예방을 위해 다음 각 목의 사항이 포함된 업무처리절차를 마련하여 이행할 것. 다만, 철도운영자가 「철도안전법」 제7조에 따라 비상대응계획을 포함한 철도안전관리체계를 수립하여 시행하거나 항공운송사업자가 「항공안전법」 제58조제2항에 따라 위기대응계획을 포함한 항공안전관리시스템을 마련하여 운용한 경우로서 사업주 또는 경영책임자등이 그 수립 여부 및 내용을 직접 점검하거나 점검 결과를 보고받은 경우에는 업무처리절차를 마련하여 이행한 것으로 본다.

가. 공중이용시설 또는 공중교통수단의 유해·위험요인의 확인·점검에 관한 사항

나. 공중이용시설 또는 공중교통수단의 유해·위험요인을 발견한 경우 해당 사항의 신고·조치요구, 이용 제한, 보수·보강 등 그 개선에 관한 사항

다. 중대시민재해가 발생한 경우 사상자 등에 대한 긴급구호조치, 공중이용시설 또는 공중교통수단에 대한 긴급안전점검, 위험표지 설치 등 추가 피해방지 조치, 관계 행정기관 등에 대한 신고와 원인조사에 따른 개선조치에 관한 사항

라. 공중교통수단 또는 「시설물의 안전 및 유지관리에 관한 특별법」 제7조제1호의 제1종시설물에서 비상상황이나 위급상황 발생 시 대피훈련에 관한 사항

8. 제3자에게 공중이용시설 또는 공중교통수단의 운영·관리 업무의 도급, 용역, 위탁 등을 하는 경우 공중이용시설 또는 공중교통수단과 그 이용자나 그 밖의 사람의 안전을 확보하기 위해 다음 각 목에 따른 기준과 절차를 마련하고, 그 기준과 절차에 따라 도급, 용역, 위탁 등이 이루어지는지를 연 1회 이상 점검하고, 직접 점검하지 않은 경우에는 점검이 끝난 후 지체 없이 점검 결과를 보고받을 것

가. 중대시민재해 예방을 위한 조치능력 및 안전관리능력에 관한 평가기준·절차

나. 도급, 용역, 위탁 등의 업무 수행 시 중대시민재해 예방을 위해 필요한 비용에 관한 기준

제11조(공중이용시설·공중교통수단 관련 안전·보건 관계 법령에 따른 의무이행에 필요한 관리상의 조치) ① 법 제9조제2항제4호에서 "안전·보건 관계 법령"이란 해당 공중이용시설·공중교통수단에 적용되는 것으로서 이용자나 그 밖의 사람의 안전·보건을 확보하는 데 관련되는 법령을 말한다.

② 법 제9조제2항제4호에 따른 조치의 구체적인 사항은 다음 각 호와 같다.

 1. 안전·보건 관계 법령에 따른 의무를 이행했는지를 연 1회 이상 점검(해당 안전·보건 관계 법령에 따라 중앙행정기관의 장이 지정한 기관 등에 위탁하여 점검하는 경우를 포함한다. 이하 이 호에서 같다)하고, 직접 점검하지 않은 경우에는 점검이 끝난 후 지체 없이 점검 결과를 보고받을 것

 2. 제1호에 따른 점검 또는 보고 결과 안전·보건 관계 법령에 따른 의무가 이행되지 않은 사실이 확인되는 경우에는 인력을 배치하거나 예산을 추가로 편성·집행하도록 하는 등 해당 의무 이행에 필요한 조치를 할 것

 3. 안전·보건 관계 법령에 따라 공중이용시설의 안전을 관리하는 자나 공중교통수단의 시설 및 설비를 정비·점검하는 종사자가 의무적으로 이수해야 하는 교육을 이수했는지를 연 1회 이상 점검하고, 직접 점검하지 않은 경우에는 점검이 끝난 후 지체 없이 점검 결과를 보고받을 것

 4. 제3호에 따른 점검 또는 보고 결과 실시되지 않은 교육에 대해서는 지체 없이 그 이행의 지시 등 교육 실시에 필요한 조치를 할 것

제4장 보칙

제12조(중대산업재해 발생사실의 공표) ① 법 제13조제1항에 따른 공표(이하 이 조에서 "공표"라 한다)는 법 제4조에 따른 의무를 위반하여 발생한 중대산업재해로 법 제12조에 따라 범죄의 형이 확정되어 통보된 사업장을 대상으로 한다.

② 공표 내용은 다음 각 호의 사항으로 한다.

1. "중대산업재해 발생사실의 공표"라는 공표의 제목
2. 해당 사업장의 명칭
3. 중대산업재해가 발생한 일시·장소
4. 중대산업재해를 입은 사람의 수
5. 중대산업재해의 내용과 그 원인(사업주 또는 경영책임자등의 위반사항을 포함한다)
6. 해당 사업장에서 최근 5년 내 중대산업재해의 발생 여부

③ 고용노동부장관은 공표하기 전에 해당 사업장의 사업주 또는 경영책임자등에게 공표하려는 내용을 통지하고 30일 이상의 기간을 정하여 그에 대해 소명자료를 제출하게 하거나 의견을 진술할 수 있는 기회를 주어야 한다.

④ 공표는 관보, 고용노동부나 「한국산업안전보건공단법」에 따른 한국산업안전보건공단의 홈페이지에 게시하는 방법으로 한다.

⑤ 제4항에 따라 홈페이지에 게시하는 방법으로 공표하는 경우 공표기간은 1년으로 한다.

제13조(조치 등의 이행사항에 관한 서면의 보관) 사업주 또는 경영책임자등(「소상공인기본법」 제2조에 따른 소상공인은 제외한다)은 제4조, 제5조 및 제8조부터 제11조까지의 규정에 따른 조치 등의 이행에 관한 사항을 서면(「전자문서 및 전자거래 기본법」 제2조제1호에 따른 전자문서를 포함한다)으로 작성하여 그 조치 등을 이행한 날부터 5년간 보관해야 한다.

부칙

<제32020호, 2021. 10. 5.>

이 영은 2022년 1월 27일부터 시행한다.

[별표 1]

직업성 질병(제2조 관련)

1. 염화비닐·유기주석·메틸브로마이드(bromomethane)·일산화탄소에 노출되어 발생한 중추신경계장해 등의 급성중독
2. 납이나 그 화합물(유기납은 제외한다)에 노출되어 발생한 납 창백(蒼白), 복부 산통(産痛), 관절통 등의 급성중독
3. 수은이나 그 화합물에 노출되어 발생한 급성중독
4. 크롬이나 그 화합물에 노출되어 발생한 세뇨관 기능 손상, 급성 세뇨관 괴사, 급성신부전 등의 급성중독
5. 벤젠에 노출되어 발생한 경련, 급성 기질성 뇌증후군, 혼수상태 등의 급성중독
6. 톨루엔(toluene)·크실렌(xylene)·스티렌(styrene)·시클로헥산(cyclohexane)·노말헥산(n-hexane)·트리클로로에틸렌(trichloroethylene) 등 유기화합물에 노출되어 발생한 의식장해, 경련, 급성 기질성 뇌증후군, 부정맥 등의 급성중독
7. 이산화질소에 노출되어 발생한 메트헤모글로빈혈증(methemoglobinemia), 청색증(靑色症) 등의 급성중독
8. 황화수소에 노출되어 발생한 의식 소실(消失), 무호흡, 폐부종, 후각신경마비 등의 급성중독
9. 시안화수소나 그 화합물에 노출되어 발생한 급성중독
10. 불화수소·불산에 노출되어 발생한 화학적 화상, 청색증, 폐수종, 부정맥 등의 급성중독
11. 인[백린(白燐), 황린(黃燐) 등 금지물질에 해당하는 동소체(同素體)로 한정한다]이나 그 화합물에 노출되어 발생한 급성중독
12. 카드뮴이나 그 화합물에 노출되어 발생한 급성중독
13. 다음 각 목의 화학적 인자에 노출되어 발생한 급성중독
    가. 「산업안전보건법」 제125조제1항에 따른 작업환경측정 대상 유해인자 중 화학적 인자
    나. 「산업안전보건법」 제130조제1항제1호에 따른 특수건강진단 대상 유해인자 중 화학적 인자

14. 디이소시아네이트(diisocyanate), 염소, 염화수소 또는 염산에 노출되어 발생한 반응성 기도과민증후군

15. 트리클로로에틸렌에 노출(해당 물질에 노출되는 업무에 종사하지 않게 된 후 3개월이 지난 경우는 제외한다)되어 발생한 스티븐스존슨 증후군(stevens-johnson syndrome). 다만, 약물, 감염, 후천성면역결핍증, 악성 종양 등 다른 원인으로 발생한 스티븐스존슨 증후군은 제외한다.

16. 트리클로로에틸렌 또는 디메틸포름아미드(dimethylformamide)에 노출(해당 물질에 노출되는 업무에 종사하지 않게 된 후 3개월이 지난 경우는 제외한다)되어 발생한 독성 간염. 다만, 약물, 알코올, 과체중, 당뇨병 등 다른 원인으로 발생하거나 다른 질병이 원인이 되어 발생한 간염은 제외한다.

17. 보건의료 종사자에게 발생한 B형 간염, C형 간염, 매독 또는 후천성면역결핍증의 혈액전파성 질병

18. 근로자에게 건강장해를 일으킬 수 있는 습한 상태에서 하는 작업으로 발생한 렙토스피라증(leptospirosis)

19. 동물이나 그 사체, 짐승의 털·가죽, 그 밖의 동물성 물체를 취급하여 발생한 탄저, 단독(erysipelas) 또는 브루셀라증(brucellosis)

20. 오염된 냉각수로 발생한 레지오넬라증(legionellosis)

21. 고기압 또는 저기압에 노출되거나 중추신경계 산소 독성으로 발생한 건강장해, 감압병(잠수병) 또는 공기색전증(기포가 동맥이나 정맥을 따라 순환하다가 혈관을 막는 것)

22. 공기 중 산소농도가 부족한 장소에서 발생한 산소결핍증

23. 전리방사선(물질을 통과할 때 이온화를 일으키는 방사선)에 노출되어 발생한 급성 방사선증 또는 무형성 빈혈

24. 고열작업 또는 폭염에 노출되는 장소에서 하는 작업으로 발생한 심부체온상승을 동반하는 열사병

법 제2조제4호가목의 시설 중
공중이용시설(제3조제1호 관련)

1. 모든 지하역사(출입통로·대합실·승강장 및 환승통로와 이에 딸린 시설을 포함한다)
2. 연면적 2천제곱미터 이상인 지하도상가(지상건물에 딸린 지하층의 시설을 포함한다. 이하 같다). 이 경우 연속되어 있는 둘 이상의 지하도상가의 연면적 합계가 2천 제곱미터 이상인 경우를 포함한다.
3. 철도역사의 시설 중 연면적 2천제곱미터 이상인 대합실
4. 「여객자동차 운수사업법」 제2조제5호의 여객자동차터미널 중 연면적 2천제곱미터 이상인 대합실
5. 「항만법」 제2조제5호의 항만시설 중 연면적 5천제곱미터 이상인 대합실
6. 「공항시설법」 제2조제7호의 공항시설 중 연면적 1천5백제곱미터 이상인 여객터미널
7. 「도서관법」 제2조제1호의 도서관 중 연면적 3천제곱미터 이상인 것
8. 「박물관 및 미술관 진흥법」 제2조제1호 및 제2호의 박물관 및 미술관 중 연면적 3천제곱미터 이상인 것
9. 「의료법」 제3조제2항의 의료기관 중 연면적 2천제곱미터 이상이거나 병상 수 100개 이상인 것
10. 「노인복지법」 제34조제1항제1호의 노인요양시설 중 연면적 1천제곱미터 이상인 것
11. 「영유아보육법」 제2조제3호의 어린이집 중 연면적 430제곱미터 이상인 것
12. 「어린이놀이시설 안전관리법」 제2조제2호의 어린이놀이시설 중 연면적 430제곱미터 이상인 실내 어린이놀이시설
13. 「유통산업발전법」 제2조제3호의 대규모점포. 다만, 「전통시장 및 상점가 육성을 위한 특별법」 제2조제1호의 전통시장은 제

외한다.

14. 「장사 등에 관한 법률」 제29조에 따른 장례식장 중 지하에 위치한 시설로서 연면적 1천제곱미터 이상인 것

15. 「전시산업발전법」 제2조제4호의 전시시설 중 옥내시설로서 연면적 2천제곱미터 이상인 것

16. 「건축법」 제2조제2항제14호의 업무시설 중 연면적 3천제곱미터 이상인 것. 다만, 「건축법 시행령」 별표 1 제14호나목2)의 오피스텔은 제외한다.

17. 「건축법」 제2조제2항에 따라 구분된 용도 중 둘 이상의 용도에 사용되는 건축물로서 연면적 2천제곱미터 이상인 것. 다만, 「건축법 시행령」 별표 1 제2호의 공동주택 또는 같은 표 제14호나목2)의 오피스텔이 포함된 경우는 제외한다.

18. 「공연법」 제2조제4호의 공연장 중 객석 수 1천석 이상인 실내 공연장

19. 「체육시설의 설치·이용에 관한 법률」 제2조제1호의 체육시설 중 관람석 수 1천석 이상인 실내 체육시설

비고
둘 이상의 건축물로 이루어진 시설의 연면적은 개별 건축물의 연면적을 모두 합산한 면적으로 한다.

법 제2조제4호나목의 시설물
중 공중이용시설(제3조제2호 관련)

1. 교량	
가. 도로교량	1) 상부구조형식이 현수교, 사장교, 아치교 및 트러스교인 교량 2) 최대 경간장 50미터 이상의 교량 3) 연장 100미터 이상의 교량 4) 폭 6미터 이상이고 연장 100미터 이상인 복개구조물
나. 철도교량	1) 고속철도 교량 2) 도시철도의 교량 및 고가교 3) 상부구조형식이 트러스교 및 아치교인 교량 4) 연장 100미터 이상의 교량
2. 터널	
가. 도로터널	1) 연장 1천미터 이상의 터널 2) 3차로 이상의 터널 3) 터널구간이 연장 100미터 이상인 지하차도 4) 고속국도, 일반국도, 특별시도 및 광역시도의 터널 5) 연장 300미터 이상의 지방도, 시도, 군도 및 구도의 터널
나. 철도터널	1) 고속철도 터널 2) 도시철도 터널 3) 연장 1천미터 이상의 터널 4) 특별시 또는 광역시에 있는 터널

3. 항만	
가. 방파제, 파제제(波除堤) 및 호안(護岸)	1) 연장 500미터 이상의 방파제 2) 연장 500미터 이상의 파제제 3) 방파제 기능을 하는 연장 500미터 이상의 호안
나. 계류시설	1) 1만톤급 이상의 원유부이식 계류시설(부대시설인 해저송유관을 포함한다) 2) 1만톤급 이상의 말뚝구조의 계류시설 3) 1만톤급 이상의 중력식 계류시설
4. 댐	1) 다목적댐, 발전용댐, 홍수전용댐 2) 지방상수도전용댐 3) 총저수용량 1백만톤 이상의 용수전용댐
5. 건축물	1) 고속철도, 도시철도 및 광역철도 역 시설 2) 16층 이상이거나 연면적 3만제곱미터 이상의 건축물 3) 연면적 5천제곱미터 이상(각 용도별 시설의 합계를 말한다)의 문화·집회 시설, 종교시설, 판매시설, 운수시설 중 여객용 시설, 의료시설, 노유자시설, 수련시설, 운동시설, 숙박시설 중 관광숙박시설 및 관광휴게시설
6. 하천	
가. 하구둑	1) 하구둑 2) 포용조수량 1천만톤 이상의 방조제
나. 제방	국가하천의 제방[부속시설인 통관(通管) 및 호안(護岸)을 포함한다]
다. 보	국가하천에 설치된 다기능 보

7. 상하수도	
가. 상수도	1) 광역상수도 2) 공업용수도 3) 지방상수도
나. 하수도	공공하수처리시설 중 1일 최대처리용량 500톤 이상인 시설
8. 옹벽 및 절토 사면(깎기비탈면)	1) 지면으로부터 노출된 높이가 5미터 이상인 부분의 합이 100미터 이상인 옹벽 2) 지면으로부터 연직(鉛直)높이(옹벽이 있는 경우 옹벽 상단으로부터의 높이를 말한다) 30미터 이상을 포함한 절토부(땅깎기를 한 부분을 말한다)로서 단일 수평연장 100미터 이상인 절토사면

비고

1. "도로"란 「도로법」 제10조의 도로를 말한다.
2. 교량의 "최대 경간장"이란 한 경간(徑間)에서 상부구조의 교각과 교각의 중심선 간의 거리를 경간장으로 정의할 때, 교량의 경간장 중에서 최댓값을 말한다. 한 경간 교량에 대해서는 교량 양측 교대의 흉벽 사이를 교량 중심선에 따라 측정한 거리를 말한다.
3. 교량의 "연장"이란 교량 양측 교대의 흉벽 사이를 교량 중심선에 따라 측정한 거리를 말한다.
4. 도로교량의 "복개구조물"이란 하천 등을 복개하여 도로의 용도로 사용하는 모든 구조물을 말한다.
5. 터널 및 지하차도의 "연장"이란 각 본체 구간과 하나의 구조로 연결된 구간을 포함한 거리를 말한다.
6. "방파제, 파제제 및 호안"이란 「항만법」 제2조제5호가목2)의 외곽시설을 말한다.

7. "계류시설"이란 「항만법」 제2조제5호가목4)의 계류시설을 말한다.

8. "댐"이란 「저수지·댐의 안전관리 및 재해예방에 관한 법률」 제2조제1호의 저수지·댐을 말한다.

9. 위 표 제4호의 지방상수도전용댐과 용수전용댐이 위 표 제7호 가목의 광역상수도·공업용수도 또는 지방상수도의 수원지시설에 해당하는 경우에는 위 표 제7호의 상하수도시설로 본다.

10. 위 표의 건축물에는 그 부대시설인 옹벽과 절토사면을 포함하며, 건축설비, 소방설비, 승강기설비 및 전기설비는 포함하지 않는다.

11. 건축물의 연면적은 지하층을 포함한 동별로 계산한다. 다만, 2동 이상의 건축물이 하나의 구조로 연결된 경우와 둘 이상의 지하도상가가 연속되어 있는 경우에는 연면적의 합계로 한다.

12. 건축물의 층수에는 필로티나 그 밖에 이와 비슷한 구조로 된 층을 포함한다.

13. "건축물"은 「건축법 시행령」 별표 1에서 정한 용도별 분류를 따른다.

14. "운수시설 중 여객용 시설"이란 「건축법 시행령」 별표 1 제8호의 운수시설 중 여객자동차터미널, 일반철도역사, 공항청사, 항만여객터미널을 말한다.

15. "철도 역 시설"이란 「철도의 건설 및 철도시설 유지관리에 관한 법률」 제2조제6호가목의 역 시설(물류시설은 제외한다)을 말한다. 다만, 선하역사(시설이 선로 아래 설치되는 역사를 말한다)의 선로구간은 연속되는 교량시설물에 포함하고, 지하역사의 선로구간은 연속되는 터널시설물에 포함한다.

16. 하천시설물이 행정구역 경계에 있는 경우 상위 행정구역에 위치한 것으로 한다.

17. "포용조수량"이란 최고 만조(滿潮) 시 간척지에 유입될 조수(潮水)의 양을 말한다.

18. "방조제"란 「공유수면 관리 및 매립에 관한 법률」 제37조,

「농어촌정비법」 제2조제6호, 「방조제 관리법」 제2조제1호 및 「산업입지 및 개발에 관한 법률」 제20조제1항에 따라 설치한 방조제를 말한다.

19. 하천의 "통관"이란 제방을 관통하여 설치한 원형 단면의 문짝을 가진 구조물을 말한다.

20. 하천의 "다기능 보"란 용수 확보, 소수력 발전이나 도로(하천을 횡단하는 것으로 한정한다) 등 두 가지 이상의 기능을 갖는 보를 말한다.

21. 위 표 제7호의 상하수도의 광역상수도, 공업용수도 및 지방상수도에는 수원지시설, 도수관로·송수관로(터널을 포함한다) 및 취수시설을 포함하고, 정수장, 취수·가압펌프장, 배수지, 배수관로 및 급수시설은 제외한다.

[별표 4]

과태료의 부과기준(제7조 관련)

1. 일반기준

　가. 위반행위의 횟수에 따른 과태료의 가중된 부과기준은 최근
　　　1년간 같은 위반행위로 과태료 부과처분을 받은 경우에 적용
　　　한다. 이 경우 기간의 계산은 위반행위에 대해 과태료 부과
　　　처분을 받은 날과 그 처분 후 다시 같은 위반행위를 하여 적
　　　발된 날을 기준으로 한다.

　나. 가목에 따라 가중된 부과처분을 하는 경우 가중처분의 적용
　　　차수는 그 위반행위 전 부과처분 차수(가목에 따른 기간 내
　　　에 과태료 부과처분이 둘 이상 있었던 경우에는 높은 차수를
　　　말한다)의 다음 차수로 한다.

　다. 부과권자는 다음의 어느 하나에 해당하는 경우에는 제3호의
　　　개별기준에 따른 과태료(제2호에 따라 과태료 감경기준이 적
　　　용되는 사업 또는 사업장의 경우에는 같은 호에 따른 감경기
　　　준에 따라 산출한 금액을 말한다)의 2분의 1 범위에서 그 금
　　　액을 줄여 부과할 수 있다. 다만, 과태료를 체납하고 있는 위
　　　반행위자에 대해서는 그렇지 않다.

　　　1) 위반행위자가 자연재해·화재 등으로 재산에 현저한 손실
　　　　　을 입었거나 사업여건의 악화로 사업이 중대한 위기에 처
　　　　　하는 등의 사정이 있는 경우

　　　2) 위반행위가 사소한 부주의나 오류로 인한 것으로 인정되는 경우

　　　3) 위반행위자가 법 위반상태를 시정하거나 해소하기 위해 노
　　　　　력한 것이 인정되는 경우

　　　4) 그 밖에 위반행위의 정도, 위반행위의 동기와 그 결과 등을
　　　　　고려하여 과태료 금액을 줄일 필요가 있다고 인정되는 경우

2. 사업·사업장의 규모나 공사 규모에 따른 과태료 감경기준 상시근
　　로자 수가 50명 미만인 사업 또는 사업장이거나 공사금액이 50억
　　원 미만인 건설공사의 사업 또는 사업장인 경우에는 제3호의 개별
　　기준에도 불구하고 그 과태료의 2분의 1 범위에서 감경할 수 있다.

3. 개별기준

위반행위	근거 법조문	과태료		
		1차 위반	2차 위반	3차 이상 위반
법 제8조제1항을 위반하여 경영책임자등이 안전보건교육을 정당한 사유없이 이행하지 않은 경우	법 제8조제2항	1천 만원	3천 만원	5천 만원

[별표 5]

제8조제3호에 따른 조치 대상
원료 또는 제조물(제8조제3호 관련)

1. 「고압가스 안전관리법」 제28조제2항제13호의 독성가스
2. 「농약관리법」 제2조제1호, 제1호의2, 제3호 및 제3호의2의 농약, 천연식물보호제, 원제(原劑) 및 농약활용기자재
3. 「마약류 관리에 관한 법률」 제2조제1호의 마약류
4. 「비료관리법」 제2조제2호 및 제3호의 보통비료 및 부산물비료
5. 「생활화학제품 및 살생물제의 안전관리에 관한 법률」 제3조제7호 및 제8호의 살생물물질 및 살생물제품
6. 「식품위생법」 제2조제1호, 제2호, 제4호 및 제5호의 식품, 식품첨가물, 기구 및 용기·포장
7. 「약사법」 제2조제4호의 의약품, 같은 조 제7호의 의약외품(醫藥外品) 및 같은 법 제85조제1항의 동물용 의약품·의약외품
8. 「원자력안전법」 제2조제5호의 방사성물질
9. 「의료기기법」 제2조제1항의 의료기기
10. 「총포·도검·화약류 등의 안전관리에 관한 법률」 제2조제3항의 화약류
11. 「화학물질관리법」 제2조제7호의 유해화학물질
12. 그 밖에 제1호부터 제11호까지의 규정에 준하는 것으로서 관계 중앙행정기관의 장이 정하여 고시하는 생명·신체에 해로운 원료 또는 제조물

■ 편저 김종석 ■

- 대한법률편찬연구회 회장(前)
- 저서 : 법률용어사전
   건설 법전
   산재판례 100선
   판례 소법전
   손해배상과 불법 행위
   필수 산업재해 보상법
   산업재해 이렇게 해결하라

조문별 · 사례별로 살펴 본
중대재해처벌법

초판 1쇄 인쇄 2022년 7월 01일
초판 1쇄 발행 2022년 7월 05일

편 저 김종석
발행인 김현호
발행처 법문북스
공급처 법률미디어

주소 서울 구로구 경인로 54길4(구로동 636-62)
전화 02)2636-2911~2, 팩스 02)2636-3012
홈페이지 www.lawb.co.kr

등록일자 1979년 8월 27일
등록번호 제5-22호

ISBN 979-11-92369-14-3

정가 24,000원